Der singende Fels

Schamanismus
Heilkunde
Wissenschaft

Galsan Tschinag
im Gespräch mit
Klaus Kornwachs und
Maria Kaluza

Herausgegeben von Maria Kaluza

Unionsverlag

Die deutsche Erstausgabe erschien 2009
im Unionsverlag, Zürich.

Im Internet
Aktuelle Informationen,
Dokumente, Materialien
www.unionsverlag.com

Unionsverlag Taschenbuch 491

Rieterstrasse 18, CH-8027 Zürich
Telefon +41 44 283 20 00, Fax +41 44 283 20 01
mail@unionsverlag.ch

Reihengestaltung: Heinz Unternährer
Umschlaggestaltung: Peter Löffelholz
Umschlagbild: Leonhard Kornwachs
Druck und Bindung: CPI – Clausen & Bosse, Leck
ISBN 978-3-293-20491-1
2. Auflage, April 2014

Inhalt

Einleitung

Ich will
Weil ich muss
Bei dir ankommen und
Mich mit dir zusammentun
Damit ich
Um das mehr bin
Was du bist
Und du
Um das mehr bist
Was ich bin[1]
Galsan Tschinag

Am Anfang stand ein Traum, der mich geträumt hat. Der Traum, eine Brücke zu bauen zwischen Ost und West, der Nomaden- und der Fortschrittswelt, dem Schamanentum und der Wissenschaft. Eine Brücke durch Zeit und Raum, gangbar für beide Kulturen, eine jede behaust in der ihr eigenen Welt mit ihren Denk- und Lebensvorstellungen.

Ich fragte mich, sind schamanische Spiritualität und Heilweise dialogfähig mit moderner Wissenschaft, schließen sich Wissenschaft und Spiritualität aus, oder sind es einander ergänzende Zugänge zur Welt, fähig, sich gegenseitig zu befruchten? Wie wird der Mensch gesehen in der jeweiligen Kultur, Gesundheit und Krankheit, Glück und Tod?

In Galsan Tschinag, Häuptling der Tuwa, Schamane und Dichter, und Klaus Kornwachs, Philosoph und Physiker, habe ich zwei Gesprächspartner gefunden, die sich einlassen konnten auf eine tief gehende Begegnung. An jeweils zwei Klausurtagen im Mai und Oktober 2006 führten wir mehr als fünfundzwanzig Stunden Gespräche über Grundfragen der Menschen, erlebten Resonanzen zwischen der Erfahrungs- und der Wissenschaftswelt.

Eine Begegnung trägt in sich die Chance, mehr zu werden um das, was der jeweils andere mit sich bringt. Oder wie Galsan Tschinag sagt: »Man erweitert seine Heimat und vermehrt seine Verwandtschaft. Zunächst sucht man nach Ähnlichkeiten, stellt die Unterschiede fest. Nach einer Weile reicht der Altai bis ins Allgäu, ich weiß nicht mehr, wo Asien aufhört und Europa anfängt. Ich denke vielmehr immer an ein Eurasien. Das ist ja ein einheitlicher Erdteil in sich. Alle Pflanzen, die wir haben, wachsen auch hier. Und so bin ich selbst eine menschliche Pflanze und komme hierher mit den Freuden und Sorgen meines Volkes, mit den Träumen meiner Vorfahren und meiner Nachkommen. Also habt ihr nicht nur mich, Galsan Tschinag, jetzt als Gast aufgenommen, ihr habt vielmehr auch meine Weltecke, den asiatischen, den östlichen Teil Eurasiens, und mein Volk, unsere Vergangenheit, unsere Schwächen, unsere Stärken, unsere Sorgen, Freuden, alles, alles aufgenommen. Das muss man erst einmal verdauen. Man kommt als Gast nicht nur selbst an, man kommt auch mit seinen Problemen, seiner Geschichte an.«

Ein Dialog galt in der abendländischen Philosophie schon immer als ein mögliches Mittel, um sich in guter sokratischer Tradition die Grenzen des eigenen Wissens aufzuzeigen und gerade dadurch zu einer Erweiterung der eigenen Erkenntnisse zu kommen. Ein gelungener Dialog basiert nicht nur auf dem geistigen Zusammenklang der Beteiligten, sondern auch auf der Atmosphäre freundschaftlicher Harmonie. Hier ist es ein Trialog geworden. Die Gespräche waren getragen von gegenseitigem Respekt, vom Einander-Zuhören, aber auch von einer herzlichen Heiterkeit. Es gab überraschende Übereinstimmungen, manches auch, bei dem die unterschiedliche Sichtweise stehen bleiben konnte. Das Eigene wurde deutlicher sichtbar durch den Blick des jeweils anderen.

Galsans Erkenntnis: »Alle Zeiten treffen sich im Jetzt und alle Orte im Hier. Und so gesehen, schwindet jeglicher Gegensatz von selbst, und dort, wo dieses geschieht, öffnen sich die menschlichen Sinne den Zuströmungen des Daseins wohl am weitesten.«

Maria Kaluza, Januar 2009

Vom Werden eines Schamanen

Galsan Tschinag: Schamane wird man nicht, das ist man. Das ist die eine Seite der Wahrheit. Die andere ist: Der Schamane wird aufgebaut. Es geht ja um ein besonderes Talent, um die Fähigkeit, mehr hören, mehr sehen, mehr wahrnehmen zu können als andere. Das ist in meiner Weltecke eine kostbare Gabe. Hierzulande gibt es geniale Menschen mit allen möglichen Fähigkeiten. Aber weil die Wissenschaft davor steht und die Paragrafen, haben die Menschen Angst, ihre Fähigkeiten zu zeigen, sie zu leben. Sie sind scheu oder schämen sich. Sie befürchten, in die Psychiatrie gesteckt zu werden. Deshalb verstecken sich viele Menschen mit ihren besonderen Fähigkeiten.

Bei uns achten die Leute darauf, wenn sich der erste Wahnsinn gelegt hat, welche Aussagen vom Schamanen, der Schamanin kommen. Wenn so etwas auftaucht, Hellsehen, Vorausschau, Gedankenübertragung, das wird bewusst gelebt, das ist kein Grund, sich zu schämen, sondern ein Grund, sich zu freuen. Vielleicht beginnt damit etwas Großes, etwas Geniales. Alle Menschen nehmen daran Anteil. Und fangen an, diesen Menschen aufzubauen, ihm Selbstsicherheit zu geben, der- oder diejenige soll seine/ihre Fähigkeiten weiterentwickeln. Jeder Schamane, jede Schamanin, jeder Khan (König) ist auch des Volkes gemeinsames Werk, alle werden aufgebaut, bestärkt in ihren Fähigkeiten. Die anfänglichen Quoten, dass man Zutreffendes aussagt oder vorhersagt, sind zum Verzweifeln niedrig. Ein junger Schamane macht zehn Aussagen, fünf sind falsch, fünf sind richtig. Aber die nomadische Gesellschaft ist eine sanfte, gutmütige Gesellschaft. Die nicht getroffenen Aussagen werden einfach weggeschickt, vergessen, der ist ja noch jung, der muss ja erst werden. Die wenigen zutreffenden Aussagen werden weitererzählt, groß propagiert, es wird Werbung gemacht. *(Lacht)* Dadurch kommen immer neue Erwachsene, und das sind die künftigen Kunden. Mit jedem neuen Kunden wird man sicherer. Man bekommt Festigkeit unter den Füßen, man bekommt Gewissheit in den Fingern, und man bekommt Klarheit im Kopf.

Und dann kommt noch hinzu: Auch beim Schamanen ist ein Teil Begabung, der Rest ist harte Arbeit, Bildung, Ausbildung, Lernen und nochmals Lernen. Ich bin mit etwa vier bis fünf Jahren schon in die Lehre gekommen. Die erste Ausbildungsstunde – schrecklich.

Die Schamanin[2] hat erkannt, der Junge ist wach, der kann es aufnehmen. Deswegen hat sie sich mit mir abgequält und ich mich mit ihr. Zum Beispiel: In der ersten Stunde hatte ich einen Felsen anzusingen, musste einen hohen dunklen Felsen ansingen. Die Schamanin hat mir zwei Zeilen gesagt: »Du sollst so anfangen. Singe ihn an und sag mir dann, was der Fels zu dir sagt.«

Ich singe und singe … Nichts – tauber, toter Fels. Ich war auch überzeugt davon, dass der Fels mir nichts sagen würde. Was kann so ein tauber toter Fels mir sagen? Also war ich selbst nicht überzeugt. Dann wiederholten sich diese Stunden Tag für Tag. Jeden Tag dasselbe, bis zur Heiserkeit. Blasendruck, Darmdruck. Nein, nein, die lässt mich nicht gehen, lässt mich stehen, bei Hitze, bei Wind.

Alle anderen Kinder spielen, spielen, ach wie schön. Ich möchte auch wegrennen. Aber die sitzt da und gerbt Felle und näht Sachen, kocht dies und jenes. Und ich soll wieder zum Felsen hin singen und wieder, weiter, weiter … Irgendwann ist die Grenze erreicht, dass ich anfange, so ein klein bisschen wahnsinnig zu werden, und dann höre ich plötzlich: Der Fels spricht doch. Aber das war nicht der Fels, den ich zu sehen und zu kennen geglaubt habe. Das war ein Fels in mir. In *mir* hat etwas gesprochen, ich habe in mir also den Felsen gesehen und ihn gespürt. Und dann wusste ich und weiß es seitdem: Alles ist in uns …

Mit jedem Patienten bekommt man mehr Wärme und Sanftmut in der Seele. Man verliebt sich in das Leben, in das Universum, in jeden Menschen, in jeden Patienten ein wenig. Ja, als Heiler muss man sich in jeden seiner Patienten ein bisschen verlieben. In jedem Mann einen Bruder, vielleicht in einem alten Mann einen Vater, in einem jüngeren Mann einen Sohn und in einer jüngeren Frau eine Tochter, in einer älteren Frau eine Mutter sehen. Wenn das also geschieht, dann ist man auf einem richtigen Wege. Ich werde immer besser. Das geschieht sogar innerhalb eines Seminars. Wenn ich die ersten drei Patienten weich geknetet habe, spüre ich in den Fingern die Gewissheit mehr als vorher. Von Patient zu Patient werde ich besser, von Erfolg zu Erfolg. Aber auch von Niederlage zu Niederlage. Jede Niederlage, jeder Patient, der sich gegen mich gewehrt, der blockiert hat und der mir eine Schlappe geschenkt hat, ist eine gute Lehre.

So wie Patient und Arzt einander beeinflussen, so helfen sich auch Heiler und Patient. Aber der Patient hilft dem Heiler genauso. Wenn der Patient dem Heiler entgegenkommt und ihn annimmt, dann geschieht Heilung sehr schnell. Ich baue an dem gesundenden Patienten auf, und der Patient baut am Heiler genauso auf. Das ist gegenseitig. So wird der Schamane aufgebaut. Ich bin ja ein Ergebnis von vielen Jahren.

Klaus Kornwachs: Der Schamane ruft seine zehntausend Geister ... Sind das deine Helfer?

GT: Ich bin der Sekretär der guten Geister, ich bin der Geisterdompteur. Ich bin der Schlafraum eines großen Heeres von Geistern, ich muss sie nur wecken. Ich unterhalte sie, und sie unterhalten mich. Ich sage ja, alles ist beseelt, begeistet, die ganze Natur ist begeistet. Ich verbünde mich mit den Kräften der Natur. Ich fühle mich als Teil, als Splitter des Universums, ich bin nicht getrennt. Wie ich in einem Gedicht sagte: Wenn ich Stein bin, bin ich einfach Stein, ich ruhe. Wenn ich durch die Steppe gehe, bin ich Gras, ich wachse, raschle, verdorre. Gehe ich im Wasser, dann fließe ich und verstehe die Sprache des Wassers. Alles hat seinen eigenen Geist, es gibt zum Beispiel gute und böse Steine. Manche Steine wollen in Ruhe gelassen werden. Das ergibt in heutigen Zeiten einen Doppelsinn, Uran ist ja ein Gestein, das man besser nicht mit sich herumträgt. Wenn ich mich vollkommen mit der Natur vereine, dann lege ich die Person Galsan weg, ich bin dann einfach Stein, ich habe keine andere Aufgabe. Wenn man diese Fähigkeit erreicht hat, steht einem die Natur zur Verfügung, steht einem bei, wenn man sie ruft. Ich weiß auch, ich bin vom Himmel geliebt, er steht hinter mir. Ich kann ihn jederzeit herbeibitten, herbeibeschwören, und er ist da. Die Gebete geben mir selbst Festigkeit.

Trance, Gesang, Widerstand

KK: Welche Technik benutzt du, um dieses Einssein mit allem zu erreichen? Ist das eine Art Meditation, ein Leerwerden, wie man es aus dem Buddhismus kennt?

GT: Die Schamanen machen das nicht, sie haben eine andere Technik. Aber die Schamanen können sich sehr schnell in die Lage der anderen versetzen. Sie heben ab, sie fahren aus sich heraus, gehen in Trance. Wenn man das als junger Mensch einigermaßen geübt und einige Male gut gekonnt hat, dann gelingt es einem immer leichter. Die ersten Male sind die schwierigsten. Ich habe mich mit Kräutern vollgeraucht, ich musste mich mit Gewalt verdummen, mich vergessen.

KK: Was ist Trance in diesem Verständnis? Ein Rauschzustand? Ein veränderter Bewusstseinszustand?

GT: Das ist ein Rausch, ja, ich berausche mich an meinem eigenen Gesang, an der eigenen Weisheit. Gesang, das bedeutet ja, Texte, Verse aus dem Stegreif zu singen. Man erfindet auch eine Weise, eine Melodie. Der Schamane ist immer gleichzeitig ein Dichter und Komponist, der seine Musik sofort realisiert. Welche Melodie ich mir wähle, das ist Spinnerei. Der Schamane versteht schon etwas vom Improvisieren. *(Singt)* Beliebig lang halten … Und wenn mir nichts einfällt, einfach wiederholen: Lei lei lei tralalala – frei gewählt.

KK: Wenn ich lange alleine bin, dann stelle ich plötzlich fest, dass ich zuweilen singe. Eine Melodie, die nicht aus meinem Repertoire kommt.

GT: Die Melodie hat einen gefunden.

KK: Eine völlig neue Melodie, und das für mich Verblüffende: Ich singe auch Silben und Worte dazu, die ich aber nicht verstehe. Ich kann auch nicht sagen, aus welcher Sprache ich singe und ob das überhaupt eine Sprache ist.

GT: Da wärst du ja auf dem richtigen Weg zum Schamanen. *(Lacht)* Die Melodien fliegen auf einen zu – genau so ist das. Man ertappt sich bei irgendeiner unverständlichen Melodie. Woher ist sie gekommen? Aus Brasilien oder aus Nepal, zu einem irgendwie hereingeflogen. *(Singt)* Und das passt sich meistens der Arbeit an, die man macht. Wenn ich Holz hacke *(Singt)* … Es ist auf dem Wege, sich zu einer Melodie zu entwickeln. *(Singt)* Das kann auch der Name von einem jungen Weib sein, das man irgendwo auf dem Bahnhof getroffen hat, wie man ihr den Koffer getragen und alles Gute gewünscht hat. Wie heißt das Mädelchen? *(Singt)*

Ja, man ertappt sich, und man wundert sich, aber keine Angst, bitte, wenn die Melodie einmal da gewesen ist, kommt sie immer wieder. Schau, alles hat seinen Schlüssel, sein Lied, Steine sind eingefrorener Gesang, sie singen dir, wenn du sie belebst. Stein ist mein Gefährte, der mit mir redet. Alles hat seinen Gesang, die Gräser, die Bäume, wenn eine Melodie zu dir kommt, singst du den Gesang des Lebens mit. Das ist ja das Schamanische: Alles ist eine Einheit, nichts wird getrennt. Alles ist Teil des Runden, Ganzen, der alles beseelenden Lebenskraft. Ich kann auch sagen, ein Schamane muss an allen Seiten brennen, nicht nur an zwei Enden, die Dochte gehen durch mich hindurch. Mein Feuer entzündet sich an allem und wird von allem genährt.

Gesang ist für mich auch der Klang, die Sprache der Seele. Ich schwinge mich ein in den Klang der Seele eines Patienten. Jeder Mensch ist auch Klang, Ton im Universum. Wenn er seinen Ton verloren, verändert hat, nicht mehr mitschwingt, wird er krank. Ich greife nach seinen Innensaiten, um ihn wieder »einzustimmen«, modern könnte ich auch sagen, um seine Resonanzen zu beeinflussen. Eure Sprache hat sich von dieser Weisheit noch etwas bewahrt: Dein Ton gefällt mir nicht, das gehört zum guten Ton, der Ton macht die Musik, bei jedem Menschen den richtigen Ton anschlagen.

KK: Wir sagen ja auch: Der hat aber eine schlechte Schwingung, *bad vibrations*.

GT: So gesehen, kann ich keinem Menschen etwas geben, was er selbst nicht hat. Ich bin der Auslöser, der Sonnenstrahl, der in dich hineindringt. Jeder Mensch ist auch Schamane, kann Himmel und Erde verbinden, er muss sich wieder erinnern. Ich gehe in deine dunklen Tiefen und zünde das Licht an. Dann gehen wir gemeinsam ein Stück, denn wir sind vereinigt. Wenn uns die Heilung gelingt, ist das eine ungeheure Verdichtung, Konzentration. Man könnte auch westlich sagen: Es ist uns eine Art Orgasmus auf geistiger Ebene gelungen.

Maria Kaluza: Oder eine Einschwingung auf den Klang des Universums, den Urklang. In unserer Bezeichnung Person ist davon noch etwas enthalten: *per sonare* – hindurchtönen. Wenn ich keine Dissonanz mehr bin im Weltenklang, wenn ich meinen Ton wiedergefunden habe, fühle ich mich gesund.

KK: Wir haben öfter über den Klang gesprochen. Seit vielen Jahren beschäftigt mich die Frage: Was ist eigentlich Musik? Ist das eine Sprache der Gefühle, hat sie wenig, zumindest im westlichen Verstehen, mit Rationalität zu tun? Warum ist Musik eigentlich für jeden Menschen, ob als Zuhörer oder im Spielen, in jeder Kultur von solcher Bedeutung? Fast jeder Mensch macht Musik, auch wenn er nur unbewusst singt.

Ich denke, das ist eine zweite Ebene, die dieser sprachlichen, dieser mathematischen, dieser wissenschaftlichen Rationalität, sogar der Alltagsrationalität völlig entzogen ist. Trotzdem leben wir ganz selbstverständlich damit.

Fluch und gute Wünsche

KK: Welchen Einfluss haben meine Gedanken auf meine Wirkfähigkeit in der Welt?

GT: Sie sind die Spur, die du deinen Worten und Taten vorausschickst. Oder nimm die guten Wünsche: Hunderttausende notleidende Menschen haben bewiesen, dass ihnen gute Wünsche helfen.

KK: Ebenso wie ein Fluch wirken kann?

GT: Genau, wie ich nur immer wieder sagen kann: Mir ist von meiner Schamanenmutter streng verboten, dass ich jemals jemanden verfluche. Die Meisterin hat es so gesagt: Dein Fluch wird treffen. Das ist ein Pfeil, der fliegt und sucht wie ein Bumerang. Er trifft, fällt aber nicht hin und bleibt liegen. Er fliegt so lange weiter und bleibt auf der Suche, bis er dich trifft. Jeder Fluch findet am Ende zum Ausgangsort zurück. Schon deswegen sollte man nicht fluchen.

Aber es steckt noch ein anderer Gedanke mit drin: Die schlechten Gedanken machen mich schmutzig von innen heraus, sie verderben mich selbst. Also gar nicht erst die schlechten Gedanken in mich einlassen, sondern gut denken, hell und weich denken, das macht mich von innen heraus edler, heller, weicher, wärmer.

KK: Kommen die guten Wünsche *auch* zum Ausgangsort zurück?

GT: Genau, das ist ja das Schöne, die guten Wünsche kommen auch zurück. Güte bringt Glück und Güte zurück, einen warmen, milden Schein in meine Seele. Bosheit bringt Bosheit zurück.

KK: Wenn die Gedanken eine solche Wirkkraft entfalten, gibt es denn auch Schamanen, die kranke Gesellschaften heilen können?

MK: Es war zu allen Zeiten auch die Aufgabe der Schamanen, kranke Gemeinschaften, Gesellschaften zu heilen. Sie suchten die Ursache des Ungleichgewichts. Häufig war ein Tabubruch die Grundursache, warum eine Gemeinschaft aus dem Gleichgewicht kam, krank geworden ist.

Durch das Wiedererstarken schamanischer Kräfte gibt es heute immer wieder Zeiten, in denen sich Menschen mit guten Kräften weltweit zusammenschließen, um Heilendes für die Erde oder für eine kranke Gemeinschaft zu erreichen. Die Schamanen bringen auf diese Art und Weise Heilendes in die Welt, nicht nur von Mensch zu

Mensch, sondern eben auch für kranke Gemeinschaften. Das ist auch meine Antriebskraft, an weltweiten Vernetzungen heilender Menschen zu arbeiten. Wenn wir die Kräfte besser bündeln, können wir besser heilen, ob es sich nun auf den Einzelnen bezieht oder auf die Weltgemeinschaft.

KK: Auch wenn vieles noch im Ungleichgewicht ist, meine ich trotzdem, haben wir einen Fortschritt gemacht. Ich denke, die Globalisierung bringt ja nicht nur Kapitalströme und eine Angleichung der Kulturen, sie bringt auch die Begegnung der Kulturen mit sich, und sie übermittelt auch ein Bewusstsein von bestimmten Wertevorstellungen, die fast auf der ganzen Welt als unstrittig angesehen werden.

Ich denke, dass sich im Weltbewusstsein schon etwas verändert hat. Wir sind uns in den letzten fünfzig Jahren der Begrenztheit unserer Welt, ihrer Ressourcen und unseres Wirtschaftens klarer geworden – die Nationalökonomien lösen sich auf in eine Weltbinnenwirtschaft. Diese zwingt uns, nochmals neu nachzudenken. Da gebe ich die Hoffnung nicht auf.

MK: Die australischen Ureinwohner, die Schamanen der Traumzeit, waren der Meinung, wir erschaffen die Welt jeden Tag. Wenn uns der kollektive Traum nicht gefällt, müssen wir lernen, anders zu träumen und uns träumend eine andere Wirklichkeit erschaffen.

GT: Das sage ich doch auch: Die Welt wird jeden Tag neu erschaffen, und wir stehen dem Schöpfer bei …

Jeden Tag und jedes Jahr
Wird die Welt neu erschaffen
Wer seine fünf Sinne zusammenhat
Erkennt dies und weiß
Ehrfürchtig zu leben
Angesichts der andauernden
Schöpfung
Und wer seinen sechsten Sinn
Noch wach hat
Steht dem Tag und dem Jahr bei
Beteiligt sich an deren Schaffen
Zupft dieses zurecht
Fügt jenes hinzu
Die Welt ist ein gemeinsames
Fortlaufendes Werk.[3]

Schamanenkrankheit

GT: Bei Beethoven gibt es in den zehn Briefen an die Unsterbliche Geliebte eine sehr schöne Stelle: »Wenn die Sprache das, was ich ausdrücken will, nicht auszudrücken vermag, dann greife ich zur Musik. Was ist Wort, was ist Sprache?«[4]

Beethoven hatte ein sehr feines Gefühl für Sprache. Das berühmte Zitat: »Ich möchte dem Schicksal in den Rachen greifen. Ganz niederbeugen soll es mich gewiss nicht.« Als er dies niederschrieb, als Beginn des Heiligenstädter Testaments, da wollte er sich umbringen. Als er das Testament zu Ende geschrieben hatte, war der Druck raus, er wollte leben. Er war gerade zweiunddreißig. Aber er litt schon vier Jahre unter Taubheit. Mit achtundzwanzig hatte das schon angefangen. Eines der typischen schamanischen Leiden.

Diese schamanischen Krankheiten stellen sich ja immer in den Weg. Einem Musiker wird das Gehör, einem Maler möglicherweise die Hand genommen. Oder er kann plötzlich die Hände nicht mehr bewegen. Dann kämpft dieser Maler, um mit dem Mund zu malen oder mit den Füßen. Das wäre auch schamanisch.

MK: Ich konnte nicht mehr lesen zwei Jahre lang nach einem schweren Unfall. Das war für mich von existenzieller Bedeutung. Am Ende der Genesungszeit habe ich einen Schnelllesekurs gemacht. Zunächst wollte ich mir beweisen, dass ich es wieder kann. Ich habe Camus' *Der Fremde* in sechs Minuten gelesen und danach eine Prüfung abgelegt bis in alle Details. Aber im Grunde wollte ich über das hinausgehen, was ich vorher war und konnte. Es war ein Grundtraining, das mir später auch geholfen hat, große Zusammenhänge mit vielen Details im Ganzen aufzunehmen.

GT: Hawking[5] heißt dieser Bursche, der zeitlebens im Bett liegt, nicht? Das ist bestimmt ein Schamane.

Ich bin entschieden gegen die naiv-bequeme Annahme, dass die Schamanenkunst eine Angelegenheit lediglich der Völker der vierten Welt wäre. Nein, sie ist eine allumfassende Erscheinung, die das ganze All angeht. Öffnet euer Gehör einige wenige Pulsschläge lang in Richtung meiner Muttersprache. *Hamm* ist Schamane auf Tuwa. Nun nenne ich immer das ganze Wort zuerst und übersetze dann lediglich den zweiten Teil: *Hamm guschgasch* (Sperling), *hamm howagan* (Schmetterling), *hamm yjasch* (Baum), *hamm ot* (Gras), *hamm dasch* (Stein), *hamm dschyldys* (Stern), *hamm aaryg* (Krankheit), *hamm dschajaan* (Schicksal) … Ihr seht:

Nicht nur die hellbehäuteten Wohlstandseuropäer, sondern auch Schmetterlinge, Vögel, Bäume, Gräser, Steine, Sterne, sogar Krankheit und Schicksal können schamanisch veranlagt sein.

Warum sollten da die Nachkommen der schamanischen Germanen gefeit oder taubstummblind vor einer natürlichen Gabe aus dem Urkern des Universums heraus dastehen?

KK: Stephen Hawking, ja. Er liegt aber nicht im Bett, er ist im Rollstuhl und steuert mit der Stimme und ganz kleinen Muskelbewegungen seinen Rollstuhl und seinen Sprachcomputer. Er kann auch nicht mehr sprechen. Aber er gibt Interviews und arbeitet unermüdlich weiter.

Er war ein mathematisches Genie, schon bevor er krank wurde. Eine Aufgabe, wofür ein normaler Student zwei Wochen gebraucht hätte, hat er sich nur kurz angeschaut und die Lösung hingeschrieben, ohne Zwischenrechnung. Mit einundzwanzig Jahren hat er diese Krankheit bekommen. Er wusste, man kann es ein bisschen aufhalten, aber es wird immer schlechter und schlechter. Er konzentriert alle Kräfte, um so viel wie möglich von seinen Ideen in die Welt zu bringen.

Nach dem, was du sagst, entwickelt sich der Schamane an diesem Widerstand. An diesen Blockaden, an dem, was ihm nicht in die Wiege, sondern in den Weg gelegt wird.

GT: Der Widerstand ist ja der Schleifstein. Da schleift der Schamane sich, dort wetzt er sich. Er reibt sich an diesem Stein, und er legt alle Teile von seinem Körper, von seinem Wesen, die er nicht braucht, ab. Dann bleibt nur die Schneide des Schamanen. Dass er auf seine innere Schneide kommt, geschärft wird in allen Sinnen, das ist der große Sinn.

KK: Und nur das zählt noch, alles andere ist nur Beiwerk und kann weggelassen werden …

GT: Also, ich hab ja meine ganze Haut verloren, in heißer Milch verbrüht.[6] Dieser Hautverlust ist auch symbolisch. Es muss ja die Elefantenhaut von jedem Menschen abgepellt werden. Bei mir geschah das wörtlich. Die erste Haut, die ich auf die Welt mitgebracht hatte, war weg, und dann ist die andere, wohl feinere Innenhaut nachgewachsen. Das war auch eine Prüfung für meine Seele, für meinen Geist. Ich hätte ja dadurch auch wahnsinnig oder einfach zerstört werden können. Aber ich bin geblieben, habe die Prüfung gut bestanden. Ein wenig sieht man die Narben immer noch; als ich noch zur Schule ging, war alles vernarbt. Aber die Narben verblassen, verschwinden zum Teil im Laufe des Lebens. Soll ich jetzt für jene grausame Prüfung dankbar sein? Ich weiß es nicht.

KK: Im Neuen Testament heißt es: »Zieht an den neuen Menschen.«[7]

MK: Diese Prüfungen verändern das Leben grundlegend, man ist nicht mehr derselbe Mensch. Vielleicht ist das gerade nötig, um ein anderes Bewusstsein zu bekommen.

GT: Nicht immer sind die Prüfungen lebensbedrohend. Jeder Mensch erlebt hin und wieder kleine heilsame Verluste. Heilsam, weil sie ihn aus der Selbstgewissheit, Selbstzufriedenheit aufwecken.

Dieser blöde Laptop, den ich liegen lassen habe, der mir dann flugs geklaut wurde. Er war voller schamanischer Texte, warum haben die sich nicht gemeldet, ein Alarmsignal gegeben? Meine blöden Steine, das alte Orakel, das ich in der anderen Tasche hatte, die haben gepennt. Als ich dummer alter Hund den teuren Laptop da stehen ließ – was haben die gemacht, warum geben die mir kein Zeichen? All die schamanischen Lieder, warum machten sie sich nicht bemerkbar? Nichts da, aber das ist eine Heilung gewesen für mich. Da habe ich begriffen, dass ich selbst in Deutschland, in meiner geistigen Heimat, so sicher nicht sein, so traumwandlerisch leben darf. Ab jetzt werde ich vorsichtiger mit mir umgehen. *(Lacht)*

Nach dem ersten Schreck ging es mir ja wunderbar. Ich hatte nur noch zwei Gepäckstücke. Eine Hand war frei, ich konnte Leuten wieder zuwinken. Vorher konnte ich nur Grimassen schneiden, weil die Hände des alten Esels vollbepackt waren.

Also aufwachen, nach neuen Horizonten, neuen Möglichkeiten forschen. Ankommen, fertig sein, das ist etwas Schreckliches. Das habe ich einmal erlebt, 1991, ein Jahr nach der Wende. 1991 habe ich erstmalig im Leben das große Geld gemacht. In einem Film mitgespielt, Günter Ederer vom ZDF hat über mich einen Film gedreht, *Die Geister kehren zurück*. Dann kamen die ersten Touristen ins Land. So bin ich in Kontakt gekommen mit Westdeutschland, auch da gab es kleine Geldsummen. Das waren alles Dollars. Als ich sie wechseln ließ, habe ich einen Schreck bekommen: einen Rucksack voller Geldscheine. Bis dahin habe ich nicht gewusst, dass ein einzelner Mensch so viel Geld haben könnte. Ich habe ganz lieblos den Rucksack ins unterste Fach eines Schrankes hineingestopft. Anstatt mich zu freuen, bin ich sehr traurig geworden und habe gedacht: Eigentlich brauche ich jetzt nichts mehr zu tun. Diese Scheine werden mir für das ganze Leben ausreichen. Natürlich war das falsch gedacht, die Inflation kam, und die Scheine waren nichts mehr wert.

Ich hatte aber schon vorher aus lauter Aberglauben das ganze Geld in meine Heimat getragen und verschenkt. Habe nur so viel behalten, dass ich weiterkämpfen konnte. Die Leute in meinem Heimatwinkel haben sich furchtbar gefreut, als ich mit meinem Koffer, gefüllt mit den größten Scheinen, kam. In der Kreissparkasse hatte ich angekündigt, ich bringe am Nachmittag um vier Uhr Geld vorbei. Das ist viel Geld, das muss gezählt werden. Zwei, drei Kasachen und zwei, drei Tuwa waren gerade auf der Bank. Der Kassenmensch wollte sie rausscheuchen: »Jetzt wird Geld gezählt. Galsan bringt Geld und schenkt es dem Kreis. Verlasst bitte den Raum.« Alle sind geblieben. Haben sich hingehockt und gefragt wie kleine Kinder: »Dürfen wir zuschauen?« – »Ja, ihr dürft zuschauen. Aber ihr dürft nicht reden. Stillhalten.« Das ist eine feierlich-komische Lebensstunde gewesen. Es gab ja keine Maschine, der Kassierer musste mit der Hand abzählen. Er hat sich immer wieder verzählt. Es hat einige Stunden gedauert, bis er damit fertig war. Aber als er mir dann eine Quittung gab, war ich wohl plötzlich ein Neuer im Bewusstsein der Menschen. Wer hatte je in den eigenen Kreis so viel Geld in bar gebracht? Die kleinen Sparkassen auf dem Land lieben Bargeld. Die Summen, wofür sie berechtigt sind, sind nicht so groß. Nun war ihre ganze Geldkiste vollgestopft mit den größten Scheinen. Damals hatten wir nur Hundert-Tugrik-Scheine. Heute haben wir Zwanzigtausender-Scheine.

Ich habe begriffen, wie gefährlich, wie lähmend es ist,

wenn man glaubt, angekommen zu sein. Am Ende, weiter nichts mehr. Auch wenn man nur ein bisschen Raum hat, der Weg führt weiter. Dann ist es interessanter. Auch im Schamanischen ist man nie fertig, hat nie ausgelernt, es gibt immer neue Stufen.

KK: Carl Friedrich von Weizsäcker hat es mal so benannt: Man lebt eine Zeit lang auf einem Plateau, und dann bricht man seine Zelte ab und wandert weiter.[8] Das heißt natürlich auch, dass man ein Fachgebiet verlässt, wenigstens zeitweilig, zum Beispiel als Wissenschaftler, als Philosoph oder als Schriftsteller, und sich neuen Dingen zuwendet. Das heißt aber nicht, dass man alles im eigenen Fachgebiet gelöst hätte. Sondern man packt seinen Rucksack, seine Siebensachen und wandert auf ein anderes Plateau, um sich dort eine Weile niederzulassen. Ich denke, interessante Biografien von Menschen, die uns viel zu sagen haben über Lebenssinn, zeigen solche Wanderungen von Plateau zu Plateau. Die sind in ihrem Leben nie bloß »Schuster bei ihrem Leisten« geblieben. Da bleiben immer ungelöste Fragen zurück.

GT: Ein, zwei ungelöste Problemchen braucht der Mensch auch.

Das Ich und die wärmende Gemeinschaft

GT: Ich gehe von drei Jurten aus, die ein jeder Mensch hat. Die erste ist die Herzjurte, da ist jeder allein. Man kann noch so sehr Teil einer Familie sein, letzten Endes ist der Mensch, wenn man die volle Wahrheit aussprechen will, eigentlich allein. Immer dann, wenn er sich zurückzuziehen hat in seine Herzjurte. Wenn er mit sich einig ist, sich selbst gegenüber kein schlechtes Gewissen hat, dann ist dies ein gemütlicher Ort. Der Mensch fühlt sich glücklich, er ist zwar allein, aber einsam ist er nie.

Die mittlere Jurte ist die Behausung. Das kann eine Wohnung, ein Haus sein, ein Zelt, eine Jurte, ein Ort der Gemeinschaft. Aber diese Jurte ist nur zeitweilig, nach mir wird sie zur Ruhe gehen oder anderweitig genutzt werden. Dieser Ort bedeutet auch Gemeinschaft mit der Mitwelt.

Die große Jurte, das ist die Heimat. Das ist für uns die Altaiwelt. Wenn wir unseren Altai in Ordnung gehalten haben, sauber, so wie die Steine, die Felsen, die Bäume, wie die Gewässer gewesen sind, wenn wir ihn so an unsere Kinder weitergeben können, dann sind wir reich. Dann ist die große Jurte in Ordnung. Das ist auch unser Empfinden, was Gemeinschaft und Individuum anbelangt.

Wie kommt diese Lebenseinstellung zustande? Die natürlichen Bedingungen des Überlebens formten das Leben der Gemeinschaft. Solange wir von der übrigen Außenwelt nichts wussten, war das selbstverständlich. Wir haben gedacht, es gibt nur uns, es gibt nur den Altai, und so hat das Leben immer ausgeschaut, und so wird es für immer ausschauen.

Bis man uns entdeckt hat und bis wir selbst auch Fremde gesehen haben, die anders ausschauten als wir. Diese Fremden besitzen natürlich viel mehr als wir, sind »reicher«, haben es »besser« als wir. Sie bringen Wohlstand mit, Jeans, elektronische Geräte und Kaugummis und Schirmmützen und all die Belanglosigkeiten, die aber, in der Altaiwelt angekommen, sehr belangvoll ausschauen. Das wird im Laufe der Zeit auch unseren Gemeinsinn verändern.

Die Temperatur, die große Kälte, der große Weltenwind, der in meiner großen Jurte wohnt, wie ich das mal dichterisch ausdrückte, zwingen die Menschen zusammen. Das lässt sich gut auf der materiellen Ebene beschreiben: In der Jurte zieht es immer, man fühlt den kalten Wind. Wenn wir drei Menschen wie drei Pflöcke sitzen, frieren wir, dann sind wir alle drei dumm. Jeder hat kalte Knie. Jeder spürt den schneidend kalten Wind von der Seite, in den Rippen. Der Wind geht durch die Rippen hindurch, nicht nur durch die rippenhaften Gitterwände der Jurte, sondern durch Haut und Fleisch und Rippen eines jeden Menschen hindurch. Was machen wir also? Wir rücken zusammen. Ich bin der Ältere, sehe hier eine weiche, warme Frau, und dort ist ein Mann, der ist noch jung, hat Hitze und ist auch gut gepolstert. Also werde ich als schlauer Nomade jetzt beide in die Arme nehmen, während wir sitzen. Sie ist wenigstens von der einen Seite geschützt, gewärmt, er von der anderen. Wir sehnen uns immer im Stillen danach, dass weitere Menschen kämen. Und diese Menschen rückten auch dicht heran, dann ist sie wohl versorgt und er auch beidseits gewärmt. Das ist das Jurtenleben.

Ich habe immer heiße Hände. Aus meinen Händen fließt immer Hitze. Hitze ist gefragt im Altai. Vielleicht hat sie so ein Buckelteil, das Hilfe braucht, und er hat ein Brustbein, das der Hitze bedarf, und während ich rede, ist meine linke Hand mit ihr, meine rechte Hand mit ihm beschäftigt. Wir wärmen einander, wir helfen einander. Die Seelen, die haben auch ihre Händchen und berühren einander. Auch die anderen haben ihre Hände, zwar nicht so heiß und heilend, so bilde ich es mir ein, wie es die meinen sind, aber immerhin menschliche Hände. Die behandeln mich an der übrigen Haut. Einer vielleicht an der Backe, der andere vielleicht an der Hand oder am Knie. So müssen die Menschen, durch die Natur aufgefordert, zusammenrücken. Jeden Tag wird die Frage des Überlebens gestellt. Jeder Tag ist ein Kampftag ums Überleben. Wenn das im Vordergrund steht, ist nicht viel Platz für das sogenannte Ego, wir brauchen das Kollektivdenken, das Wir.

Distanz und Zweifel

KK: Durch die Kälte wird die Nähe erzwungen, das ist eine Überlebensbedingung, hast du für eure Kultur festgestellt. Überlebensbedingungen werden von jeder Kultur immer überhöht zu etwas emphatisch Gutem, *an sich* Gutem. Ich könnte mir vorstellen, dass bei der westlichen Kultur, aber vielleicht schon bei den Römern und Griechen, die Distanz das Entscheidende ist. Das hängt – als erste Vermutung – möglicherweise auch mit der Waffentechnik zusammen. Je mehr Distanz ich zum Feind habe, umso besser ist es. Die Reichweiten der Waffen werden immer länger, zuerst war es nur der Faustkeil, dann das Messer, dann verlängert das Schwert den Abstand, dann kommt – noch länger – der Speer, und irgendwann kommen die Pfeile, die über hundert Meter und mehr tödlich treffen können. Also Distanz – nichts wie weg – als Überlebensbedingung. Diese Distanz wird – zumindest in der westlichen Kultur – wiederum zu etwas Emphatischem, zu etwas Gutem an sich: Halte dich von den anderen fern.

Vielleicht gehört zur Distanz auch der Zweifel. Denn der Zweifel ist ja schon in der Philosophie der griechischen Aufklärung konstituierend, die erfüllt war von Skepsis gegenüber den bloßen Erscheinungen. In der römischen Philosophie entstand aus der Skepsis gegenüber der menschlichen Tugendhaftigkeit das moderne Rechtssystem. Ich könnte mir vorstellen, dass das die Wurzeln dieses Distanzgedankens sind, der im Westen meiner Ansicht nach vorherrschend ist und der zu all den Erscheinungen der Vereinzelung und Vereinsamung führt.

Die Entwicklung des Verhältnisses zwischen Individuum und Gemeinschaft ist in der westlichen Geschichte sehr wechselhaft. Nur mit einem Blick auf die geschichtliche Entwicklung kann man die Brüche verstehen, mit denen wir es heute beim Verhältnis Individuum und Gemeinschaft gerade im Westen zu tun haben. In der Antike war der Mensch in der Polis überzeugt, dass diese Form, die Stadt mit Umland, die dem Menschen gemäße Form des Zusammenlebens sei.

Dabei gab es zwei Richtungen. Platon war der Auffassung, dass dieses menschliche Zusammenleben nach Ideen geformt werden müsse. Deshalb sei nur jemand, der sehr gebildet ist in Philosophie, Musik, Rhetorik, in der Diskussionskunst, aber auch in Mathematik, in der Lage, einen

Staat zu führen, weil der Staat auf dieser Grundlage strukturiert sein muss, damit eine gelingende Form des Zusammenlebens gewährleistet ist. Aristoteles ging ganz anders vor. Er beobachtete das menschliche Zusammenleben und stellte fest: Offensichtlich ist es einerseits dem Menschen gemäß, als *zoon politikon,* als Gemeinschaftswesen, nicht zu sehr von der Gemeinschaft versklavt zu sein, also im Kollektiv aufzugehen. Andererseits will er aber nicht als alleiniges Individuum nur seinen einzelnen Weg gehen, er braucht die Gemeinschaft. Dieses Verhältnis war bei Aristoteles austariert. So auch seine Tugendethik: nicht zu viel fasten – aber auch keine Völlerei, kein Geld verschwenden – aber nicht geizig sein, Maß halten eben. Entsprechend sah er auch das ideale Verhältnis zwischen Individuum und Gemeinschaft als maßvolle Mitte zwischen kollektivem Wahn und Einzelexistenz, Herdenmensch und Einzelgängertum. Dieses Verhältnis wird bei Aristoteles durch den vernünftigen Menschen selbst bestimmt, indem er versucht, dieses rechte Maß durch Abwägung zu finden.

Das wird mit der Christianisierung der Philosophie anders: Der mittelalterliche Mensch stellt sich eingebunden vor in die *ordo,* in eine Schöpfungsordnung. Diese Ordnung spiegelt sich wider beim Bau von Domen, im Staatswesen und auch in der Familie und in den Gemeinschaften, in die der Mensch eingebettet ist, zum Beispiel die Zünfte. Mitglieder einer Zunft helfen sich gegenseitig, der Einzelne muss aber auch ihren Geboten und Verboten folgen. Man identifiziert sich mit den Regeln, gibt seine eigene soziale Rolle an diese Zunft, an diese Gemeinschaft ab. Das Individuum kann also aus der Gemeinschaft gar nicht herausfallen, so etwas wie Einzelgängertum, ein sich absonderndes Individuum gibt es in dieser Vorstellung gar nicht – wenn doch, dann wäre dieser Mensch im Stand der Sünde. Er würde verdammt, ausgestoßen und fiele dem Unglück anheim. In dieser *ordo* kann der Mensch gar nicht anders als Mitglied einer Gemeinschaft sein.

In der Renaissance, mit dem Zusammenbruch dieses *ordo*-Gedankens, beginnt die Entdeckung des Ichs. Das erste Symptom dafür ist die Entdeckung der Perspektive. Die Perspektive ändert sich, wenn ich als Betrachter meinen Standpunkt ändere. Wenn ich handle, ändert sich meine Sicht der Welt. Die Perspektive erscheint in der bildlichen Darstellung erstmals 1410 und vollendet sich innerhalb von sechzig Jahren – also für eine kunstgeschichtliche Entwicklung sehr schnell. Der Renaissance-Mensch entdeckt sein Ich und lernt dieses auszuspielen. Damit verändert er sein Handeln und Denken.

Erst Kant mit seiner *Kritik der Reinen Vernunft* versucht, diese einseitige Ausrichtung wieder in Beziehung zu setzen mit der Gemeinschaft, indem er sagt: Alles, was du meinst, was dieses Ich ausmacht, ist ja nur eine Bedingung der Möglichkeit, dass du Erfahrungen machen kannst, dass du dein Ich in Bezug zur Gemeinschaft setzen kannst.

Damit wird in der Aufklärung der Weg frei für ein neues Nachdenken über das Verhältnis der Gemeinschaft zum Ich. Der Staatsvertrag bei Hobbes beispielsweise geht aus vom Urzustand: Zunächst der Kampf aller gegen alle – ein unsicherer Zustand, der jeden gefährdet, die Überlebenswahrscheinlichkeit ist nicht groß. Zwar kann jeder machen, was er will, es hat jeder das eigene souveräne Ich, aber es lebt sich ungemütlich. Um als Einzelner mehr Sicherheit zu gewinnen, muss eine Gemeinschaftsform gebildet werden, der Staat. Jeder gibt von seiner eigenen Ich-Souveränität etwas an ihn ab, an diesen Leviathan. Man entwickelt mit diesem

Gebilde einen Vertrag, den *contrat social*, den Gesellschaftsvertrag. Der Staat garantiert eine Ordnung, in der man leben kann. Dieser Ordnung muss man sich aber auch fügen. Das Individuum hat darin eine bestimmte austarierte Freiheit. Dies ist die Freiheit, die da endet, wie Rosa Luxemburg festgestellt hat, wo die Freiheit des anderen beginnt.

Dieses Erklärungsmodell funktionierte einige Zeit ganz gut, bis die totalitären Systeme entstanden, die den Einzelnen nur noch als Glied der Gemeinschaft sahen. Im radikalen Faschismus ist das so, aber auch im radikalen Kommunismus, allerdings mit einer etwas anderen ideologischen Grundlage. Nach dem Zusammenbruch dieser totalitären Systeme musste das Verhältnis des Einzelnen zur Gemeinschaft von der Philosophie konstruiert werden: Können wir dieses Verhältnis mithilfe der Wissenschaft rational bestimmen?

GT: Ich habe noch einen Verdacht dazu. Im Mittelalter gab es ja hier die Pest und die anderen gefährlichen ansteckenden Krankheiten. Auch das könnte zur Distanz beigetragen haben: Wenn wildfremde Menschen zusammenkommen, weiß man nie, ob da nicht ein Kranker dabei ist. Weil wir nun in unserer Kultur bislang – toi, toi, toi – solch ansteckenden, epidemiehafte Krankheiten nicht kennen, haben wir vor den Mitmenschen keine Angst in dieser Hinsicht. Aber das müssen wir jetzt lernen. Jetzt brechen verschiedene Krankheiten über uns herein. Ab jetzt wird es heißen: Aufpassen, der Mensch könnte krank sein. Das wird möglicherweise auch unser Nähebedürfnis verändern.

MK: Ich habe den Eindruck, dass gerade in Deutschland die Vereinzelung zunimmt und gleichzeitig damit auch die Verantwortlichkeit für die Gemeinschaft abnimmt. Es gibt interessenbezogene Gemeinschaften wie Vereine, Kirchengemeinden und Sonstiges, die aber nur in einem engen Kreis eine gewisse Verantwortlichkeit füreinander übernehmen. Wir leiden daran, dass durch diese Individualisierung, durch die Vereinzelung, wichtige Verantwortlichkeiten für die Gemeinschaft, für die Alten und auch für die Kinder – man kann es besonders gut an den Schwächeren der Gesellschaft erkennen – nicht mehr übernommen werden.

Die Verarmung der gemeinschaftlichen Verantwortung kann man auch daran festmachen, dass bei uns Gier nicht als Krankheit angesehen wird, sondern eher als Lebensmodell. Diese Gier fördert eine weitere Vereinzelung. Sie zeigt sich besonders deutlich in der Wirtschaft, wenn Firmen Entlassungen vornehmen, um Gewinne zu maximieren. Eine betriebswirtschaftliche Verantwortung für die Mitarbeiter, wie das noch bis vor fünfundzwanzig Jahren der Fall war, gibt es nicht mehr. Die Ethik auch des wirtschaftlichen Handelns ist uns in ganz kurzer Zeit abhanden gekommen. Man erklärt es mit der Globalisierung, die zu einem solchen Handeln zwinge, das ist aber nur ein kleiner Teil der Wahrheit. Ich denke, es ist eher mit einem Wertewandel zugunsten des Einzelnen, zugunsten meiner Firma gegen die anderen verbunden. Wir sind nicht mehr austariert zwischen den Bedürfnissen des Einzelnen und der Gemeinschaft.

KK: Die Tendenz in der Gesellschaft zur Vereinzelung geht bis hin zum individuellen, *event*-orientierten Genuss. Das zeigen auch die Statistiken. Die Entwicklung reicht bis zu einer Ökonomisierung des Denkens: Wie erreiche ich *meinen* Vorteil? Es gibt viele Bücher, die diesen Trend aufnehmen: *Die Kunst, ein Egoist zu sein; Sag nicht Ja, wenn du Nein sagen willst; Mach endlich, was du willst* und dergleichen. Die Medien erziehen mit, die Werbung erzieht mit. Von den Plakatwänden schallt es: »Sei ein Egoist, sei individualistisch.« Wenn jemand auf eine gemeinschaftliche Verantwortung verweist, heißt es: Der ist aber altmodisch.

GT: Zunächst möchte ich eure Selbstkritik an die Adresse des Westens oder der städtischen modernen Lebensweise etwas relativieren, abmildern, aus meiner Beobachtung. Der Mensch in Westeuropa hat einen sehr tief geprägten Sinn für Verantwortung. Hier sitzend könnt ihr das nicht sehen. Aber wenn ich das mit dem Osten, mit dem heutigen Osten, vergleiche, mit Russland, mit China, mit der Mongolei, mit der städtischen Mongolei, finde ich den Westen verantwortungsbewusster. Zum Beispiel werfen Leute Flaschen und alles Mögliche aus dem fahrenden Auto. Da ist jetzt eine Freiheit, eine falsch verstandene Freiheit ausgebrochen wie eine Seuche, und die kleinen erwachten Ichs in den Städten, die vielen hunderttausend Ichs, die florieren explosionsartig und wüten. Der normale Bürger hier im Westen in Deutschland, in der Schweiz, würde nie auf den Gedanken kommen, aus dem fahrenden Auto Flaschen auf die Straße zu werfen. Bei uns hat man das Ich gerade entdeckt. Wir stecken in der krankhaften Kindheitsphase des gerade entdeckten Ichs.

Jetzt wird versucht, dem mit Gesetzen beizukommen. Jedes Jahr werden Dutzende von Gesetzen erlassen. Sie haben keine Wirkung, außer, dass sie das Wachstum der Bürokratie befördern. Wir haben gedacht, der Kommunismus wäre bürokratisch. Aber wir sehen, der Kapitalismus ist um das Zehnfache bürokratischer, das hat sich zu einer Plage ausgewachsen. Die Bürokratie ist ja eine Kettenreaktion, die sich auf dem Wege vermehrt, verlängert, verschlimmert. Das sehen wir an einem Ministerium, das wir aufgebaut haben, einem Umweltschutzministerium. Das hatten wir früher nicht. Die Mongolei hatte ja bis vor wenigen Jahren dieses Problem nicht. Anfangs hat dieses Ministerium mit sehr wenig Personal funktioniert. Mittlerweile ist das ein breites Feld geworden, in jede Richtung gewachsen. Da sitzen nicht Umweltexperten, da sitzen Bürokraten. Es werden Paragrafen hergestellt, aber sie verändern nichts am Verhalten des Einzelnen oder an der Verantwortlichkeit von Firmen.

KK: In der ethischen Diskussion gibt es folgendes Problem: Die politischen Entscheidungen, die technologischen Entscheidungen, die ja sehr weitreichend auch in unser Leben hineingreifen, werden im Allgemeinen nicht mehr von Einzelpersonen getroffen, sondern von Gremien, von Institutionen, von *Board of Trustees,* das heißt von Kollektiven, also Gruppen von Personen, die für eine solche Entscheidung dann auch geradestehen müssen. Unser Verantwortungsbegriff aber, so wie er sich aus dem römischen Recht ableitet, bezieht sich immer nur auf eine Person. *Eine* Person ist verantwortlich für etwas, für ihre Haltung, ihre Handlung und für die Folgen ihrer Handlung. Wie sieht es aber mit Gremien, mit Institutionen, Einrichtungen oder Behörden oder Firmen aus? Da sind ja viele Menschen, die eine Entscheidung mitgetroffen haben, aber der Verantwortungsbegriff, auch im Hinblick auf die Sanktion, wurde bislang immer nur auf das Individuum bezogen, nie auf eine Gruppe. Dieses Problem ist in der Philosophie und in der Ethik bis heute noch ungelöst.

MK: Wie sieht es in einer nomadischen Gesellschaft aus? Gibt es da eine kollektive Verantwortung?

GT: Ja, wenn das Unglück einen Menschen, eine Familie oder gar eine Sippe betrifft, sind alle bestrebt, nach ihren Kräften zu helfen. Wenn ein Einzelner etwas angerichtet hat, dann muss er auch selbst dafür einstehen, entweder den Schaden wiedergutmachen oder in schweren Fällen die Sippe verlassen.

MK: Du erwähntest vorhin das große Wir-Gefühl der Nomaden. Wie versteht sich der Nomade als Einzelner, was für ein Ich-Gefühl hat er? Auch wenn die Egomanie bei euch noch nicht ausgebrochen ist, wird sich doch jeder Mensch auch seiner selbst bewusst sein?

GT: Die traditionelle, also die ländliche Mongolei, aus der ich komme, hat dieses Ich nicht. Besteht eine Gemeinschaft, besteht sie aus einem Wir. Die Grundstruktur ist immer ein Wir. Kein Mensch denkt allein an sich selbst. Alle denken an sich als Gemeinschaft, als Kleingemeinschaft.

Ich habe vor elf Jahren die Karawane durchgeführt, die mittlerweile Buch, Film und Legende geworden ist. Ich werde immer wieder nach der technischen Seite der Karawane gefragt. Ich gebe verschmitzt zurück: Die Karawane hat bestanden aus 350 Pferden, 140 Kamelen, 30 Hunden, 5 Autos, 16 Hühnern, einer Katze, 150 Menschen und 6 Deutschen. Viele verstehen den Spaß und fangen an zu kichern, aber manchmal gibt es ärgerliche Reaktionen: »Das ist ja ein Unsinn. 150 Menschen und 6 Deutsche. Sind die Deutschen etwa keine Menschen?«

Das ist natürlich missverstanden. Denn wir verstehen unter »Menschen« uns selbst. Nicht nur wir, alle kleinen Völkerschaften im fernen Osten der ehemaligen Sowjetunion und des heutigen russischen Imperiums benennen sich selbst als »Menschen«, als »wahre Menschen«, die Tschuktschen, die Ewenken ... Ich kenne an die zwanzig solche Völkerschaften. So empfinden wir uns auch. Aber damit grenzen wir uns nicht so sehr von den Russen, den Chinesen oder von den Europäern ab, sondern von den Mitgeschöpfen, den Schafen, den Bäumen, den Geistern, den Hunden und anderen Wesen. Wir denken, das All ist rund, das bezieht alle Lebewesen mit ein – die Bäume, die Steine, die Lüfte, die Winde, die Hitze, die Kälte. Alles einbezogen in ein Wir. Ein einheitliches Rundum. Wenn so eine Lebensphilosophie vorherrscht, ist natürlich kein großer Platz für ein Ich. Wenn die Menschen so denken, dann haben sie auch nicht so sehr Sehnsucht nach dem Ich.

Es gibt jedoch einige Ausnahmen in dieser großen Gemeinschaft, die sehnsüchtig nach einem Ich sind, das sind die Machtmenschen. Zum Beispiel der Häuptling, der will herausragen. Einem Häuptling muss man nicht Wir sagen, ein Häuptling möchte hören: Ihr, großer, edler Häuptling, und wir, gemeines Volk, Ihr, großer Häuptling, und wir, Schafe, Pferde und Menschen. Und der Schamane, das ist ja auch so ein Ich-Kranker. Der lebt ja vom Ich, obwohl er die Lebensphilosophie für sein Volk zu vertreten hat. Jeder Schamane will der größte Schamane sein, die weiblichen um keinen Deut weniger. Genauso wie jeder Häuptling unbedingt der größte Häuptling sein will.

Häuptlinge und Schamanen, alle Künstler – auch die Philosophen muss man aus der ich-losen Gemeinschaft herausnehmen. Wenn wir von einer Gemeinschaft reden, dann meinen wir vor allem das Volk. Unser Volk in der Stammeskultur ist immer noch ich-los. Sie leben ich-los, sie leben von einem Wir und betrachten sich als eine Gemeinschaft, als eine große Familie. Da ist jeder ein Familienmitglied. So ist es gut, sie fühlen sich selig, wohlig in dieser großen Umarmung. Es ist aber nicht nur die Umarmung durch die Sippe, den Stamm, sie sind auch Splitter des Universums wie alle anderen Wesen, Teil des Großen, Runden, Ganzen.

Ich sage es kurz: Wir sind Wesen, die immer versuchen, über alle Unterschiede hinwegzusehen und immer die Gemeinsamkeiten herein- und herüberzuholen. Wenn ich nach Unterschieden suche, dann siehst du ganz anders aus, deine Nase, deine Augen, deine Haare – alles ist anders. Wenn ich an meine Frau denke, mit der ich heute endlich nach vielen Tagen telefonieren konnte, und deswegen beruhigt bin, ihr seid sehr unterschiedliche Frauen. Ich könnte diese Unterschiede überhöhen, ausbauen: Du bist ein anderes Wesen. Wenn ich so daran arbeite, kann es sein, dass ich in kürzester Zeit feststelle, ich komme vom Mond, und du kommst vom Mars. Wir sind zwei verschiedene Wesen, die sich letzten Endes nie verstehen würden. Aber ich übersehe all diese Unterschiede, so bin ich erzogen. Das ist nur äußerlich.

Ich schaue, wo die Gemeinsamkeiten liegen. Deine Haut ist, obwohl ein bisschen heller, eigentlich nicht anders als meine braune Haut. Wenn man sie verletzte, würde Blut fließen, es schmerzte in beiden Fällen. Deine Augen schauen ein bisschen rundlich aus, die meinen ein bisschen schmaler, schräger, aber das sind äußere Unterschiede. Denn meine Augäpfel sind genauso rund wie deine, mein Herz ist genauso rund und empfindlich wie dein Herz, meine Nieren genauso, also sind wir im Wesentlichen gleich, wir sind Menschen.

Wenn wir uns freuen, dann lachen wir. Wenn wir weinen, so sind das die gleichen Tränen. Ich kann deine Tränen abschmecken und dir meine eigenen zu kosten geben, du wirst sie nicht zu unterscheiden vermögen: War das zuerst meine eigene Träne oder das, was ich zuletzt gekostet habe? So sind wir. Menschen.

Nun hast du die Frage sehr direkt gestellt, ob die Nomaden auch ein Ich-Gefühl haben. Natürlich haben wir es. Wir sagen, die fünf Finger sind nicht gleich. Jeder Finger ist anders. Und so ist das gut. Weder die fünf Finger sind gleich, noch sind die fünf Kinder gleich, sie sind unterschiedlich. Diese Verschiedenheit ist ja eigentlich unsere Rettung, unser großer Gewinn für das Zusammenleben. Aber wir denken da nicht weiter. Wir müssen das nicht sezieren. Wenn wir jetzt beginnen, uns wie ein westlicher Forscher zu sezieren: Ich bin so, mein älterer Bruder ist so, meine Schwester ist wieder anders, mein jüngerer Bruder, mein Kind … wenn wir alle zerlegen, dann würden wir wahrscheinlich auch die Persönlichkeiten verletzt, gefährdet oder gar abgetötet haben. Eine Persönlichkeit ist etwas sehr Verletzliches. Wir versuchen, sie unberührt zu lassen. Zu wissen, Klaus Kornwachs ist ein toller Kerl, ihn einfach sein lassen, wie er ist, obwohl er wahrscheinlich auch drei oder vier komische Eigenschaften haben könnte. Ich habe sieben oder acht oder dreizehn komische Eigenschaften. Das muss man wissen. Und in deinen Augen bin ich manchmal wahrscheinlich auch ein bisschen komisch. Der hat, wirst du denken, vier, fünf komische Eigenschaften, aber du weißt genau, du hast einundzwanzig davon. Wir müssen das nicht auseinandernehmen. Es gibt Dinge, die wir nicht wissen müssen. Es reicht, sie zu ahnen.

Das entspricht auch meiner schamanischen Denkweise: Von meinen zehntausend Hilfsgeistern, *dschiweler* (Dinge) sagen wir normalerweise, ist bei mir die eine Hälfte blondköpfig, gelbköpfig, krausköpfig, in die Länge gezogen, wie die Europäer sind. Die andere Hälfte ist gedrungen, festgestampft, wie die Einheimischen sind.

Diese Denkart stört den Schamanen gar nicht. Er nimmt alles; wer kommt, ist unser Bruder, unsere Schwester, eine internationale Erziehung von Gedanken. Wenn so ein Gedanke kommt, fremd anmutend, ist er zwar neu, aber fremd ist er nicht. Da sind die Menschen sehr flexibel, weich denkend. Denn unsere ganze Kultur ist sanft. Harte Kulturen, mit scharfen Grenzen und Mauern, ummauerte Kulturen sind leicht auch aggressiv. Wenn da fremde Einflüsse, Gedanken kommen, werden die Menschen allergisch. Aber die sanfte mongolische nomadische Kultur ist für alles offen.

Ich möchte das an meinen Schuhen, das sind meine Hausschuhe, zeigen. Da ist alles sanft, alles weich, Leder. Weich, weich gegerbt, und die Spitze nach oben gebogen. Das ist symbolisch und soll bedeuten, meine Schuhe sollen das Antlitz der Erdmutter nicht verletzen. Wenn ich stolpere, dann werde ich sanfter, leichter hinfallen. Weil ich Zeit habe, weil ich erst stolpere, bevor ich falle. Über spitz zulaufende Schuhe würde ich hart fallen. Außerdem macht es mir Freude, wenn ich durch die Welten ziehe. Wenn ich in Seminaren sitze, sehen die Leute zuerst meine Schühchen. Und jeder, der darauf schaut, muss lächeln, freiwillig lächeln. Das mag ein bisschen angeberisch sein, ist aber weiter nicht schädlich. Ja, alle Gedanken der nomadischen Welt sind so ausgerichtet, andere Leute nicht zu reizen. Wir wollen andere Leute möglichst mitnehmen, nicht gegen sie leben.

Noch mal von vorn: Das ganze All ist eins, wir müssen das nicht zerschneiden. Auch wenn es um wichtige Kategorien des Denkens geht, wird der Nomade sich darauf nicht sofort einlassen. Muss ich das unbedingt wissen? Ich ahne zwar, aber ich muss das alles nicht zerschneiden. Der westliche Mensch ist so erzogen, dass er immer zuerst sagt: »Ich weiß«, aber in Wirklichkeit weiß er nicht. Er hat irgendwas gehört, aber er hat es nicht erkannt. Als Kind der westlichen Schule fängt er an zu zerschneiden, zu zertrennen in Leben und Tod, die Mongolei und die Schweiz … Diese Menschen sind glücklich, wenn sie alles abgegrenzt haben. Es soll Privatmenschen geben, denen Wälder, Wiesen, Berge gehören. Aber woran erkennt man das? Daran, dass sie umzäunt sind. Ich freue mich, wir freuen uns, wenn wir einen Wald sehen. Der Wald ist schön. Ob er nun in Deutschland steht oder in der Schweiz oder in der Mongolei, das ist zweitrangig. Hauptsache, es gibt auf unserer Mutter Erde so einen schönen Wald, es gibt so einen schönen Berg, es gibt so einen wunderschönen Fluss. Der Wald, der Fluss, der Berg, der geht mich auch an, der gehört mir mit. Menschen, die im westlichen Gedanken erzogen worden sind, können oft erst zufrieden sein, wenn da ein Zaun gezogen ist, und dann sagen sie: Endlich abgezäunt, das ist jetzt mein Wald, mein Berg.

Das sind die Hauptunterschiede, diejenigen, die uns Kopfzerbrechen machen.

MK: Das heißt ja übertragen nicht nur »das ist mein Wald«, sondern: Das ist auch meine Technologie, das ist meine Wissenschaft, das ist mein Gedanke, meine Erfindung, das sind meine Begriffe.

GT: Nimm Puschkin, den großen russischen Dichter aus dem 19. Jahrhundert, er ist eine gute mongolische Errungenschaft. Die Mongolen haben erst im 20. Jahrhundert Puschkin entdeckt. Aber diese kleine zeitliche Verschiebung von hundert Jahren spielte keine Rolle. Er ist einer von uns. Und seine berühmten Gedichte sind in den Köpfen vieler Mongolen zu Hause. Wenn die Nomaden etwas gehört haben, dann haben sie immer viel Zeit, darüber nachzudenken. Der nomadische Mensch ist ein denkender Mensch. Er muss immer denkend leben, er wird nicht gestört dabei. Schafe blöken, na, ob das eine Störung ist? Aber sonst gibt es kaum Ablenkung, er ist ständig mit seinen Gedanken unterwegs. Nun, wenn jemand so denkt, dann ist er alles andere als nationalistisch. Wir fühlen uns vielmehr als Teil eines größeren Ganzen.

Nomaden suchen ja immer nach Gemeinsamkeiten. Sie gehen schamanisch-nomadisch über alle sichtbaren und unsichtbaren Grenzen. Aber der Westen ist ein Weltmeister von Grenzen, Mauern. Der Eiserne Vorhang hat von Westen nach Osten gar nicht so gut funktioniert. Wir haben trotz des Kommunismus, oder vielleicht gerade deswegen, fast alles mitbekommen. Wir haben gewusst, wer Heinrich Böll, Günter Grass, wer Marlene Dietrich war. Natürlich gebrauchten wir nie ein Westshampoo, aßen keine Westschokolade Aber wir haben das Geistige vom Westen, die geistige Entwicklung mitbekommen. Die Klassik sowieso: Goethe, Heinrich Heine, Jules Vernes, Balzac, all die Großen. All diese Dichter, Denker, Künstler sind auch unsere Landsleute, werden mit hineingenommen in unsere geistig-seelische Heimat.

Nun, der Eiserne Vorhang muss von der Gegenseite, von Osten nach Westen wunderbar funktioniert haben. Im Osten gibt es so großartige Menschen wie die Oma Wanka – die zwei Milliarden Menschen im Osten kennen sie, eine Bulgarin, blind geboren, zweiundachtzig Jahre alt geworden. Sie war der Nostradamus des 20. Jahrhunderts, sie hat alles vorausgesagt, auch den Mauerfall übrigens. Aber im Westen kennt sie kein Mensch.

Oder Nadja Ruschewa, eine große Künstlerin, 1951 geboren, sie hat nur siebzehn Jahre und zwei Monate gelebt auf Erden. Die Mutter ist eine Tuwafrau, der Vater ein Russe, geboren wurde sie in der Mongolei. Mit vier Jahren hat sie angefangen, großartige Zeichnungen abzuliefern, wenn der Vater ihr Märchen vorgelesen hat. Als sie sieben Jahre alt war, da war sie schon nicht mehr aufzuhalten. Der Vater hat ihr in dem Alter schon die ganze russische Klassik vorgelesen. Puschkin, Tolstoj, Tschechow, Turgenjew. Sie hörte zu, neben ihr haben immer ein Bleistift, verschiedene Stifte und gutes Papier gelegen. Sie fertigte Zeichnungen, Illustrationen an zum Gehörten. Auf diese Weise sind zwölftausendfünfhundert Bilder entstanden. Sie ist eine Kultfigur im Osten. Es gab überall Ausstellungen mit ihren Werken. Es gibt keine Stadt in Russland und in all den Satellitenstaaten um Russland herum, in der nicht eine Straße ihren Namen trüge. Es gibt Nadja-Ruschewa-Straßen, Nadja-Ruschewa-Plätze, Nadja-Ruschewa-Gruppen, Nadja-Ruschewa-Klubs, Nadja-Ruschewa-Häuser, Nadja-

Ruschewa-Schulen, ja, ferne Galaxien sind nach ihr benannt worden, große Schiffe mit ihrem Namen kreuzen die Weltmeere. Aber warum, großer Himmel, weiß der Westen davon nichts?

KK: Bekannt geworden sind im Westen nur Leute, die entweder in der Politik eine Rolle gespielt haben oder die Dissidenten waren. Andrej Sacharow zum Beispiel ist natürlich sehr bekannt gewesen. Aber es war ein instrumentalisierter Bekanntheitsgrad, der im Kalten Krieg in der Auseinandersetzung der Systeme eine Rolle gespielt hat. Sacharow ist als Dissident bekannt geworden und nicht als Vater der russischen Wasserstoffbombe. Andrej Sacharow war mindestens so ein genialer Physiker wie Edward Teller oder Robert Oppenheimer. Er hat in der Physik eine ungeheure Leistung vollbracht. Wir haben aber als Physikstudenten nur die amerikanischen Physiker kennengelernt.

GT: Gut, wir haben auch nur die russischen Technikväter kennengelernt. Also nach unseren Kenntnissen ist das Auto ein russisches Produkt. Irgendein Polsunow hat das erste Auto der Welt entwickelt.

KK: Ich muss eine Sache revidieren. Das immer noch beste Lehrbuch für Theoretische Physik sind die Bände von Lev D. Landau und Evgenij M. Lifschitz. Sie wurden ins Deutsche übersetzt, ebenso die fünf Bände von Wladimir Smirnows *Lehrgang der höheren Mathematik.* Die haben wir gern gelesen, weil sie so schön plastisch, so elegant geschrieben sind. Russische Mathematiker hat man eher gekannt. Aber im Bereich Technik oder Experimentalphysik haben russische Gelehrte bei uns fast keine Rolle gespielt. Ja, der Eiserne Vorgang war nur in eine Richtung durchlässig, aber nicht in die andere.

GT: Ich habe diese Beispiele erwähnt, um zu betonen, dass im Osten noch sehr viel altes Wissen liegt, das man jetzt im Westen entdecken und zum Besitztum der ganzen Menschheit machen könnte. Wenn man uns in diesem Lichte betrachtet, dann sind wir wirklich Brückenbauer. Wir setzen ja alles daran, dass jetzt der getrennte Osten und Westen wieder zusammenkommen. Auf dieser Brücke, die wir gerade bauen und festigen oder ausbauen, müssten jetzt die Menschen im Osten und im Westen einander entgegenkommen.

Hier in Europa unterwegs, begegnet mir häufig diese eurozentrierte Sichtweise. Diese Denkweise geht so weit, dass man den Zweiten Weltkrieg, der ja 1937 im Osten zwischen der Mongolei und den Japanern im von ihnen besetzten China angefangen hat, mit Beteiligung von fünf Ländern, erst mal zwei Jahre hinausschiebt und am 1. September 1939 anfangen lässt, als es darum ging, die Geschichte des Zweiten Weltkriegs niederzuschreiben. So festgelegt, weil die europäischen Wissenschaftler da führend waren. Die haben wohl geahnt, dieser Krieg, Weltkrieg, das ist ein großes Ereignis für alle Zeiten, das europäisieren wir.

Und dann hat der Zweite Weltkrieg ja nicht am 8. Mai 1945 ein Ende gefunden, sondern erst am 25. September, mit der Kapitulation der Kwantung-Armee. Da waren immerhin eine Million Japaner an der mongolischen Grenze, und es gab Tausende von japanischen Kriegsgefangenen. Die haben uns das Zen, also den inneren Kern der Hauptstadt Ulaanbaatar, aufgebaut. Es gibt auch einen riesigen Friedhof für die Japaner. Wenn jetzt Koisumi,[9] oder wie die Häuptlinge heißen, wenn die kommen – ihr erster Weg führt zu diesem Friedhof. Das sind Dinge, die gewesen sind, aber die verschwiegen werden. Die Japaner, die Ende 1936 den Krieg gegen uns begonnen haben, haben uns Kriegswiedergutmachung gezahlt. Aber mit der einen Bitte, dies bitte anders zu benennen: Bereitschaft zum guten Willen. Sie haben eine Kaschmirfabrik und ein Kamelwollverarbeitungskombinat aufgebaut, zwei wunderschöne moderne Betriebe. Die mongolische Regierung war sofort einverstanden. Wir reden jetzt möglichst wenig von diesem Krieg.

Ich finde die Haltung der mongolischen Regierung richtig. Das war noch im Sozialismus, man wusste, die Aggressoren wollten nicht als solche genannt werden. Na gut, sie wollten zwei Betriebe geben, die hat man genommen, und heute profitieren wir davon. Heute ist Japan das Hauptgeberland, die Hälfte aller Hilfsgelder kommt allein aus Japan. Und unsere Sumoringer, mittlerweile vierzig junge Menschen, gefräßige junge Mongolen, leben von der japanischen Küche. Nicht nur das, sie machen die Mongolei richtig berühmt. Das königliche Kraftspiel Sumo ist jetzt voll in mongolischen Händen. Alle Großmeister des Sumo sind mittlerweile Mongolen. Diese sanfte Haltung, nicht Streit suchend, sondern immer mitkommend, sie erzeugt keinerlei Schmerz, bringt aber viel mehr ein.

Geistiges Eigentum

KK: Ich glaube, das hat etwas mit der Art und Weise zu tun, wie Erkenntnisse erarbeitet werden und welche Rolle Einsichten bei euch spielen. Im Westen geht es immer darum: Ich habe eine Erkenntnis, du hast eine Erkenntnis, wenn sie einander widersprechend sind, muss der eine recht haben und der andere unrecht. Anders kann es gar nicht sein. Ein Widerspruch kann nicht stehen bleiben, also wird es einen Verlierer geben in einem solchen Streit. Erkenntnisse sind immer wahr oder falsch, sind zutreffend und nicht zutreffend. Oder ich kann damit etwas bauen; es funktioniert, oder es funktioniert nicht. Immer diese ganz klare Einteilung: rechts – links, falsch – wahr, oben – unten, eins – null. Das ist auch eine Begrenzung. Wenn die Grenze *nicht* konstitutiver Bestandteil des Denkens ist, also auch in der Begriffsbildung, dann kann eine tiefe Erkenntnis und ihr Gegenteil genauso wahr sein.[10] Dann gibt es kein Wahr oder Falsch, sondern sie ergänzen sich. Oder sie sind komplementär zueinander wie zum Beispiel Yin und Yang. Dann brauche ich diese Grenze als Begriff nicht mehr, draußen ist auch drinnen, drinnen ist auch draußen. Wenn ein Fremder von draußen hinzustößt, dann bringt er das Draußen mit herein. Und der, der hineinkommt, nimmt das Innen, was er erlebt hat, nach draußen wieder mit als Erfahrung. Das löst Grenzen auf. Ich denke, der Erfolg gibt euch ja recht: Wenn ich den Gegner nicht zwinge, sein Gesicht zu verlieren, dann kann ich mit ihm nachher wieder kooperieren.

GT: Die eine Denkweise drückt sich im Reden, Darstellen des Ego aus. Die andere redet vom Wir. Wer vom Wir redet, wenn es um Erfolge, Errungenschaften geht, der hat nicht nur mehr Freunde, sondern auch mehr Unterstützung.

Nur wenn es um Schuld geht, dann reden wir vom Ich. Obwohl wir wissen, unser Gast war schuld, dass der schöne Teller zerbrochen ist, nimmt die Hausfrau immer die Schuld auf sich: »Das macht nichts, ich habe ihn so ungeschickt hingestellt, lieber Gast.« Und der Hausmann, der Jurtenherr, sagt immer: »Ich war schuld, ich hätte Licht anzünden müssen.« Das ist eine Lebensweise, die immer nach Freunden und Frieden sucht.

KK: Hier im Westen gibt es den Begriff: geistiges Eigentum. Denken, neue Erkenntnisse gewinnen wird im Westen nicht als Lebensweise, sondern als Arbeit angesehen. Diese Arbeit hat ein Ergebnis. Dieses Ergebnis gehört irgendjemandem. So wie dem Bauer die Frucht gehört, die er auf seinem Acker bestellt hat, dem Jäger das Wild gehört, das er gejagt hat. So wie dem Nomaden das Vieh gehört, mit dem er über die Weide geht. Dass die Erkenntnis jemandem gehört, hat zu solchen Dingen wie Copyright und den ganzen Verlagsrechten geführt.

Ich habe erfahren, sowohl in China wie auch in Japan, aber auch erlebt mit unseren chinesischen Studenten, dass ihnen dieses Denken völlig fremd ist. Wenn ich Einspruch erhebe: »Moment mal, du kannst keine Diplomarbeit schreiben und einfach abschreiben, was ein anderer gesagt hat«, dann sagt dieser: »Das ist doch so gut gesagt, warum soll ich das nicht in die Diplomarbeit mit hineinnehmen? Das ist doch eine gute Erkenntnis.« Es geht bei dieser Denkweise nicht darum, dass diese Erkenntnis jemandem gehört, sondern dass es eine gute Erkenntnis ist. Das hat sich im westlichen Denken ungefähr seit dem 17. bis 18. Jahrhundert aufgelöst. Stattdessen bildete sich der Begriff des geistigen Eigentums heraus. Das hängt natürlich auch damit zusammen: Seit die Wissenschaft eine Institution ist, die auch ökonomisch sehr, sehr mächtig und wirksam ist, versteht es sich, dass die Belohnungssysteme so gestrickt werden müssen, dass jemand, der das Patent hat oder die Idee zuerst hatte, auch den Nutzen von dieser Idee haben soll. Das Gleiche gilt für die Verwertung eines Gedichts oder eines Romans. Ein Schriftsteller möchte ja auch vom Ertrag seiner Arbeit leben. So hat sich die Vorstellung vom geistigen Eigentum etabliert.

Erstaunlicherweise gibt es auch eine Gegenbewegung in der Wissenschaft. Zum Beispiel gehört ein mathematischer Beweis allen. Im besten Fall wird er vielleicht nach dem, der ihn zuerst gefunden hat, benannt. Wenn er publiziert ist, gehört er allen. Der Kern der Grundlagenwissenschaft geht davon aus: Was publiziert ist, gehört allen, kann von allen anderen auch verwendet werden.

Werte und Handeln

GT: Meine nomadisch-schamanische Sichtweise ist: Geben und Nehmen, es soll allen gut gehen. Außerdem muss ich ja an meine Mission denken, ich komme aus der nomadischen asiatischen Herdenkultur hier herein. Aus der schamanischen Kultur in diese Welt der Konkurrenz, des Kampfes, der Schlachten eigentlich. Es finden ja hier jeden Tag Schlachten statt. Ich möchte, wenn auch nur um ein Weniges, die Lage entspannen. Das wäre dann der Sinn meines Daseins. Ich möchte geben, durch Geben wird man mehr. Das Prinzip Geben und Nehmen – davon bin ich fest überzeugt. Was ich heute gegeben habe, könnte unter Umständen heute Nachmittag, heute Abend oder in einem der nächsten Leben schon den Weg zu mir finden. Das ist auch mein Heilerprinzip. Wenn ich Menschen gesund mache, wenn ich mich für Menschen verausgabe, dann werde ich genauso heftig in dieser Hitze aufgebaut oder regeneriert.

Aber ich möchte dazu sagen, dass die nomadische Weltsicht nicht nur aus Edelmut besteht, da steckt eine nomadisch versteckte, sehr fein gesponnene Denkweise dahinter: Wenn es dir gut geht, geht es mir auch gut. Das ist ein weiser Egoismus, wie der Dalai-Lama sagen würde.

MK: Welche Werte, welche Moral gilt es, in einer Urgesellschaft einzuhalten? Wird in einer Sippengemeinschaft oder Urgesellschaft die Moral sehr klar strukturiert? Gibt es verbindliche Regeln des Miteinander?

GT: Wir müssen eine Sache im Auge behalten. Die meisten Menschen haben ja eine romantisch verklärte Vorstellung von der Natur, sie meinen, die Natur sei gerecht. Die Natur ist nie so mild, sie kann auch sehr hart, manchmal sehr ungerecht sein. Wenn der Mensch jetzt inmitten dieser ungerechten, unberechenbaren Natur lebt, muss er ihren Gesetzen auch folgen. Wir haben die letzten Jahre – mir nichts, dir nichts – jährlich drei bis fünf Millionen Tiere verloren. Sie sind einfach erfroren, verhungert. Wir hatten fünf harte Winter hintereinander. Da muss man sehen, dass wenigstens die Menschen überleben. Wenn die Menschen trotzdem nicht alle überleben, kämpfen wir, dass wenigstens die Kinder, die jungen Menschen überleben. Auch da überleben nicht alle.

Ich als Sohn habe nicht das Recht, mich für meinen alten Vater zu opfern, weil ich genau weiß, wenn ich jetzt sterbe, würde die ganze Familie, die ganze Sippe zugrunde gehen. Die Kindersterblichkeit ist sehr hoch, nur die ganz Lebenstüchtigen, Gesunden bleiben am Leben.

Die westliche Medizin würde jedes Lebewesen, das in Menschengestalt da ist, erhalten wollen. Wir haben diese

Möglichkeit ganz einfach nicht. Ein Teil der Kinder muss sterben. Es ist immer sehr hart für die Eltern, Kinder zu verlieren. Aber wir wissen, ein Teil der Lämmer muss ja auch wieder gehen, von hundert Schafen kannst du nie hundert Lämmer aufziehen. Es sind immer höchstens zweiundneunzig bis vierundneunzig.

KK: Was geschieht mit Kindern, die als nicht lebenstüchtig angesehen werden?

GT: Wir versuchen mit den letzten Mitteln, die wir haben, sie am Leben zu erhalten. Aber wenn sie trotzdem sterben, dann muss man einsehen, dass man nichts machen konnte und es nun so hinnehmen muss.

KK: Die westliche Zivilisation hält viel auf sich. Wenn wir aber zurückgehen ins Römische Reich, da erlaubte das Familienrecht dem *pater familias,* also dem Oberhaupt der Familie, ein Kind ohne Angaben von Gründen, bis es zwei Jahre alt war, einfach zu töten, wenn es ihm nicht passte.[11]

GT: Wir sind schon anders als die Adler. In einem Adlernest leben immer zwei Küken. Aber manchmal kommt es vor, dass drei, vier Küken geboren werden, von denen aber nur zwei überleben. Die Adlermutter oder der Adlervater kommt mit Beute ins Nest geflogen. Der Adler beteiligt sich an der Ernährung der Kinder. Aber sie verteilen nicht, sie lassen die Beute, den Hasen meinetwegen, in die Mitte fallen. Dann entsteht zwischen den Kindern ein Kampf. Die Adlereltern sehen dem seelenruhig zu. Es zeigt sich, dass der eine oder andere von den Jungadlern nicht zum Zuge kommt, leer ausgeht. Die Adlermutter, der Adlervater sehen irgendwann ein, dass dieses Kind nicht leben wird. Dann wird es über den Nestrand gestoßen. Die anderen zwei lebenstüchtigen bleiben.

Wir sind anders. Kein Kind wird runtergestoßen oder ausgesetzt. Wir kämpfen bis zuletzt mit allen Mitteln um das Leben des Kindes, und wenn es trotzdem stirbt, dann sagen wir uns: Es musste wohl so sein. Der Himmel hat uns gegeben, und der Himmel hat uns genommen. Was sollen wir machen? Es stand nicht in unserer Macht.

KK: Das sind andere Regeln als in der agrarischen oder gar in der städtischen Gesellschaft, in der man sich von diesen Naturzwängen Schritt für Schritt immer mehr entfernt hat. Es gibt in dieser Sippengesellschaft nicht irgendeinen Text, an den man sich hält, sondern das ist eine Überzeugung, die alle tragen und die alle leben.

GT: Ungeschriebenes Gesetz nennt man das.

KK: Warum jedoch hat zum Beispiel der jüdische Kulturkreis begonnen, das aufzuschreiben? Warum gibt es diesen Dekalog, die Zehn Gebote in Schriftform oder in Steinform, auf dass sich die Menschen daran halten mögen? Eine interessante religonssoziologische Interpretation besagt: Der Zug durch die Wüste von Ägypten in das Gelobte Land, wo Milch und Honig fließen, das von den Israeliten besetzt wird und wo das Volk Gottes sesshaft wird, wird als Ausdruck für den Übergang von der nomadischen zur agrarischen Existenzweise angesehen. Die vierzig Jahre werden als geschichtsträchtige, aber theologisch verbrämte Metapher für diesen Übergang gedeutet.

Ein Übergang also, von der Nomadenkultur zu einer

sesshaften Agrarkultur. Bei diesem Übergang muss nun das, was in der Sippengesellschaft immer ungeschrieben gegolten hat, uminterpretiert werden, damit es für eine agrarische und nachher eine städtische Gesellschaft noch gelten kann.

Jetzt kommt die Uminterpretation. Man könnte ja die Zehn Gebote auch anders lesen. Nach den ersten beiden, dass man den Sabbat heiligt, und »Du sollst keine anderen Götter neben mir haben«, weil das natürlich die Abgrenzung gegenüber anderen Religionen darstellt, kommt als weiteres Gebot die Ehrfurcht vor dem Alter: »Ehre Vater und Mutter, auf dass es dir wohlergehe auf Erden.« Die folgenden aber: Du sollst nicht töten, du sollst nicht stehlen, du sollst nicht Ehe brechen, du sollst nicht begehren deines Nächsten Hab und Gut und Haus, kann man im Hebräischen auch so interpretieren: Du brauchst nicht zu stehlen. Du brauchst nicht zu töten. Du brauchst nicht begehren deines Nächsten Hab und Gut. Denn ich gebe dir ja das Land, wo Milch und Honig fließen, du hast ja jetzt alles. Du lebst jetzt im Überfluss. Die Epoche der Kargheit ist vorbei. Das ungeschriebene Gesetz hatte Stehlen erlaubt, doch jetzt heißt es: Du brauchst nicht mehr zu stehlen, es ist nicht mehr notwendig, du kannst dich auch so ernähren. Du brauchst nicht mehr zu töten, es gibt auch genügend Frauen, du brauchst nicht zu begehren deines Nächsten Hab und Gut und seine Weiber. Das könnte man auch so lesen, und die Geschichte zeigt: Immer wenn sich dieser Übergang von der Nomadenkultur zur Agrarkultur ereignet, der in Europa und in Kleinasien zu verschiedenen Zeiten stattgefunden hat, erscheinen meistens auch die ersten Kodifikationen von moralischen Regeln im Sinne von Festschreibung. Die Sippe hat keine Texte, sondern die ungeschriebenen Sätze, die grausam und hart sein mögen, aber die von der Notwendigkeit und von den Naturbedingungen diktiert sind. Die agrarische Gesellschaft muss sich, weil diese äußeren Notwendigkeiten wegfallen, nun ein eigenes Gesetz geben, das qualifiziert werden muss, damit man es auch durchsetzen kann. Damit tauchen neben den Ältesten und Stammesfürsten auch die ersten Richter auf, das Hohepriesteramt und das Richteramt, das religiöse und das weltliche Recht fallen spätestens zu diesem Zeitpunkt auseinander.

Wie geht eigentlich eine Sippengemeinschaft mit dem Eigentum um? Gibt es ein ungeschriebenes Gesetz »Du sollst nicht stehlen«?

GT: Das sagen wir nicht. Man stiehlt nicht. Man stiehlt schon, aber nicht in der eigenen Sippe.

KK: Man stiehlt bei der anderen Sippe … *(Gelächter)*

GT: Ja, man muss weit wegreiten … Das kommt vor, dass ein Pferd gestohlen wird. Das nimmt man zur Kenntnis, und man wartet und sieht, dass man jetzt selbst wieder zu einem Pferd kommt. Das ist ja immer eine Frage des Überlebens. Wenn ich drei kleine Kinder habe, und wir sind ständig unterwegs, wie soll ich leben ohne ein Pferd, durch Flüsse, über Steppen ziehen? Als Vater habe ich doch die Verantwortung für meine drei splitterkleinen Kinder. Also muss ich sehen, dass ich möglichst weit hinausgehe und dann nach Pferden schaue, nach fremden Pferden, und irgendein junges kräftiges schönes Tier nehme und dann zurückreite.

KK: Wenn jetzt die andere Sippe erfährt, wer bei euch klaut?

GT: Na, die werden schon nichts sagen, weil das alle so machen …

KK: Ich nehme an, es gibt nicht den Begriff des Eigentums in unserem Sinne, was die Weidegründe anbelangt, also keinen markierten, eingezäunten Grundbesitz.

GT: Nein, nein, das kennen wir nicht. Man kann ja die Erde nicht besitzen. Wie könnte man auch die Mutter besitzen? Nicht die Erde gehört uns, sondern wir gehören der Erde. Wir kommen aus der Erde, wir gehen in die Erde. Und wenn wir unsere Toten bestatten, dann sagen wir zuletzt: »Mutter Erde, nimm dein Kind wieder zu dir.«

KK: Es ist erstaunlich, dass dieses Besitzdenken in der westlichen Kultur uralt ist, mindestens dreitausend Jahre alt, das lässt sich schon im jüdischen Glauben nachweisen. Die Früchte meiner Arbeit, meines Ackers sollen nur mir gehören, sonst niemandem. Es hat lange gedauert, bis die westliche Philosophie auf diese Grundüberzeugung reagiert hat. John Locke erklärte als Erster: Das, was durch eigener Hände Arbeit geschaffen wurde, müsse man behalten dürfen. So wird neben dem vererblichen Besitz ein neues Recht auf Eigentum deklariert, durch Arbeit wird also Eigentum geschaffen.[12] Ich denke, das ist eine Konstruktion, die es bei der Sippengesellschaft nicht gibt.

GT: Nein, das ist uns unbekannt, der Besitz von Erde sowieso. Ich kann ja nicht einen ganzen Berg mit allen Tälern für mich beanspruchen. Dieses Jahr, diesen Winter kann ich ihn nutzen, hier ist wenig Schnee gefallen. Wenn andere Familien, von Schneestürmen vertrieben, zu mir kommen, dann sollen sie bitte willkommen sein. Nächstes Jahr könnte ich in diese Lage kommen. Möglicherweise wird der Berg, der meine Winterbleibe ist, nächstes Jahr vom Schnee heimgesucht. Dann muss ich selbst auf die Suche nach neuen Weiden gehen. Die Natur regelt alles ziemlich von allein.

KK: Das funktioniert aber in der Sippengesellschaft nur dann, wenn das Gelände groß genug ist und die Besiedelungsdichte dünn, sodass man auch auf andere Weidegründe ausweichen kann und das Gesamte als Allmende, als Gemeinschaftsgut, angesehen wird.

GT: Der Besitz wird nicht so verherrlicht, das Besitzdenken, das Ich-Denken wird nicht so kultiviert. Solange die Menschen von »wir« reden und »unser« sagen, nicht »ich« und »mein«, lässt es sich auf diese Weise zusammenleben. *Unsere* Sippe, *unser* Stamm. *Unser* Altai.

KK: Das hört dann auf, wenn eine agrarische Besiedlung, also dieser Übergang, stattfindet und wenn der Ackerboden knapp wird, weil die Bevölkerungszahl steigt. In westlichen Gesellschaften gab es immer wieder die Konstruktion der Allmende, des Gemeinbesitzes bei Neubesiedlungen oder Auswanderungen. Sobald eine gewisse Bevölkerungsdichte erreicht war und das Ackerland knapp wurde, haben die Siedler sich andere Regeln gegeben. Sie gingen zum Individualbesitz über, wobei einer einzelnen Person Besitz zugesprochen, zugeschrieben wurde und nicht mehr allen alles gehörte.

GT: Es gibt immer Ausnahmen. Das kommt gerade vonseiten der Schamanen. Es gibt hin und wieder habgierige Schamanen. Ich kenne einige Beispiele aus der Vorgeneration. Wenn ich auf Besitz geil wäre, könnte ich schnell viele Lämmer, Kälber und Fohlen einsammeln. Ich könnte meine Macht missbrauchen und meinen Besitz sehr schnell vergrößern. Ich für meinen Teil werde das nicht tun – das ist nun einmal mein Ehrenwort. Aber es hat eine solche Schamanin gegeben, nicht zu unserer Zeit, aber in der vorhergehenden Generation. Das wird weitererzählt, und das ist gut so. Doch die einfachen Menschen pflegen ja ihr Leben weiter in der Gemeinschaft. Deshalb halte ich es für sehr wichtig, dass ich die liebe Meute richtig anleite, so gut ich das kann.

KK: Aber da sind doch auch gewisse, zumindest implizite, moralische Vorstellungen dabei: Habgier gilt als verwerflich, allzu großer Ehrgeiz ebenso. Oder wenn jemand betrügt. Denn jede Moralvorstellung, egal ob sie kodifiziert ist oder nicht, ob sie schriftlich ist oder ob sie ein ungeschriebenes Gesetz ist, muss ja auch Sanktionsmöglichkeiten nach sich ziehen, also ein Belohnungs- und ein Bestrafungssystem.

GT: Ja, der Häuptling könnte denjenigen auspeitschen lassen, wenn er meinte, das könne helfen. Er könnte ihn auch vertreiben aus der Sippe. Schlimmer ist das Erzählen. Ein älterer Mensch mit Rang und Würde, Alter und Bart brauchte das Vergehen nur im Volk zu erzählen, das ist die höchste Strafe. Wenn ich erzähle, Klaus' vierter Sohn hat dies und jenes gemacht, ist das eine der schwersten Strafen. Weil die jungen Menschen das wissen, unterbleibt vieles.

Wenn ich schon stehlen muss, dann sollte ich wenigstens aus dem Territorium des Stammes weit hinausgehen und bei Fremden stehlen.

KK: Es gibt also etwas wie einen Pranger, den wir im Mittelalter ja auch in Europa hatten. Wer etwas angestellt hatte, wurde öffentlich vor der Kirche an den Pranger gestellt, und da konnte jeder ihn verachten.

GT: Genau, und so etwas haben wir auch.

KK: Das ist schlimmer als Prügel.

GT: Das ist viel schlimmer. Du hast das Gesicht für das ganze Leben verloren, du musst dann weggehen. Aus den Augen der Sippe verschwinden. So regelt sich alles von selbst.

MK: In Industrieländern nützt das Erzählen einer schändlichen Tat nichts mehr. Die Medien versuchen das tagtäglich, ohne einen positiven Erfolg zu verzeichnen. Wie kommen wir zu einer gemeinsamen ethischen Grundlage in Wissenschaft und Technik? Ich habe mit jemandem diskutiert, der die ganz feinen Chips entwickelt für die Kartierung der Marschflugkörper. Ich habe ihn gefragt, ob er mit den Konsequenzen seines Handelns, also seiner Erfindungen, leben könne. Er antwortete mir: »Wenn ich das nicht tue, macht das jemand anders, ich habe gar kein Problem damit.« Ein oft gehörtes Argument: »Bevor das jemand anders macht, will ich lieber selbst Ruhm und Geld dafür einsacken.«

KK: Zum Ersten muss man den Mut haben, so jemandem zu sagen, dass er unsittlich handelt. Das muss man auch öffentlich tun. Es gibt viele Wissenschaftler, auch in unserem Bereich, denen man das öffentlich ins Gesicht sagen muss. Das ist der erste Punkt. Ich denke, der zweite Punkt ist, dass wir versuchen, unsere Schüler und Studenten, wenn sie Technik und Naturwissenschaft lernen, für dieses Problem zu sensibilisieren.

So hat zum Beispiel der Verein der Deutschen Ingenieure VDI sogenannte ethische Leitlinien verabschiedet.[13] Diese Leitlinien müssen aber auch gelebt werden, sie müssen durchsetzungsfähig, sanktionsfähig sein. Galsan hat erzählt, dass früher diejenigen, die aus der Reihe getanzt sind und sich nicht in die Sippengemeinschaft eingefügt haben, auch ausgepeitscht wurden. Diese Möglichkeit nutzen wir nicht. Aber wenn jemand als Mitglied des VDI ganz grob gegen die ethischen Leitlinien verstößt, dann wird er rausgeworfen. Es ist eine schwache Sanktion, aber sie ist immerhin möglich. Auch die Deutsche Forschungsgemeinschaft hat sich eine solch ethische Leitlinie gegeben.[14]

Ethik ist eine Leistung, einmal natürlich des menschlichen Verstands, aber auch der menschlichen Vernunft, weil dadurch auch die Überzeugung zur Sprache kommt. Einer muss ja beginnen zu sagen: »Nein, ich tue es nicht.« Das braucht Mut. Diese Überzeugung, die muss man auch öffentlich diskutieren können. Diese Diskussion hat im Westen angefangen mit Hiroshima und Nagasaki und ist noch intensiver geworden in den Siebziger- und Achtzigerjahren und hat eine Welle von Veröffentlichungen über Ethik und Moral nach sich gezogen. Die Frage ist, ob die Welle wieder verebbt, ob sie von der Globalisierung geschluckt wird oder ob wir beginnen, auch globalisiert über Ethik zu diskutieren. Da sind Stimmen wie die vom Dalai-Lama, von

Kofi Annan, von Joseph Ratzinger, von sehr großer Wichtigkeit, weil sie gehört werden.

Ich gebe die Hoffnung nicht auf, sondern ich würde sagen, jeder muss versuchen, daran mitzuarbeiten, dass wir die Kluft zwischen Verstand und Vernunft überwinden, damit wir das, was wir tun, auch verantworten können. Aber im Augenblick können wir es noch nicht, weil wir es nicht überblicken.

GT: Auf das Schamanische bezogen könnte ich auch einiges dazu sagen. Die große Schamanin, meine Schamanenmutter, hat mir eine Sache von vornherein verboten, und sie hat das dann später etliche Male wiederholt: »Nie Flüche auf den Weg schicken. Keinen Menschen verfluchen. Fluch ist hässlich. Fluch ist gefährlich.« Ich habe mich daran gehalten bis auf den heutigen Tag. Also sie sagte: »Wenn du einen Fluch auf den Weg schickst, denke nicht, dass der Fluch das Ziel trifft und dann niedergeht und liegen bleibt. Nein, er geht weiter und kommt zum Ausgangsort, also zu dir, zurück.« Ich habe das so verstanden, dass ein Fluch sich verhält wie ein Marschflugkörper.

Wenn ich von Menschen gefragt werde, ob ich ihnen das Schamanische beibringen könne, schaue ich immer auf den Menschen. Wenn es ein lieber Mensch ist, warum ihm nicht etwas mitgeben? Aber wenn ich merke, das ist ein zwiespältiger Mensch, er könnte das gewaltige Wissen falsch verwenden, dann tue ich so, als hätte ich nichts gehört. Oder ich sage: »Nein, das ist leider nicht möglich.« Es gibt in meinem Stamm einen Mann, der etwa vier Jahre jünger als ich ist. Aber er ist ein Halunke, ein Egoist. Er hat die Galbe, eine meiner beiden Schülerinnen, wiederholt gebeten, sie solle ihm bitte schamanische Kräfte verleihen.

Ich hab Galbe gesagt: »Das tust du nicht. Was glaubst du, auch wenn er nur ein ganz winziger Schamanling werden würde, er könnte doch vielen Leuten Angst machen.«

Man kann als Schamane bei den Menschen auch großen Schaden anrichten. Ich könnte schon mit der Zunge die Leute vernichten. Orakelnd könnte ich sagen: »Du hast nur noch Zeit, drei Monate zu leben, mit dir ist es aus.« Das ist einfach unmoralisch. Das sage ich nicht. Auch wenn ich sehe, bei dem Menschen steht es nicht gut, dann versuche ich immer, es sanft zu erklären: Also, da sind kleine Probleme, dies und jenes müssen wir ändern. Zur Verstärkung lasse ich einen Schafsknöchel durch die Runde gehen, jeder soll ihn eine Weile festhalten und gute Wünsche hineinpacken. Ich lasse auch meine Kraft hineinfließen und gebe ihn dem Menschen, damit er sich daran festhalten kann. Das ist viel wert. Das ist in den Augen eines Mediziners, der ja eine Hochschulbildung hinter sich hat, vielleicht lächerlich. Aber ich weiß, darin steckt viel Kraft.

MK: Ich habe noch eine Frage dazu. An einer anderen Stelle hast du gesagt: »Wenn ich heile oder als Schamane arbeite, dann kenne ich keine Moral.« Heißt das, wenn es um das Heilen geht, dann wird alles konzentriert, dann gibt es keine Konvention mehr, nichts mehr, was dich in irgendeiner Weise bindet? Ist das so richtig verstanden?

GT: Du hast mich schon richtig verstanden. Ich bin ja jetzt durch meine Stellung in der Sippe und im Stamm so weit, dass mich keiner mehr kontrolliert – zumindest nicht so, dass ich davon wüsste. Das ist schlimm und schön zugleich. Schön, weil ich jetzt so handeln kann, wie ich will. Schlimm wäre, wenn ich meine Stellung jetzt missbrauchte. Deshalb übe ich mich beständig in Selbstkontrolle, bremse mich selbst. Das ist ja die Demut, von der ich immer wieder erzähle. Ich behaupte, dass Galsan Tschinag so fröhlich tut und erfolgreich durch die Welt zieht, das ist nur der Schein. Denn in mir hockt ja auch ein ganz demütiger, ängstlicher, kleiner Junge. Ich sage mir: »Alter, du hast sechzig Jahre lang dein Leben irgendwie gut geregelt. Hast ein gutes Gesicht vor dem Volk, vor der Nachwelt.« Ich kann auch stolz sein, auch vor den Vorfahren. Alles ist bis jetzt gut gelaufen. Aber das ist kein Grund zu denken, das sei für alle Zeiten geregelt. Jetzt muss ich erst recht aufpassen, mit dem Restchen meines Lebens nicht in den Dreck zu geraten. Und wer so denkt, glaube ich, der ist auf dem richtigen Weg. Eigentlich denkt das doch ein jeder, oder?

Jeder denkt an seine Ehre. Ehre ist bei uns ein sehr hoher moralischer Begriff. Die Ehre verlieren bedeutet das Gesicht verlieren, den guten Ruf der Eltern beschmutzen und ein Fleck sein für die Nachwelt in der Sippenlinie. Wenn meine Kinder sich ihres Vaters schämen müssten, wäre das bitterer als alle Strafen, schwerer als alle Bürden.

Das ist die große Stärke des ungeschriebenen Gesetzes. Wenn die Menschen diese Empfindung haben, dann regelt sich das meiste von selbst. Unsere Stärke ist, dass wir nicht viel reden müssen. Jeder weiß im Grunde, was Sache ist. Unsere Schwäche ist, wenn jetzt von außen jemand kommt und anfängt, uns auszufragen: Was habt ihr für ein Wort, wie heißt auf Tuwa Gott, habt ihr eine Schrift, habt ihr Bücher, habt ihr ein Moralgesetz? Wie nennt ihr das? Das können wir alles nicht so beantworten, und dann stehen wir am Ende da, als wären wir tatsächlich kulturlos, als hätten wir gar kein geistiges Erbe. Das ist uns mehr als einmal passiert.

Ende der Zwanzigerjahre reiste ein Männchen namens Helpen nach Tuwa, der erste westliche Mensch, der über Tuwa ein Buch geschrieben hat, *Die Reise nach Tuwa.* Ein gut geschriebenes, aber richtig rassistisch gedachtes Buch. Er hat uns jegliche Kultur abgesprochen, uns als fantasielos, kulturlos, schmutzig und so weiter dargestellt. Er hat uns gar nicht verstanden. Er wollte uns offensichtlich nicht verstehen. Er wollte den Rassisten des Westens einen weiteren Beweis dafür geben, dass die Europäer die Herrenrasse darstellen. Vor solchen Leuten sind wir schutzlos, wir sind ihrem hochtrabenden Gehabe als Freiwild ausgeliefert. Auch heute ist die Gefahr da. Es kommen hin und wieder Berucksackte zu uns, die stochern im Dreck, suchen besonders schmutzige Menschen, besonders arme Jurten, drehen Filme und zeigen im Westen eine sogenannte Dokumentation, wie sie das Land erlebt haben. Sie machen uns in doppeltem Sinne ärmer: Sie bereisen das Land billig und schlachten ihre Beute teuer aus. Da sind wir schutzlos, wir sind ihnen ausgeliefert. Also, das ist die Stärke und das ist die Schwäche einer Sippengemeinschaft.

Schöpfung und Natur

MK: Galsan geht davon aus, dass wir die Welt selbst erschaffen, sie mit unseren Worten, mit unseren Gedanken formen. Das steht dem westlichen Verständnis entgegen, die Quantenphysik einmal ausgenommen. In der Bibel heißt es: »Macht euch die Erde untertan«, das klingt mehr nach Herrschaftsanspruch.

KK: Ja, »Machet euch die Erde untertan«[15]. Ich denke, das war der erste Versuch einer Entmythologisierung. Die Schöpfung als Geschenk Gottes, auch an den Menschen – sie steht ihm zur Verfügung. Er muss, so das alttestamentarische Verständnis, vor dieser Welt keine Angst haben. Er ist zwar aus dem Paradies vertrieben, deshalb muss er im Schweiße seines Angesichts sein Brot essen und sich um die Zukunft sorgen. Diese Sorge bildet sich als Konstitutiv des menschlichen Daseins. Aber er muss vor der Natur, die ja ein Geschenk Gottes ist und die er sich untertan machen soll, keine Angst haben. Das führt im negativen Sinne zu einer Ehrfurchtslosigkeit vor der Natur. Das Animistische, das Beseelte der Natur wird durch diesen Spruch und durch diesen persönlichen Gott im Alten Testament völlig aus der Welt genommen. Was an Ehrfurcht, an Achtung, an Ehrerbietung dem Menschen obliegt, hat er auf seinen Gott zu richten. »Ich bin der Herr, dein Gott, du sollst keine anderen Götter neben mir haben.«[16] Also sind in den Bäumen und Sträuchern keine Götter, und in den Gräsern sind keine Geister. Das Tier hat keine Seele nach diesem Verständnis. Die Erde und die Blumen, die Pflanzen und die Tiere sind etwas, das man sich selbst zunutze machen darf. Damit wird die Angst vor der Natur genommen, aber auch die Verbundenheit mit ihr.

Dieser persönliche Gott hat allerdings einen großen Vorteil gegenüber den Göttern der griechischen Mythologie: Die Götter der griechischen Mythologie sind völlig unberechenbar. Sie haben Launen wie die Menschen auch. Der Gott des Alten Testaments macht mit seinem Volk hingegen einen Vertrag, und an diesen Vertrag muss er sich halten. Den kann das israelische Volk, das ja als Metapher für das Volk Gottes steht, nach diesem Verständnis auch einklagen. Dieser Gott bindet sich also selbst, er ist nicht mehr allmächtig. Er kann sich nicht über sich selbst hinwegsetzen. Wir selbst können entscheiden: Soll ich jetzt meine Vorsätze brechen, oder soll ich mich selbst überwinden?

MK: Erschaffen wir die Welt mit jedem Tag?

KK: Das ist dem alttestamentarischen Verständnis natürlich vollkommen entgegengesetzt, welches Mensch und Natur als ein Gegeneinander sieht, wobei die Natur dem Menschen zur Verfügung gestellt ist. Im Schweiß seines Angesichts muss er erfahren, dass diese Natur widerspenstig ist. Das wird bei Karl Marx erweitert: Arbeit ist Kampf gegen die Natur, um all die Rohstoffe herauszuholen, um all das zu gewinnen, was der Mensch zur Fristung seiner Existenz und zur Reproduktion seiner Gattung braucht. Nach diesem Verständnis ist der Mensch nicht Teil der

Natur, sondern er steht gegen sie und macht sie sich gefügig. Deshalb kann er sie auch gestalten … Es gibt nach diesem Verständnis eine vom Menschen unabhängige Realität, mit der er kämpfen muss und der er gegenübersteht. Die Natur ist ein Gegenstand. Genau so geht die Wissenschaft ja auch vor, sie objektiviert, sie nimmt die Natur als *Gegen*stand.

Ein Ingenieur, der zur Philosophie überwechselte, prägte den Spruch: »Technik ist Fortsetzung der Schöpfung mit menschlichen Mitteln.«[17] Das ist die äußerste Verlängerung dieses Verständnisses. Ich muss allerdings sagen, dass ich dieses Verständnis so nicht teile.

GT: Ich glaube, der Ausgangspunkt ist derselbe gewesen: Die Natur ist gefährlich. All diese Berge und diese Teile der Mutter Erde, die wir heute als schön empfinden, die tiefen Täler, die hohen Berge, das sind ja Ergebnisse von Katastrophen, Explosionen. So ist Schöpfung, sie ist schmerzhaft, gefährlich. Ich kann die Angst des Menschen, der dem zugeschaut hat, gut verstehen. Er versucht, seine Angst einzudämmen, indem er sagt: »Geht gegen die Natur an, ohne Angst zu haben. Ihr seid stark genug, dagegen anzugehen.«

Das hat sich verfestigt im Denken der heutigen Menschheit, insbesondere der Menschen im Westen. Sie haben Maschinen, sie haben Raketen, sie haben die NATO, sie haben die USA, alles Bollwerke, wie man glauben möchte, gegen die Angst.

Wir sind dagegen arme Schweinchen … Wir haben all das nicht. Wir haben weder Maschinen noch NATO noch Amerika. Wir sind gezwungen, jeden Tag mit der Natur in Freundschaft zu leben. Wenn die Natur manchmal gefährlich wird, dann müssen wir das erdulden. Einen anderen Weg haben wir nicht. Aber wir versuchen, uns so gut wie möglich der Natur anzupassen. Der schmerzärmste Weg ist, in Freundschaft, in Liebe zu leben. Liebe ist immer am schmerzärmsten. Das ist unsere einzige Möglichkeit. Wir erleben: Die Schöpfung dauert an. Wir müssen die Naturgewalten hinnehmen. Wir versuchen, unseren Teil zu einer friedlichen Natur beizutragen. Das fließt in unser Reden ein, beeinflusst unser Handeln, wir arbeiten nicht gegen die Natur, sondern als Teil der Natur. Wir sehen immer zu, mit der Natur zusammenzuarbeiten. Mehr noch: zusammen denken, zusammen fühlen, Teilchen sein. Wir sind die Natur. Wir sind ein Splitter des großen, gefährlichen, gewaltigen Unbekannten, Unbenennbaren. Das Universum ist für uns ein Großes, Rundes, Ganzes. Alles ist mit Leben, Körper, Geist und Seele versehen.

KK: Im Westen hat man lange dazu gebraucht, im Laufe der Geistesgeschichte einzusehen, dass auch der Mensch Teil der Natur ist. Die Naturwissenschaft und auch die dazugehörende Wissenschaftsphilosophie ist fast bis Mitte des 20. Jahrhunderts von der alten Vorstellung ausgegangen: Die Natur steht uns als Gegenstand gegenüber, wir beobachten sie, und wir können, unabhängig vom Beobachter, etwas über sie aussagen, und damit können wir sie in gewisser Weise auch beherrschen. Erst in der zweiten Hälfte des 20. Jahrhunderts setzte sich die Einsicht langsam durch, dass Technik nicht Macht über die Natur ist, sondern höchstens Macht *in* der Natur.[18] Wir können ja nicht gegen die Physik konstruieren. Wir können keine unmöglichen Objekte bauen. Wir können keine Escher-Treppen[19] bauen, obwohl wir sie uns vorstellen können. Wir können keine Dampfmaschine bauen, die keine Energie verbraucht, aber welche liefert. Wir können ganz bestimmte Dinge, die wir uns zwar vorstellen können, einfach nicht umsetzen, weil die Natur dagegensteht. Wir können auch nur jene Prozesse zu unseren Gunsten ablaufen lassen, die von der Natur her möglich sind, ob wir nun Pferde züchten, Kristalle wachsen lassen, Feuer entzünden, elektromagnetische Wellen erzeugen oder Elementarteilchen aufeinanderschießen.

Die zweite Neuerung kam durch die ökologische Bewegung. Uns wurde bewusst: Durch die Art und Weise, *wie* wir uns die Natur untertan machen, sind wir auf dem besten Weg, unsere eigene Lebensgrundlage zu gefährden, von der abnehmenden Artenvielfalt bis zur Klimaveränderung. In der Ökologie tauchte die Vorstellung auf: Wir müssen uns selbst als Teil der Natur beschreiben. Das ist im Selbstverständnis der abendländischen Kultur eine sehr junge Einsicht, kaum fünfzig Jahre alt. Manche Ingenieure haben sie bis heute noch nicht verstanden.

Worte

MK: Wenn man die Natur nicht beherrscht, sondern mitfließt und miterschafft, ändert sich die Art des menschlichen Seins.

GT: Das beginnt bei der Sprache. Die Sprache der heutigen Menschen ist oft aggressiv, hart, grausam. Das kommt sehr stark zum Ausdruck, wenn man Deutsch spricht. Ich könnte versuchen, sehr preußisch hart, militärisch zu reden. Aber ich verzichte bewusst darauf und versuche, in die deutsche Literatur etwas nomadisch-asiatisch Weiches hineinzubringen. Besonders wenn ich im Rundfunk spreche oder vor einem größeren Publikum stehe. Ganz mit Absicht gebe ich der ziemlich harten, zerhackten deutschen Sprache etwas Weiches, Rundes, Öliges. Mehr noch versuche ich das in meiner Literatur. Ich bin ja der Mensch, der für die deutsche Literatur, und damit für die Weltliteratur, das asiatisch Nomadische, das Naturhafte, das Schamanische, also die runde Kultur in Worte eingekleidet hat. Wort für Wort, Zeile für Zeile, in jeder Erzählung, in jedem Gedicht transportiere ich die weiche nomadische Lebensphilosophie.

Schon bei der Auswahl von Vokabeln verzichte ich bewusst auf solche Worte wie »leider«, »schade«. Ich kann nicht verstehen, wenn die Eltern dem eigenen Kind, das zum Skifahren in die Berge reist, wünschen: »Hals und Beinbruch!« Wenn ich das höre, dann wird mir schlecht. Ich weiß wohl, das Gegenteil ist gemeint. Aber ich bin der Meinung, den Teufel sollte man nicht nennen, sonst würde er auf mich zurennen. Also lieber solche Dinge nicht benennen, nicht den schlafenden Löwen wecken.

Auch unser ganzes Gebet ist leise, sanft, aber innig und beständig, jeden Tag. Ohne viele Worte, aber mit den Gedanken, bin ich immer mit dem Himmel, mit der großen Macht verbunden. Ich lasse den großen Himmel immer wissen, ich denke an ihn, ich bin ihm ergeben. Das ist ja die Waffe des Schwachen. Diese Waffe ist, glaube ich, viel mächtiger, wirksamer als die harte, starke, aggressive Waffe derjenigen, die sich jetzt stark fühlen. Ein Gebet in den Himmel zu schicken, ist viel weiser, als eine Rakete hinaufzuschießen. Alles hinterlässt Spuren. Indem ich hässliche Dinge rede, ziehe ich durch die Lüfte, durch die Räumlichkeiten, Rillen für diese hässlichen Dinge. Ich gebe ja den höheren Mächten Anlass, auf meinen Spuren, auf meinen Rillen passende Kräfte, nennen wir sie Energien, zu schicken.

KK: Ist das Aussprechen, das Benutzen der Worte ein Zeichen für eine bestimmte innere Haltung?

GT: Sowohl als auch. Worte sind mächtiger, aber auch Gedanken bewirken etwas. Die schlechten Gedanken machen mich schmutzig von innen heraus, sie verderben mich selbst. Also gar nicht erst die schlechten Gedanken in sich einlassen, sondern gut denken, hell und weich denken. Das macht mich von innen heraus edler, heller, weicher, wärmer. Die schamanische Erfahrung sagt uns, dass wir mit jeder Regung in uns – denkend, hoffend, wollend, oder aber auch: uns fürchtend, zögernd, zweifelnd – haarfeine Rillen vorausschicken und so die Zukunft beeinflussen.

Wenn ich das Universum als Heiliges, als Ganzes betrachte, mit allem, was da ist, und mich selbst als Splitter, als Teil dieses Heiligen, dann habe ich auch Ehrfurcht vor mir, versuche, mich selbst licht und rein zu erhalten. Wir sind Mitbewohner des Kügelchens und Hügelchens Erde in der Unendlichkeit des Universums!

Die Muttersteppe zeigt uns weiterhin mütterliche Güte, aber auch biesterhafte Härte, und wir ringen um unser nomadisches Dasein, schön und schwer, Recht wie Pflicht. Und dies entgegen meiner wiederholten Behauptung, das Nomadentum stürbe aus. Das wird wohl eines Tages geschehen. Nur will ich dieser für mich sehr schmerzhaften Erkenntnis eine weitere über die Schneide stülpen: So wie sich der heidnisch düstere, ungestüme Geist und die quecksilbrig helle, unbeständige Seele des Germanentums über die vielfache Verwandlung des Körpers hinweg erhalten haben, so werden auch der windige Geist und die sonnige Seele des Steppennomadentums die eigene Hülle überleben und fortbestehen, allem zum Trotz, was kommen mag, und dem Verwandelten weiter dienen als Wind und Sonne, Salz und Asche. Wir sind in jeder Gestalt Teil der Natur.

Was können wir erkennen?

GT: Grundsätzliches fällt mir dazu ein. Wir sagen ganz einfach, es gibt eben Dinge, die man nicht erkennen kann. Das ist, glaube ich, der eine Hauptunterschied unserer Denkweisen. Die westlichen Menschen versuchen ja, alles irgendwie aus dem Nichts herauszuholen. Wir geben von vornherein zu, dass es Dinge gibt, die man nicht erklären kann. Ein Beispiel: All diese vielen Pflanzen, Lebewesen, die Jahr für Jahr im Winter so gut wie absterben und dann mit dem Frühlingserwachen wieder da sind – das ist vielleicht naturwissenschaftlich erklärbar, aber letztlich doch nicht.

Erkenntnis bedeutet nach schamanischem Begriff: Erkennend geht der Mensch vorwärts in Raum und Zeit. Das ist wie ein Gehen auf den Horizont zu. Alle Erkenntnisse sind Horizonte, die uns umgeben. Ich stehe an einem Punkt, wenn ich weitergehe, zweihundert Meter oder zwanzigtausend Kilometer, das spielt keine Rolle, bewegt sich der Horizont mit mir. Der Horizont endet nicht, ich komme immer auf neue Erkenntnisse. Selbst dann, wenn ich mich scheinbar wiederhole, wie auf einer Spirale; das sind nicht mehr dieselben Flüsse, die fließen, nicht mehr dieselben Pflanzen, die wachsen. Die Flüsse, die ich gekannt habe, sind verschwunden, das sind neue Flüsse. Es ist ein Fluss mit neuem Wasser. Es sind die gleichen Pflanzen zwar, aber mit neuen Blättern und Zweigen.

Wir meinen, der Mensch kann intelligent sein. Intelligent ist das westliche Wort – wir sagen: schlau. Der Mensch kann schlau sein, Tiere sind weise. Nun ist der Schamane ja ein Wesen, das sich zwischen Mensch und Tier bewegt. Er muss weise sein. Damit meine ich auch die Intuition – er muss intuitiv an Probleme herangehen. Ich sage ja, ich heile Leute. Ich weiß ganz bestimmt, dass ich dem kranken Mann, der kranken Frau helfen kann. Wenn ich aber beschreiben soll, wie ich das mache, ist es für mich viel schwieriger, als selbst zwei kranken Menschen zu helfen. Da bin ich oft überfragt. Ich versuche es zwar, aber das ist längst nicht so überzeugend wie die Heilhandlung selbst. Die ließe sich eher durch Intuition, Weisheit erklären, denn durch naturwissenschaftliche Erkenntnisse.

Der Schamane redet von zehntausend Geistern. Jede schamanische Sitzung beginnt ja mit einer Anrufung von zehntausend schamanischen Geistern. Während einer Heilsitzung haben meine Finger ihre eigenen Augen, ihre eigenen Fühler. Sie bewegen sich entlang dem Körper, mal quer hindurch, mal längs. Sie sind wissend, sie haben ihre eigene Sprache, und während ich mit dem Patienten rede, vergesse ich die Finger. Erst später fällt mir ein, weshalb ich so viele Geschichten spinne. Sie passen irgendwie zu den Bewegungen meiner Finger, das ist wohl die Sprache der Weisheit. Das ist das, was ich so nicht erkennen, erklären kann. Weisheit ist ein großes Wort, Intuition wäre mehr das wissenschaftliche Wort dafür.

KK: Ich glaube, dass die Wissenschaft da etwas ganz anderes ist und dass sie in diesem Sinne auch keine Erklärung liefern kann. Dafür ist sie nicht gebaut.

MK: Aber das Problem stellt sich ja immer wieder: Eigentlich erlaubt mir nur das, was ich selbst wahrnehmen kann und für das ich ein Begriffsgerüst in mir habe, überhaupt, etwas auszusagen über die Welt, über die Erfahrungen. Wie komme ich denn zu einer Erweiterung? Wenn ich so begrenzt bin in meiner Weltsicht, dann sind viele Dinge nicht zugänglich, wenn ich nicht versuche, auch andere Erfahrungsebenen erst einmal zuzulassen und vielleicht später eine Begriffsebene dafür zu finden. Sonst bleibt meine Weltsicht eng und klein, entwickelt sich nicht weiter. Dann habe ich keinen erweiterten Austausch, keinen Dialog mehr mit dem Fremden.

Methoden

KK: Ich denke, der erste Schritt ist, dass ein Wissenschaftler sich selbst eingesteht, dass das, was er glaubt, wovon er überzeugt ist, die Wissenschaft immer übersteigt. Ich kann Wissenschaft nicht mit Wissenschaft begründen. Ich kann auch die Vorgehensweise der Wissenschaft nicht allein mit Wissenschaft begründen. Und ich kann natürlich auch Philosophie nicht allein mit Philosophie begründen. Denn es gibt da immer etwas, das erst in einer Erweiterung eine Sichtweise ergibt. Der erste Schritt zur Erweiterung ist die Erkenntnis, dass auch das, was ich von der Wissenschaft weiß, nicht alles ist. Das, was ich von der Philosophie weiß, ist nicht alles. Und das, was vielleicht die Religion mir offenbart, auch das ist noch nicht alles. Das ist immer nur vorläufig, ausschnittsweise – dies sind Sichtweisen, verschiedene Möglichkeiten, an einen Punkt zu gelangen; verschiedene Menschen nehmen verschiedene Wege. Es gibt ja diese Forderung in der Philosophie, ernsthaft in Betracht zu ziehen, dass der andere auch recht haben könnte.[20] Das heißt, auch ernsthaft in Betracht zu ziehen, dass der andere seinen eigenen Weg hat, seine eigenen Erfahrungen, die mit den meinen vielleicht gar nicht kompatibel sind, die wir möglicherweise nie austauschen können, weil wir sie nicht ausdrücken können – zum Beispiel eine meditative Erfahrung, die kann man nicht versprachlichen. Aber man kann sich bewusst machen, dass der andere eigene Erfahrungen hat und dies respektieren. Das ist zwar noch keine Erweiterung, aber es ist der erste Schritt dazu.

Wenn die Wissenschaft weiter in ihrem herkömmlichen Begriffsgerüst verbleibt und auf diese Herausforderung nicht reagiert, Herausforderungen durch andere Kulturen, durch andere Denkweisen, dann wird sie irgendwann in die Rumpelkammer der alten Methoden kommen. Sie muss sich vermutlich auch ändern. Allerdings hat sich die Beweismethode in der Wissenschaft so gefestigt, weil sie auch institutionell gefestigt ist. Wer in der Wissenschaft Erfolg haben will, muss diese Methodik benutzen, wenn er die Methode nicht benutzt, kann er sein Geld damit nicht verdienen. Dann ist er Außenseiter, ein Scharlatan, dann ist er Betrüger und so weiter, all die Schimpfwörter, die dafür sorgen, dass ein neuer Ansatz nicht ernst genommen wird. Die Wissenschaft sorgt dann auch dafür, dass der Außenseiter draußen bleibt. Deshalb sind Erweiterungen in der Wissenschaft so ungeheuer schwer. Das beruht auf meinen Erfahrungen, die ich in der Parapsychologie gemacht habe.

Es ist auch zu bedenken: Wenn eine Methodik auf einem Gebiet sehr erfolgreich war, dann wird versucht, sie auf andere Gebiete zu übertragen. Sobald aber Wissenschaft beginnt, in Bereiche zu expandieren, in denen ihre

Methodik nicht adäquat ist, scheitert sie. Natürlich gibt es immer Menschen, die dann sagen, dieses Scheitern sei vorläufig, man müsse nur weiterforschen, bald werde man Erklärungen finden. Eine »neue Erklärung« bedeutet, mehr Phänomene als vorher mit einem Prinzip erklären zu können. Dieses Prinzip kann neu sein, muss das alte aber als Spezialfall enthalten. So glaubt die Wissenschaft immer an den Fortschritt und daran, ihre eigene Begrenzung immer weiter hinausschieben zu können.

GT: Über Erkenntnisse zu reden, ist für einen Nomaden bestimmt viel zu hochgestochen. Und doch gibt es für Erkennen auch bei uns bestimmte Wörter. Das ist Erkennen im bildlichen Sinne und meint sich vereinigen, sich mit etwas identifizieren, es annehmen. Wie ich sagte, Nomaden ziehen ja über die Erde, von Weite zu Weite. Sie erkennen die Mutter Erde, indem sie Teil dieser Erde werden, Teilhimmel, Splitter ihrer geliebten Berge. Wenn ich mit dem Wasser fließe, erkenne ich das Wesen des Wassers. Die Nomaden möchten alles wissen. Der Nomade sucht ja jeden Tag die Höhe, morgens aufstehend geht er auf den Berg, am Tage, während seiner Arbeit mit den Herden, sieht er immer wieder, dass er auf die Höhe kommt, und wer auf der Höhe, auf einem Berg sitzt, der kann die Welt überschauen, er sieht aber keine Grenzen. Er sieht die nächsten Berge und dann weitere Horizonte. Vielleicht hat die Mongolei längst aufgehört, und hier ist bereits China, irgendwann beginnt Tibet. Aber das ist immer noch die Erde, die er kennt. Und die Sterne sind nicht mongolisch, auch sie sind grenzenlos. Die Sterne gehören allen Menschen.

Ich habe eine Sache vergessen. Ich glaube, das passiert bei allen wahren Künstlern. Die Künstler können ihre Kunst nicht erklären, und ich glaube, bei echten Wissenschaftlern ist es auch so. Ich glaube nicht, dass Einstein immer vorausahnend, vorauswissend war, wusste, ich werde das und das morgen entdecken oder in zwanzig Jahren. Er tapste durch die Dunkelheit und witterte links, rechts den Weg, irgendwann wird er auf die richtige Spur gekommen sein. Das ist das Unerklärbare.

KK: Das Genie stellt die richtigen Fragen, kann aber nicht beantworten, *wie* es auf die richtigen Fragen kommt. Ich denke, das ist ein unterschiedlicher Wissensbegriff, den man einmal mit der westlichen Erkenntnistheorie und einmal in diesem schamanischen Zugang anlegt. In der westlichen Erkenntnistheorie ist Wissen die wahre, gerechtfertigte Meinung, gerechtfertigt insofern, als sie begründet werden kann. Begründung heißt Erklärung, das heißt Reduzieren auf etwas, das man schon kennt. Also, Magnetisierung ist keine geheimnisvolle Kraft, sondern ist eine bestimmte Ausrichtung von Elektronenspins im Kristall des Eisens. Dann wird die Erscheinung Magnetismus auf etwas zurückgeführt, das man im Rahmen des Begriffsgerüsts der westlichen Wissenschaft messen, reduzieren, physikalisch ausrechnen, ja, erklären kann. Damit ist diese Erscheinung zurückgeführt auf eine Basisform des Wissens im Sinne unserer Fragestellung.

Schamanismus und Wissenschaft

MK: Du bist ein Schamane, der an der Wissenschaft interessiert ist, du sagst manchmal, du wärst ein wissenschaftlicher Schamane. Was interessiert dich an der Wissenschaft?

GT: Ich komme ja aus einer vorwissenschaftlichen Zeit. Und wenn so einer in jungen Jahren mit der Wissenschaft zusammenkommt, dann denkt er, die Wissenschaft wäre makellos, sie wäre imstande, alles zu lösen. Was im Namen der Wissenschaft auf dem Papier geschrieben steht, das wäre alles richtig. Da könnte man nichts mehr korrigieren, nichts mehr ergänzen. Aber mit der Zeit stellte die Wissenschaft an sich selbst Makel fest. Kleinigkeiten: Dies könnte etwas besser sein, jenes könnte etwas anders klingen, wieder anderes stimmte nicht ganz. Da wird unsereiner aufmerksam. Aha, die Wissenschaft fängt an, an sich etwas auszusetzen! Man schaut noch einmal genauer hin und stellt auch selbst kleine Fehlleistungen der Wissenschaft fest und freut sich. Ja, es ist eine kleine Schadenfreude, wenn selbst eine Wissenschaft wie die Physik hinkt. Ich spüre diese Schadenfreude immer, wenn im berühmten europäischen Westen jetzt auch die Technik hin und wieder streikt, manchmal selbst der Computer versagt. Da glaube ich, dahinter Geister zu entdecken. Mittlerweile glaube ich zu wissen, dass die Wissenschaft genauso hilflos sein kann an bestimmten Ecken und Enden der Logik wie ein nomadischer Mensch. Da versuche ich, der Wissenschaft einen kleinen Klaps auf den Hintern zu geben. Ich darf es ja, ich bin nicht wissenschaftsgläubig. Dafür bin ich himmelsgläubig, bin geistergläubig. Wenn ich sehe, die Wissenschaft braucht meine Geister auch, dann fühle ich mich ganz schön bestätigt und ermutigt.

KK: Ich bin hier im Westen aufgewachsen, bin ein *hier* sozialisierter Wissenschaftler, im Wissenschaftsbetrieb groß geworden und habe in diesem Rahmen argumentieren und denken gelernt. Viel wichtiger noch: Ich habe gelernt, im

Wissenschaftssystem meine Belohnung zu finden. Ich habe gelernt, in dieser Weise zu argumentieren, zu denken und natürlich fast zwangsläufig auch die Welt so zu sehen. Das hat ja auch seine guten Gründe und auch seinen Erfolg.

Auf der anderen Seite bin ich jemand, der diese Wissenschaft mithilfe der Philosophie untersucht und auch kritisiert: Was machen die da, wie argumentieren die eigentlich? Woher nimmt denn die Wissenschaft, als Betrieb gesehen, als Institution, diese Sicherheit, diese Frechheit, diese Arroganz zu sagen, wir könnten die Welt nur wissenschaftlich erfassen, alles andere sei Aberglaube, vorwissenschaftlich, nebenwissenschaftlich, unwissenschaftlich? Das Schlimmste, was man heute einem Wissenschaftler sagen kann, wenn man ihn beruflich erledigen möchte, ist: »Was Sie da tun, ist unwissenschaftlich – Parawissenschaft!« Das Wort *para* heißt im Griechischen »neben«. Also liegen Parapsychologie, Para-Science, bildlich gesprochen, immer daneben.

Nun hat sich aber die Philosophie im 20. Jahrhundert, zumindest in Europa und auch in den USA der analytischen Philosophie zugewandt. Das bedeutet, die Wissenschaft wird analysiert nach ihren logischen Strukturen. Das förderte und fördert bisweilen Überraschendes zutage.

Erstens: Die Logik hinkt. Da darf man viele Klapse geben. Die Logik hinkt, und sie ist sehr beschränkt. Kein Mensch würde heute noch ernsthaft behaupten, dass die Logik die Art und Weise beschreibt, wie wir denken. Die Logik beschreibt vielmehr die Art und Weise, wie wir in einem ganz bestimmten Argumentationszusammenhang denken sollten. Die normale Logik funktioniert ganz gut, aber sobald man höhere Anforderungen stellt, kann man sogar mit formalen Mitteln die Begrenztheit dieses formalen Denkens zeigen.[21]

Weitere Erschütterungen dieser Selbstgewissheit der Wissenschaft waren die Quantentheorie und die Relativitätstheorie, mithilfe deren wir feststellen mussten, dass unsere gängigen Vorstellungen für die Beschreibung der Welt nicht mehr passen. Wir flüchten uns dann in gewisser Weise, das ist gerade in der Quantentheorie so, in mathematische Bilder. Die sind abstrakt, funktionieren hervorragend, aber wir wissen eigentlich nicht richtig, was wir dabei tun.

Albert Einstein hat sich schon gefragt, warum wir denn mit der Mathematik, mit diesen mathematisierten Begriffen, die Welt in wissenschaftlicher Hinsicht so gut beschreiben können.[22] Denn die Mathematik allein sagt nichts über die Welt aus, sondern erst die physikalischen Gesetze, die mithilfe der Mathematik, und dann idealisiert, dargestellt werden. Heute kommt man eher zur Überlegung, dass wir uns für die Weltbeschreibung in der Wissenschaft gerade das aussuchen, was wir mathematisch beschreiben können. Deshalb geraten natürlich gewisse Bereiche aus dem Blickfeld. Sie werden zurechtgestutzt wie Füße und Kopf auf dem Bett des Prokrustes.

Wissenschaft, besonders dann, wenn sie sich als positive Wissenschaft versteht, das heißt, mit Empirie, mit auf Erfahrung beruhenden Erkenntnissen arbeitet wie die Physik oder andere Naturwissenschaften, stellt bestimmte Fragen gar nicht. Vor allem kann sie unabhängig davon, ob sie empirisch oder theoretisch arbeitet, keine Sinnfragen beantworten.

GT: Und doch interessiert mich gerade die Logik.

MK: Meinst du *eine* Logik, oder logisches Denken, Erklären?

GT: Ja, die Wissenschaft ist ja nicht schlecht. Ohne die Wissenschaft ginge es nicht. Ich glaube an die Güte des Großkörpers Wissenschaft. Aber jedes gute Ding bekommt ja Auswüchse. Was Klaus zur Wissenschaft gesagt hast, kann ich zur Schamanerie auch sagen. Schamanentum ist eine interessante Sache, aber nicht die alleinige Lösung. Es gibt so viele dumme Schamanen, egoistische Schamanen. Sie schicken Flüche auf den Weg, die Menschen Angst machen. Sie können wenig, geben sich aber den Anschein, als wären sie allmächtig. Das ist fürchterlich und schadet den wirklichen Möglichkeiten des Schamanentums. Ich weiß, dass ich eine gute Arbeit mache, aber ich bin nicht allmächtig. Viel zu oft stoße ich auf meine Grenzen, die gar nicht so weit sind. Das ist mein Ansporn, beständig weiterzulernen, weiterzuwachsen. Ich wünsche, mit der Wissenschaft zusammenzuarbeiten, um auf gemeinsame Lösungen zu kommen. Immer wieder suche ich nach logischen Erklärungen.

MK: Ich finde es erstaunlich, dass dich gerade die Logik an der Wissenschaft interessiert, weil gerade die alte westliche, aristotelische Logik eindimensional ist und die Dualität zementiert, die mit dem Messer des Entweder-oder die Welt zerschneidet. Du rufst uns doch dazu auf, die Teilung zu überwinden, Polaritäten abzuschaffen.

GT: Was hindert uns, eine neue Logik zu entwickeln, die die Welt nicht zerstückelt? Eine schamanische Logik, in welcher »wahr« und »falsch« nicht getrennt sind, in der a nicht immer gleich a sein muss. Hinter jedem von uns dreien steht die Lebensphilosophie seiner Welt. Wir sind ein Reiskörnchen in dieser Gedankensuppe und werden beständig von den Vorstellungen umspült, die wir für wahr erachten.

Vielleicht könnten Wissenschaft und Schamanentum eine gemeinsame Suppe kochen, jeder gibt die ihm eigenen Zutaten bei. Und wir schauen mal, was dabei herauskommt.

Ich war nur einmal auf einem Schamanenkongress, vor acht oder neun Jahren hier in Europa. Der Moderator hat uns so vorgestellt: Hier haben wir Schamanen aus aller Welt, sie können überall helfen, sie sind allmächtig. Als die Reihe an mich kam, mich vorzustellen, habe ich gesagt: »Habe ich soeben von Allmächtigen gehört? Wenn es unter uns so einen gäbe, wäre auch ich glücklich. Ich würde ihn gleich um seine Hilfe bitten. Was meine Person betrifft, bin ich eher ein Ohnmächtiger. Ich weiß viele Dinge nicht. Ich kann den Ratsuchenden da und dort nicht helfen.« Die Leute aus den eigenen Reihen haben mich ganz entsetzt angeblickt, ich hatte bestimmt das falsche Wort gesprochen. Die Organisatoren eines solchen Kongresses sind ja häufig Geschäftsleute. Ja, und dann habe ich gesagt: »Ich habe nur einige wenige Gebiete, wo ich unter Umständen helfen könnte. Aber auch da kann ich kein Versprechen abgeben. Ich kann zum Beispiel, wenn jemandem der Kopf schmerzt, recht schnell die Kopfschmerzen wegziehen. Mitunter so, als würde ich eine Kappe, eine lästige hinderliche Kappe abziehen. Wenn jemand verspannt ist, am Nacken und in der Schultergegend, dem kann ich gut helfen, oder bei Kreuz- und Rückenschmerz. Bei kranken Knien bin ich ziemlich gut. Und ich bin auch gut bei Leuten, die aus unerklärlichen Gründen traurig sind, Ängste spüren. In anderen Dingen kann ich nicht helfen. Ich kann Krebs nicht heilen. Ich kann keinem Menschen die Unsterblichkeit schenken. Ich kann einen alten Menschen nicht wieder jung machen. Ich kann vieles nicht, das meiste kann ich wohl nicht.«

Das Ergebnis war, dass mein Raum ständig überfüllt war.

Die hatten mir anfangs einen kleinen Raum gegeben, aber so viele Menschen kamen, und ich habe dann den größten Raum bekommen, und all die acht Tage von früh bis spät war Galsan Tschinag der gefragteste Heiler.

Als auch Krebskranke kamen, habe ich gesagt: »Ich kann dir den Krebs nicht nehmen, aber den Schmerz, die Angst.« Das ist der Grund, weshalb ich manchmal sage, es gibt Momente, in denen ich glaube, ich könnte doch ein Schamane sein. Die Schamanen, also die Urschamanen, sind mitunter bis zur Peinlichkeit ehrliche Wesen. Die haben keine Angst, sich ins eigene Fleisch zu schneiden. Aber die Pseudoschamanen oder die jungen Schamanen, die schnörkeln natürlich alles aus, haben viele bunte Gerätschaften, dies und jenes zum Schütteln, zum Erzeugen von Geräuschen. Ich bin nicht gegen diese Dinge. Sie gehören alle dazu, wenn ein Schamane noch nicht gefestigt ist. Für einen jungen Dozenten sind ja all diese Äußerlichkeiten auch wichtig, er muss beschlipst sein, er muss gute Schuhe tragen, einen tadellosen Anzug …

KK: Bunte Folien.

GT: … und er muss aufrecht stehen, gut reden, sich vorstellen und sich verkaufen können. Aber einer in meinem Alter und mit meiner Erfahrung braucht all das nicht mehr. Am Ende bleibt sich der Schamane nur selbst. All diese Kinkerlitzchen werden nach und nach abgelegt. Eine Trommel ist noch lästiger als ein Laptop. Ich habe wohl meinen Laptop aus lauter versteckter Weisheit stehlen lassen. All diese Sachen, wozu brauche ich diese Dingerchen?

Ich bin meinem Handwerk, meinem Mundwerk ja so wahnsinnig hingegeben, ich könnte das viel leichter, mit weniger Hitze, mit weniger Verausgabung verrichten, aber das mache ich eben nicht. Mit Hingebung, mit größter Hingebung, lodernd und lohend fliege ich auf jeden Patienten zu. Dies Wenige ist wahrscheinlich meine Stärke, das, was überzeugt.

Ich bin ein ehrlicher Mensch, und ich denke immer an zwei Fronten: Wenn jemand extra meinetwegen kommt, dann will ich alles versuchen, um ihm etwas zu geben. Manche Menschen fahren achthundert Kilometer, um mich zu sehen. Wenn ich das höre, werde ich ganz klein, aber das ist der Grund, weshalb ich mir immer Mühe gebe. Also Mädchen, also, lieber junger Freund, komm, diese zwanzig Minuten, diese halbe Stunde gehört dir und deinem Problem. Dafür verbrenne ich mich ganz und stecke mich und den Menschen mit meiner Hingebung, mit meinem Wahnsinn an, und es dauert nicht lange – nach zwei bis drei Minuten sitzen zwei lichtlodernde Menschen da. Der Patient ist dann genauso wahnsinnig wie der Heiler. Das ist der Grund, weshalb die Menschen relativ schnell Erleichterung fühlen.

KK: Das kostet sicher auch ungeheuer viel Kraft. Glaubst du, diese Kraft, die man dazu braucht, kommt aus dem Inneren, aus der inneren Haltung, oder wird sie gegeben und fließt durch dich hindurch und erschafft dann diese Vereinigung Patient–Heiler?

GT: Ich habe das Gefühl, die Kraft kommt aus mir heraus. Ich glaube ja an das innere Universum. Ich sage immer, dass das äußere Universum groß ist, das wissen wir dank der Anstrengungen der russischen, europäischen, amerikanischen Wissenschaftler. Ich glaube es sofort, wenn Millionen Lichtjahre weit weg neue Galaxien entdeckt werden, ich glaube daran sofort, ohne jeglichen Zweifel. Aber dieselben Wissenschaftler, die so etwas Großartiges entdeckt haben, die sind, was das innere Universum betrifft, Analphabeten. Denn das Universum ist ja zweiseitig. In mir drin, und damit meine ich nicht meinen Körper, in mir liegt ein Raum, das ist ein Universum für innere Landschaften, und da ist alles, die Wiedergabe, die Widerspiegelung des endlosen äußeren Universums, all das wohnt in mir. Und daraus schöpfe ich die Kräfte. Je müder ich bin, desto fröhlicher kehre ich abends ins Hotel zurück. Ich falle ins Bett, schlafe vier Stunden, fünf Stunden wie ein Stein, und wenn ich am Morgen erwache, dann bin ich putzmunter. Ich fange an, schon wieder abzutasten, wo welche Körper liegen könnten. *(Gelächter)*

KK: Du sagst, die Wissenschaftler sind Analphabeten beim inneren Universum. Das meine ich auch. Jeder Mensch, der ehrlich mit sich selbst ist, weiß wohl über dieses Universum mehr als die Wissenschaft. Nun geht es auch um die Einheit der Erfahrung, um die Anschlussfähigkeit der Wissenschaft an solche Erfahrungen: Muss man denn an dieses innere Universum wissenschaftlich heran? Ich bin mittlerweile so weit, dass ich mir sage: Die Erfahrung, die ein ehrlicher Mensch mit sich machen kann, hat dasselbe oder ein größeres Gewicht als mögliche wissenschaftliche Erklärungsversuche.

GT: Das ist eine sehr wichtige Frage, die einer Klärung bedarf. Das ist eine rettende Frage für mich. Wir haben gesprochen von Scharlatanen, Schwarzmagiekünstlern. Um nicht unter einen solchen Verdacht zu fallen, spiele ich von vornherein mit offenen Karten, mein einziger Wunsch ist, dem Patienten zu helfen. Ich zeige ihm, wie ich vorgehe. Ich habe eine gute Logik. Die wissenschaftliche Erklärung ist eine weitere Möglichkeit, die Leser, die Patienten und die möglichen Kritiker zu überzeugen. Ich betrüge vielleicht, aber ich betrüge gut, ich betrüge logisch. Aber alle betrügen, die Wissenschaft betrügt ja auch, wenn sie jetzt zu einer Religion ausgeartet ist, an die man glauben soll.

Jede Religion ist, wenn man so will, auch Betrug. Nehmen wir Lessings *Nathan der Weise,* die drei Ringe. Vielleicht ist der echte Ring verloren gegangen. Möglicherweise ist ja jeder Ring echt. Aber ob ich betrüge oder nicht betrüge, sagt nichts. Ich mache mein Handwerk, mein Mundwerk gut. Für mich zählt nur eines: die Heilung. Wenn ein leidender Mensch Linderung seiner Schmerzen erfahren hat, gar gesundet nach Hause kommt, allein das zählt. Alles andere ist Humbug. Wo ich die Heilung hergeholt habe, kann ich nicht sagen. In den Augen eines Forschers wäre ich wahrscheinlich doch der Scharlatan, ein Betrüger. Denn er würde sagen, nur dann, wenn ich genau erklären könnte, würde er mit mir zufrieden sein. Aber für mich spielt das Wissen hier keine Rolle, Hauptsache mein Patient ist gesund geworden, ich habe ihm geholfen. Auf diese Weise helfe ich mir auch selbst. Ich baue mich mit jedem Patienten auf, lerne weiter. Ich bin unterwegs auf den Berg. Jeder Patient ist eine Stufe. Wenn ich jetzt die nächsten zwanzig Patienten behandelt habe, dann werde ich um zwanzig Stufen weitergewandert sein. Aber der Berg ist hoch. Ich werde ihn nie erklimmen, aber ich werde dem Gipfel immer näher kommen.

KK: Stellen wir die Frage noch mal: »Was können wir erkennen?« Es gibt verschiedene Weisen des Erkennens, und die westliche Wissenschaft hat sich auf eine ganz bestimmte Weise des Erkennens spezialisiert, nämlich auf das, was explizit benannt, was möglichst quantitativ ausgedrückt werden kann, was in mathematischen Beziehungen darstellbar ist. Das andere, was nicht in diesen Beziehungen darstellbar ist – das kann, will und wird sie nicht zur Kenntnis nehmen, wenn sie ihre Methodik nicht ändert. Aber wenn sie ihre Methodik ändert, ist sie wohl auch keine Wissenschaft mehr nach unserem jetzigen Verständnis.

GT: Wo kommen unsere Gedanken her? Wieso entstehen Bilder vor unseren Augen, in unserem Gehirn? Das wissen wir noch nicht. Solange wir diese einfachsten Sachen nicht wissen, können wir nicht weiterreden, es wäre alles Spekulation. Wir warten erst mal ab, ob vielleicht die Wissenschaft etwas dazu sagt.

Ich habe neulich erfahren, wie groß die Bandbreite der elektromagnetischen Wellen ist, von den kürzesten bis zu den längsten. Ich habe einen Schreck bekommen, wie wenig der Mensch sehen und hören kann. Die ganz kurzen können wir nicht sehen, die langen können wir nicht sehen, in der Mitte nur einen schmalen Ausschnitt. Unsere Augen können nur diese eine schmale Spalte sehen. Alles was drüberhängt oder drunterliegt, können wir weder sehen noch hören. Aber gut, dass wir wenigstens jetzt wissen, dass die Luft in diesem Raum zerschnitten ist von vielen Tausenden von Wellen. Eines Tages werden wir Schamanen mit der Wissenschaft in Frieden Hand in Hand vorangehen, wir werden das erklären, vielleicht sichtbar, hörbar oder vielleicht riechbar machen können, wie auch immer.

Was ist der Mensch?

MK: »Was ist der Mensch?«[23] Wer bin ich, wo komme ich her, was ist der Sinn meines Daseins? Diese Fragen bewegen den Menschen, seit er sich seiner selbst bewusst ist.

GT: Ich weiß es nicht. – Ich glaubte, er ist Gott und Teufel in einer Person, er ist Erschaffer und Zerstörer in einem. Der göttliche Galsan kann im nächsten Moment seine teuflischen Krallen zeigen. Der Mensch ist dem Objekt gegenüber scheinbar allmächtig, sich selbst gegenüber aber häufig ohnmächtig. Das scheint sich auch in nächster Zeit nicht zu ändern. Der größte Sieg, den wir erringen könnten, ist der über uns selbst.

KK: Was ist der Mensch? Die klassische Antwort darauf war, Begriffe anzugeben, die ihn vom Tier unterscheiden. Darin kann sich aber eine philosophische Anthropologie, also die Kunde vom Menschen in philosophischer Absicht, wohl nicht erschöpfen. Dass der Mensch Feste feiern kann, sich auf die Ebene des Außergewöhnlichen begeben kann: Unterscheidet ihn das vom Tier – oder feiern Tiere auch?

MK: Wenn du die Kraniche anschaust – sie tanzen …

KK: Wir sprechen dem Menschen Bewusstsein zu, Selbstbewusstsein. Er kann sich mit seinem Denken selbst beschäftigen. Das Selbstbewusstsein kann sich seiner selbst bewusst werden. Und ist doch, wie Hegel so schön sagt, eben vom Anerkanntsein durch andere »Bewusstseine« abhängig. Wie das bei den Tieren ist, wissen wir nicht so genau. Der Mensch lacht. Lachen Tiere auch? Der Mensch ist auf sein Selbstbewusstsein, auf seine Rolle in der Schöpfung, die er in vielen Religionen, in vielen Mythen als eine ganz besondere immer wieder definiert hat, sehr stolz. Sind Tiere nicht auch auf sich stolz? Diese Aufzählungen, was den Menschen vom Tier wohl unterscheide, können, wenn man den Blickwinkel etwas verändert und von dieser abendländisch zentrierten Sichtweise weggeht, durchaus sehr fraglich sein. So wird es erst richtig spannend zu fragen: Was ist der Mensch?

Es gibt eine Zeile von Friedrich Hölderlin, auf die Martin Heidegger in seinem Werk oft Bezug genommen hat: »… und dichterisch wohnet der Mensch«[24]. Da beginnt für mich das eigentlich Interessante. Erzählen denn Tiere Geschichten, können sie Gedichte verfertigen? Es geht nicht so sehr ums Denken oder Selbstbewusstsein oder darum, dass der Mensch in besonderer Weise Angst empfindet vor dem Nichts. Das haben Tiere vielleicht auch. Aber diese Fähigkeit zu dichten, zu erzählen, sich eine Wirklichkeit durch diese Erzählung zu schaffen, die mit der Wirklichkeit, in der sich das Lebewesen befindet, nur bedingt etwas zu tun hat, in der sich der Mensch auf eine andere Wirklichkeitsebene begeben kann, das scheint mir etwas Urmenschliches zu sein. Wissenschaftlich würde man sagen: Es ist die Fähigkeit, fiktive Gestalten aufzubauen und diese interagieren zu lassen. Alles andere, Macht, Herrschaft, Triebe, auch die Zurückstellung der Triebbefriedigung zugunsten eines höheren Ziels, das alles finden wir in Ansätzen, und wenn man es entsprechend verstehen will, auch im Tierreich.

GT: In unserer Kultur ist der Mensch, wie ich schon sagte, nur eine der vielen Gattungen im Universum. Nicht davor und nicht dahinter, aber neben – in der Familie der Lebewesen: Kühe, Schafe, Pferde. Gräser, Bäume, Vögel, Menschen, Steine. Wir wissen, dass die Tiere den Menschen sehr ähnlich sind. Man kann das auch umgekehrt sagen: Der Mensch ist den Tieren sehr ähnlich. Wölfe fürchten wir, und manchmal hassen wir sie auch. Woher kommt dieser Hass? Aus Futterneid wohl. Wenn der Wolf nicht Fleisch, sondern Gras fressen oder von Luft leben würde, hätte der Mensch gar keinen Grund, ihn zu hassen. Der Wolf ist den Menschen am ähnlichsten, er ist schnell und schlau wie der Mensch auch.

Natürlich lachen die Tiere. Tiere haben auch Angst, genau so wie wir Menschen. Schau, wie ängstlich die riesengroßen Kamele sind; die haben eine ganz zarte Seele. Man kann, ohne zu brüllen, ohne die Peitsche zu heben, einem Kamel nur durch einen bösen Blick höllische Angst einjagen. In diesem riesengroßen Körper wohnt eine ganz scheue, zarte kleine Seele.

Und die Tiere träumen. Pferde träumen, kleine Lämmer träumen, sie lachen und weinen im Traum. Das weiß jeder Nomade, der in der Jurte mit den Lämmern wohnt. Die ganz kleinen zwei, drei Tage alten Lämmer sind kleine Schlafmützchen. Wenn sie satt sind, fallen sie sofort in den Schlaf und fangen an zu träumen. Die zucken zusammen und liegen da und zittern und machen all die Bewegungen, die ein Mensch auch macht, wenn er schläft und träumt.

Tiere sind künstlerisch, ich meine musikalisch. Alle Tiere sind musikalisch. Am musikalischsten, wie ich beobachtet habe, sind die Kamele, und zwar die stillenden Kamelmütter. Ich kann mit meinem Gesang Lebewesen zu Tränen rühren. Ich brauche für die Durchschnittsabendländerin etwa eine Viertelstunde, bis ich sie zu Tränen singe. Bei der Kamelmutter dauerts nicht so lange. Die reagiert sofort, wenn ich sie besinge. Der Gesang ist unsere Sprache mit den Tieren, besonders in der Wurfzeit.

Wenn Unwetter herrscht, dann hören viele Tiere auf, ihre Kinder anzunehmen. Das ist das grausame Selbsterhaltungsgesetz. Die ahnen – der Instinkt sitzt im Körper und sagt: Wenn du jetzt von deinen Lebenskräften noch deinem Kind abgibst, dann wirst du selbst zugrunde gehen. Deshalb zeigen sie sich manchmal steinherzig gegenüber dem eigenen Kind. Da greifen wir Nomaden ein. Ich kann jedes Tier weich besingen. Bei den Kamelmüttern, bei den Kamelstuten ist das gang und gäbe. Es scheint mir, als wenn sie immer nach dem Lied verlangten. Kamelmütter bringen ja ihre Fohlen auch in der Steppe zur Welt, ohne menschliche Aufsicht. Deswegen ist noch kein Fohlen zugrunde gegangen. Sie kommen dann zwei, drei, sieben Tage später mit dem schon heranwachsenden Fohlen bei der Jurte an. Aber wenn eine Kamelmutter geworfen hat in der Nähe von Menschen und Jurten, dann muss man sie besingen. In der Mongolei ist das ganz normal, nichts Besonderes, das kennt eigentlich jeder.

KK: Die Tiere sind sehr empfänglich. Was mich fasziniert hat, war, dass der Gesang die Sprache ist, mit der sich die Menschen den Tieren nähern können und sie empfänglich machen können. Aber jetzt kommt der Zweifel, der westliche Zweifel. Das ist der Einfluss des Menschen auf das Tier: Er besingt und besänftigt es, das Tier reagiert, es weint, es lacht. Kann ein Tier *uns* zum Lachen bringen, kann es *uns* zum Weinen bringen, kann ein Tier *uns* besingen?

GT: Natürlich, die Kamelmütter haben ja so eine schöne, herrliche Stimme. Damit besingen sie ihre Kinder, sie besingen uns mit. Die besingen die ganze Natur ringsum, die Lüfte, die Räumlichkeiten, die Erde, die besingen alles. Eine stillende Kamelmutter singt jeden Tag. Der russische Dichter Jewtuschenko hat die singenden Kamelmütter, als er vor vielen Jahren die mongolische Gobi besuchte, die schönste Sinfonie dieser Erde genannt.

MK: Hierzulande finde ich die Amseln wunderbar, sie besingen uns mit vielen unterschiedlichen Liedern. Ich kann ihr Lied hören und weiß, ah, es gibt bald Regen, sie singt den Regen herbei. Nach dem Regen trillert sie eine andere Melodie, und das Abendlied klingt anders als das Morgenlied. Die besingen uns schon … Was aber ist der Mensch?

KK: Legen wir eine Schneise in die Philosophiegeschichte und fragen nach dem Selbstverständnis des Menschen. In den alten Mythen, sei es im Griechischen, sei es im Gilgamesch-Epos, sei es in ägyptischen Mythen, in allen Hochkulturen, kommt diese Geschöpflichkeit zum Ausdruck. Die Theogonien und die Kosmogonien zeigen, wie der Kosmos, wie das Weltall sich formt, meistens aus Urkräften, die dann zu den Göttern führen. Die Götter erschaffen die Welt, und schließlich bringen die Götter und die

Kräfte innerhalb der Welt dann den Menschen hervor. Der Mensch ist in diesen Bildern nicht ein Gewordener, sondern ein Geschaffener, ein von überirdischen, jenseits des Menschen stehenden Kräften Gewollter. Dieses Selbstverständnis bieten auch die großen abrahamitischen Religionen an.

Die erste Beleidigung dieses Selbstverständnisses, zumindest im westlichen Kulturkreis, kommt durch Nikolaus Kopernikus, eigentlich noch fundamentaler bei Johannes Kepler. Kopernikus ändert das ptolemäische Weltbild, die Erde steht nicht mehr im Mittelpunkt des Weltalls, sondern kreist mit anderen Planeten um die Sonne. Die Wohnstätte des Menschen wird eine unter vielen. Sie wird zu einem Planeten wie die anderen damals bekannten fünf auch. Dies ist die erste Zurücksetzung aus dieser hervorgehobenen Rolle, aus diesem hervorgehobenen Selbstverständnis in der abendländischen Kultur. Die Beleidigung geht dann weiter durch Johannnes Kepler, der zeigt, dass dieselbe Physik im Himmel wie auch auf der Erde funktioniert. Er ist der eigentliche Revolutionär, wenn man so will, der Vater eines einheitlichen physikalischen Naturverständnisses, was für die weitere Entwicklung des Westens so entscheidend werden sollte.

Die zweite Entthronung des westlichen Selbstverständnisses des Menschen ist mit Charles Darwin und der Evolutionstheorie verbunden. Der Mensch wird nun plötzlich naturwissenschaftlich verstanden, nicht als Krone der Schöpfung, und schon gar nicht als Schöpfung, sondern als eine von mehreren Entwicklungslinien in der Evolution, die sich durchgesetzt hat und zu einer erfolgreichen Spezies wird. Der Mensch wird nun als Spezies unter anderen Spezies verstanden, mit einem Überlebensorgan namens Hirn ausgestattet, das ihn dazu befähigt, die »erfolgreichste« Spezies auf dieser Erde zu werden und gleichzeitig auch die Gattung, die in der Lage ist, ihre eigenen Lebensgrundlagen zu gefährden, was bei keiner anderen Spezies vorkommt. Bevor das Territorium überweidet wird, reduziert sich die Nachkommenschaft in einem Ökotop. Wir hingegen wachsen und wachsen …

Die dritte Herabsetzung des westlich-menschlichen Selbstverständnisses könnte man bei Sigmund Freud[25] finden, in der psychologischen Aufklärung unseres Unbewussten: »Wir sind nicht Herr im eigenen Hause.« Wir stellen plötzlich fest, dass das, was wir als eigenen Willen angesehen haben, aus unbewussten Antrieben, Wünschen, weniger edlen Motiven und zum Teil auch aus Instinkten herauskommt. Unser Wille ist gar nicht so frei, wie wir uns das vorgestellt haben. Für Moralisierung hinsichtlich der Handlung des Menschen bleibt immer weniger Platz.

Noch eine vierte Beleidigung – vielleicht gibt es noch viele andere –, aber diese vierte ist ganz modern. Das ist der Versuch, bestimmte Fähigkeiten, die man bisher nur dem Menschen zugebilligt hat, nämlich Denken, Bewusstsein, Rechnen, auch kreativ zu sein, sich in der Welt orientieren zu können, Begriffe zu bilden, auch durch Maschinen, ich sage nicht herzustellen, aber zumindest zu simulieren. Jeder kleine Computer heute besteht den sogenannten Turingtest. Alan Turing war ein Mathematiker in Großbritannien, der während des Zweiten Weltkriegs beim Geheimdienst arbeitete, dort außerordentlich erfolgreich war und auch den Code der deutschen Wehrmacht in der Marine geknackt hat, was auch zu einer entscheidenden Wende im Verlauf des Zweiten Weltkriegs geführt hat. Alan Turing war auch ein Theoretiker, der sich sehr früh überlegte, ob

Maschinen denken können,[26] und zwar denken in einem Sinn, wie wir menschliches Denken verstehen.

Sein Test war ganz einfach: Hinter einem Vorhang, den die Testperson nicht sehen kann, befindet sich ein Mensch oder ein Computer. Damit die Versuchsperson das nicht optisch unterscheiden kann, läuft die Kommunikation nur über einen Bildschirm. Damals hat man sich noch einen Fernschreiber vorgestellt, aber wir bleiben bei einem Bildschirm. Die Versuchsperson kommuniziert mit irgend einem Wesen hinter dem Vorhang, und wenn sie nun – sehr vereinfacht dargestellt – nicht unterscheiden kann, ob sie sich über einen Bildschirm mit einem Computer unterhält oder mit einem Menschen, dann hat die Maschine diesen sogenannten Turingtest bestanden, das heißt, dann müsste man der Maschine auch Intelligenz zubilligen, was immer auch Intelligenz bedeuten mag.

Auch hier gibt es wie bei den anderen Beleidigungen wütende Reaktionen. Immer dann, wenn das Selbstverständnis des Menschen betroffen ist, gibt es entsprechende Reaktionen. Als Einstein die Selbstverständlichkeit von Raum und Zeit angezweifelt hat, gab es ebenfalls wütende Proteste. Das Verhalten zeigt, dass da etwas ganz Fundamentales angesprochen wird. Es ist immer noch die Frage offen: Werden Maschinen eines Tages Fähigkeiten haben, können wir sie mit diesen Fähigkeiten ausstatten, die wir genuin nur den Menschen zubilligen? Natürlich muss man auch bedenken, dass hier viel Wirbel gemacht wird, es ist viel Ankündigung dabei in dieser Hochglanz- und Prospektbranche, schon wegen der Forschungsgelder werden enorm viele Versprechungen gemacht.

Ein Erforscher neuronaler Netze, Christoph von der Malsburg, hat gesagt: »Wenn wir nur schon allein die Kybernetik verstanden hätten, mit der eine Fliege an der Decke landet und da auch sitzen bleibt, dann wären wir schon viel, viel weiter.«[27]

Die Diskussion zeigt, dass all diese Forschungsergebnisse das westliche Menschenverständnis angreifen: Der Mensch ist nicht mehr die Krone der Schöpfung, er ist nur eine Spezies unter anderen, »er ist ein Zigeuner am Rande des Weltalls«[28]. Er wohnt auf einem ganz normalen Planeten eines ganz normalen Sonnensystems. Dieses normale Sonnensystem ist in einer ziemlich unwichtigen Seite einer Milchstraße angesiedelt. Diese Milchstraße ist eine ganz normale Galaxis von tausend anderen, die zu einem Galaxienhaufen gehören, und dieser Galaxienhaufen ist ein ganz normaler Galaxienhaufen von Milliarden anderen Galaxienhaufen. Also ein kleines Krümmelchen am Rande des Weltalls.

Nach diesem sehr heruntergebrochenen Selbstverständnis des Menschen wird die Frage wieder spannend: Ja, was ist der Mensch? Diese ganzen Selbstverständnisse, mit denen er die letzten dreitausend Jahre seiner Geistesgeschichte verbracht hat, sind ihm in gewisser Weise in den Händen zerronnen. Eigentlich stehen wir in der Philosophie mit diesem Menschenbild leer da.

Nun kommt die Religion (kam schon immer) und bietet uns an: Gut, aber du bist ein Geschöpf Gottes, wie immer du das auch verstehen magst. Du brauchst es nicht geschichtlich zu verstehen, dass du mit einem Schlage mit der Welt entstanden bist, wie die Geschichte von Adam und Eva, oder dass ein großer Naturgott irgendwelche Kräfte erzeugt hat. Sondern es gibt einen persönlichen Gott, der dich liebt, zu dem du eine Beziehung aufbauen kannst. Der treu ist zu dir, dem du vertrauen kannst. Der dich erlöst von der Angst, von deinen Zweifeln, von deiner Furcht, von deinem mangelnden Vertrauen, von deiner Unbehaustheit, von deiner Nacktheit … welche Metaphern wir auch immer benutzen wollen. Wird der Mensch sich nach dem Bruch dieses Weltbilds in der Moderne wieder religiös orientieren? Mir scheint, dass dies im Westen zurzeit stattfindet, eine solche nicht Retheologisierung, sondern eine Wiederzuwendung zur Religion. Beginnt sich hier ein neues religiöses Selbstverständnis des Menschen aufzubauen?

MK: Ein spirituelles Selbstverständnis vielleicht?

KK: Ein spirituelles, vielleicht auch über die Religion hinaus, eher in Richtung Mystik. Ich denke, man muss Mystik und Religion schon voneinander trennen. Und dieses – ja, nennen wir es spirituelles – Selbstverständnis, kann durchaus damit umgehen, dass man viel erklären kann: dass man das menschliche Genom entschlüsselt hat, dass man die Psychophysiologie des Gehirns kennt (man weiß, dass ein paar Tröpfchen Thyroxin darüber entscheiden können, ob man genial ist oder nicht, ob man depressiv ist oder schizophren oder normal), dass viele materielle Bedingungen eben unverrückbare Randbedingungen unserer irdischen Existenz sind. Von diesen Fragestellungen hat sich die Kirche zurückgezogen, sie liefert keine naturwissenschaftlichen Erklärungen mehr. Der Streit um Galilei, ob sich die Sonne um die Erde oder die Erde um die Sonne drehe, das ist keine religiöse Frage mehr. Galilei ist vom Vatikan ja dann auch 1992 rehabilitiert worden.[29] *(Gelächter)*

MK: *Roma locuta – causa finita,*[30] und wenn es nach 359 Jahren ist.

KK: Das ist eine Institution mit sehr großen Zeithorizonten … Ich möchte die Kirche an dieser Stelle ja gar nicht verteidigen. Ich denke, die religiösen und die spirituellen Aussagen verstehen sich heute nicht mehr als Ersatz für oder als andere Deutung von naturwissenschaftlichen Aussagen. Es sind Bereiche, die sich möglicherweise ergänzen, aber die kaum mehr gegeneinander arbeiten. Kein Physiker würde, wenn er jetzt nicht gerade über die letzten Fragen der materiellen Existenz nachdenkt, seine religiösen Gefühle mit in die Physik hineinnehmen. Umgekehrt würde er auch nie probieren, mit Physik beweisen zu wollen, dass bestimmte seiner spirituellen oder religiösen Vorstellungen richtiger sind als andere. Das sind getrennte Bereiche, zumindest in der derzeitigen westlichen Praxis der geistigen Auseinandersetzung.

MK: Wie erklärst du dir, dass die spirituellen Impulse zurzeit gerade von den Naturwissenschaftlern kommen, weniger von den Philosophen oder Theologen? Vielleicht weil die Naturwissenschaftler am Ende des Erklärbaren stehen?

KK: Die Impulse kommen nicht aus der – bei gewissen Erklärungen gescheiterten – Naturwissenschaft, sondern von den Menschen, die wissen, dass sie an Grenzen stoßen und nun als Menschen spirituell dazu auch etwas zu sagen haben.

GT: Wir Menschen, wir sind ganz bestimmt nicht die Krone der Schöpfung, aber wir gehören mit zur Krone. Aber wenn wir von der Krone reden, dann wüsste ich nicht, welches Tier wir ausschließen sollten. Etwa die Würmer, weil die so anders ausschauen? Dem Menschen bescheinigen wir Intelligenz, Verstand, bei Tieren nennen wir es Instinkt, Navigation. Die Vögel fliegen Tausende von Kilometern und finden immer wieder den Weg zu uns. Die Menschen scheuen sich, dies mit einem bestimmten Wort zu benennen. Navigation sagt ja eigentlich nichts. Das ist ein nichtssagendes Wort, das manche Leute gebrauchen, um nicht fragen zu müssen, haben Tiere auch Intelligenz oder Verstand? Ich finde diese Frage furchtbar spannend.

Also, wer ist Galsan Tschinag? Ich bin etwa hundertsiebzig Zentimeter groß gewachsen, wiege so an die siebzig Kilo. Die Quersumme von diesen zwei Zahlen, na gut, dazu kommen noch vier Glieder, eigentlich fünf. Der Kopf zählt bei uns als fünftes Glied. Zählen wir noch Herz, Lungen, Leber, zwei Nieren und eine Unmenge, etwa zwanzig bis dreißig Meter, Gedärme dazu. Das ergibt viel Hohlraum, viel Brei, einen ziemlich unangenehmen Geruch und ein bisschen Hitze. Wenn ich alles zusammenaddiere, bin ich die Quersumme davon? Nein, ich glaube nicht. Wir haben neulich in Regensdorf bei Zürich auf einem Symposium eine schöne Zahl zu hören bekommen. Unsere Atome würden zu 99,99 Prozent aus Vakuum bestehen. Vakuum heißt Geist, verdichteter Geist. Also, was ich jetzt genannt habe, mein Körper, all die Organe, das zusammen ergibt 0,01 Prozent. Alles andere ist Geist und Seele. Das ist mein inneres Universum, das ich beliebig ausdehnen kann.

Aber meine Frage ist nun: Müssen wir das so genau bestimmen? Ich glaube nicht. Wir wissen, dass es so ist, das genügt vorerst. Das genügt wahrscheinlich für die nächsten tausend Jahre. Wenn die Richtung unseres Wissens stimmt, so ist das gut. Es gibt eben in der Welt Dinge, die nicht bis ins Letzte bewiesen, die nicht erklärt werden können. Wenn wir jetzt versuchen, dies alles zu erklären, dann machen wir uns erstens lächerlich, und zweitens machen wir aus unserem Leben eine Hölle. Besonders hier in teutschen Landen muss ich das immer wieder sagen. Der deutsche Mensch hat einen Hang zur Selbstzerfleischung. Das ist eben im Blut des deutschen Menschen. Ich ermuntere meine Patienten immer wieder: »Meine Liebe, mein Lieber, bitte, bitte, nicht wieder eine Selbstanklage. Bleib ruhig, locker und bleib ein bisschen heiter.«

Na gut, für die Philosophen, die davon leben und ihre Gehälter beziehen, können solche Fragen von Belang sein, aber warum für einen Menschen aus dem Volk?

KK: Was ist der Mensch? Muss man denn diese Frage beantworten? Ich möchte doch noch einmal die Lanze brechen dafür. Man soll vielleicht nicht alles erklären, im Sinne eines krassen Reduktionismus, wie ihn der Nobelpreisträger Walter Gilbert propagiert: »Befremdlich wird es für viele Leute sein zu erfahren, dass die gesamte Existenz des Menschen auf eine Liste mit endlich vielen Daten festgeschrieben ist. (…) Eine kleine Diskette genügt, um alles, was den Menschen ausmacht, alles Biologische jedenfalls, vollständig zu beschreiben.«[31] Brutaler kann man es eigentlich nicht sagen, also nichts Unerforschliches … Möchte ich so als Mensch beschrieben werden?

MK: Macht es denn den Menschen aus, wenn ich seine Biologie beschreibe? Da waren wir doch schon mal, bei der Gentechnik.

KK: Ich würde sogar noch einen Schritt weitergehen. Macht es denn das Biologische schon aus, wenn ich diese Daten habe? Ich denke, wir haben auch das Biologische noch nicht erfasst, wenn wir nur die Daten erfasst haben. Selbst wenn wir eine Bauanleitung hätten – kein Wissenschaftler kann heute eine lebende Zelle bauen. Nur eine einfache lebende Zelle. So ein kleines Amöbchen, so ein kleines Ungeziefer, das im Heuwasser rumschwimmt und vielleicht Ruhr verursacht. Geschweige denn ein Bakterium. Wir können höchstens umbauen, so weit sind wir in der Gentechnik. Wir können umbauen, wir können einem Bakterium oder einem Virus andere Eigenschaften geben. Aber wir können kein Virus, kein Bakterium, keine lebende Zelle von Grund auf nur aus den chemischen Komponenten zusammenbauen.

Man nennt diese Haltung Reduktionismus in der Wissenschaftstheorie – der Mensch sei nichts anderes als ... Man kann ihn auf seine Chemie, auf seine Biologie reduzieren. Die Biologie kann man auf die Chemie reduzieren, die Chemie kann man auf die Physik reduzieren, die Physik kann man reduzieren auf ein paar Daten und viel Mathematik. Ja – der Nobelpreisträger, der das gesagt hat, was wollte er eigentlich damit ausdrücken? Ich habe das Gefühl, hinter diesem Satz steckt ein Schrei. Dieses: »Schaut doch mal, ich habe eigentlich nichts anderes als meine Daten, meine Physik, meine Biologie. Wer bin ich denn eigentlich selbst?«

Ich denke, er will eine Antwort von uns haben, aber er bekommt sie in der westlichen Wissenschaft nicht. Weil derjenige, der darauf eine Antwort zu geben versucht, sich seine physikalische, chemische oder medizinische Karriere an den Hut stecken kann. Der kommt nicht weiter bei uns. Wir haben gelernt, hier streng zu unterscheiden zwischen der naturwissenschaftlichen Argumentationsweise, der methodischen streng exakten Argumentationsweise und den persönlichen Glaubensinhalten. Wir denken, beides wäre voneinander unabhängig. Ich meine, wenn jemand so etwas so ruppig sagt, dann ist das ein Schrei, der zeigen soll, dass diese beiden Bereiche nicht unabhängig voneinander sind, dass wir uns der Frage des Menschseins nicht nur naturwissenschaftlich nähern können.

GT: Eine Zwischenfrage: Ich weiß wirklich nicht, sind alle Zellen gleich, oder sind alle Zellen unterschiedlich – Zelle Nummer eins bis Zelle Nummer Milliarde?

KK: Die differenzieren sich ja bei der Embryonalentwicklung aus. Also bis 16, 32, 64. Wenn es circa 128 Zellen sind, dann beginnen sich die Zellen zu spezialisieren, und dann wird eine Zelle Gehirnzelle, und die andere wächst zu einer Leberzelle und die andere zu einer Hautzelle, und die vierte wird zu einer Knochenzelle, dann differenziert sich das aus.

GT: Also, ich sehe, die Zellen sind unterschiedlich. So sind die Sterne wahrscheinlich auch alle anders. Es gibt keine zwei Sterne, die einander völlig gleichen, nehme ich an, rein theoretisch.

KK: Ja, sie haben eine andere Zusammensetzung, einen anderen Radius, eine andere Größe, andere Masse, andere Leuchtkraft, andere Helligkeit und so weiter.

GT: So ist es beim Menschen auch: Jeder Mensch ist einmalig. In der ganzen weiten, weiten Welt leben nicht zwei Menschen, die einander völlig gleichen. Jeder Mensch soll jedem anderen ein Rätsel bleiben. Ein großes unlösbares

Rätsel, nur dann ist es schön. Wenn ich hundert Prozent gelöst habe vom Rätsel Klaus Kornwachs, dann wird er für mich erledigt, uninteressant sein. Das ist meine Überzeugung.

KK: Der Mensch ist ein einzelnes Ereignis. Genau das ist es, glaube ich, was die große Schwierigkeit der Wissenschaft ausmacht, was jetzt erst langsam erkannt wird, auch in der Philosophie: Die Wissenschaft nimmt das Einzelereignis, das Er-eignis, was dem jeweiligen Zeitpunkt zu eigen ist, nicht ernst. Sie kennt nur die Wiederholung und die Gleichmäßigkeit in der Wiederholung. Die Naturgesetze haben die Form: Immer dann wenn x, passiert y. Das gilt für alle Phänomene, die diesem Gesetz unterworfen sind. Aber über das Einzelereignis, dass es genau dieser Stein ist, zu dem ich hier und jetzt eine Beziehung habe, sagt die Wissenschaft nichts aus: Deshalb kann sie auch über den Menschen wenig aussagen, weil jeder Mensch einmalig ist; er wiederholt sich nicht, es gibt ihn auch nicht parallel. Er ist einmalig, und er markiert auf die Art und Weise Geschichte, einen Punkt in der Geschichte. Selbst wenn man Galsan Tschinag klonen würde, dann würde es den Galsan 1 und den Galsan 2 geben. Und der Galsan 1 ist genauso einmalig wie der Galsan 2, die sind niemals identisch. Nur ihre genetische Grundausstattung wäre identisch. Aber vom Moment der Existenz an aber verlaufen die Wachstums- und Reifeprozesse und damit die Individualgeschichten unterschiedlich ab.

GT: Das ist ja der Grund, weshalb ich immer sage, jeder Kranke ist anders. Wenn ich am Tag zwanzig kranke Menschen behandle, dann muss ich zwanzigmal neu starten, zwanzigmal auf Suche gehen. Und das ist eigentlich das Schöne.

KK: Ich gehe auf eine Stelle von Marx zurück. Er schreibt im fünften Kapitel seines ersten Buches über das Kapital: »Die Spinne mit ihrem Bau des Netzes beschämt jeden Baumeister. Was aber unterscheidet die Spinne vom Baumeister?«[32] Die Spinne baut ihr Netz nach einem bestimmten Plan, sprich nach Instinkt, den ich natürlich auch stören kann. Ich gebe der Spinne ein bisschen Alkohol, und dann sieht das Netz entsprechend schief aus. *(Gelächter)* Das kann man machen, es ist immer noch ein Netz, aber es ist nicht mehr so schön, hat nicht mehr diese innere Symmetrie. Aber was die Spinne vom Baumeister unterscheidet, ist bei Marx, dass sie nicht den Plan dessen, was gebaut werden soll, kennt.

GT: Er kennt die Mongolen nicht. Die Mongolen fangen ohne jeglichen Plan an, alles aufzubauen.

KK: Ja – das war seine abendländische Sicht: Der Baumeister ist derjenige, der die Sache im Kopf hat, der das, was er baut, Dieselmotor oder Dom, schon antizipiert hat und dann aufgrund dieses Plans baut und während des Bauens auch noch überlegen kann, ob es sinnvoll ist, das überhaupt haben zu wollen oder nicht. Er könnte sein Vorhaben auch aufgeben. Das ist bei Marx die Unterscheidung des Baumeisters von der Spinne.

Man könnte jetzt noch ein bisschen weitergehen. Es gibt auch ein Selbstverständnis des Menschen Anfang des 20. Jahrhunderts im Rahmen einer sehr kulturpessimistischen Philosophie: Arnold Gehlen, Helmuth Plessner und andere haben gesagt, der Mensch sei ein Mängelwesen. Er sei zwar mit Intelligenz ausgestattet, auf die er sich sehr viel zugute halte, aber mit dieser Intelligenz alleine würde er vielleicht höchstens noch in der Savanne überleben, aber nicht in den gemäßigten Breiten, und schon gar nicht in der Mongolei, wo es sehr kalt ist, dafür muss er sich Ersatz schaffen. Darum betreibt er Technik, er stellt Werkzeuge her, er stellt mit den Werkzeugen andere Werkzeuge her, Technik erzeugt Technik. Das verselbstständigt sich. Auch das Heranzüchten von Kühen, Schweinen und Schafen, die Verhaustierung wilder Tiere – auch das ist eine Technik. So gesehen ist auch eine Kuh ein Instrument, ein Mittel zu einem Zweck. Ohne diese Hilfsmittel würde der Mensch gar nicht überleben. Also er ist ein Mängelwesen, das sich seine Prothesen, wie Hephaistos, der Schmied,[33] selbst herstellt.

Wenn er darüber hinaus noch ein bisschen Zeit und übrige Kapazität hat, dann beginnt das Spiel. Das würde ihn im Wesentlichen vom Tier unterscheiden. Sozusagen der letzte Versuch. Und das Spiel, wenn es subtil wird, entwickelt sich zur Kunst.

Wissen ist noch nicht Handeln

GT: Ich möchte hier zwei Dinge sagen. Erstens, diese Theorien, diese sehr pessimistischen, sind ja in jedem großen Gerüst berechtigt. Die Forscher haben das gut erkannt, ich bin für die Forschung. Aber das Elend ist, wenn sie die richtigen Teilergebnisse als absolut betrachten und ohne Weiteres auf andere Felder zu übertragen versuchen. Da fängt es an zu hinken. Das müssen wir ja als Dichter, als Künstler, als Philosophen immer im Hinterkopf behalten.

Das Zweite ist: Manchmal denke ich, der Mensch ist ein Versuchswesen. Irgendein mächtiges Wesen hat uns ausgesät hier auf der Erde. Ausgesät, und wir sind so eine Pflanze in einer Plantage, der Plantage Erde. ES steht über uns und korrigiert uns. Oder sitzt und freut sich oder ärgert sich, vielleicht sitzt ES grinsend, manchmal den Kopf schüttelnd, manchmal belustigt. So kommt es mir vor.

Aber dass wir unverbesserlich sind, das ist für mich ein Phänomen. Wir haben doch scheinbar Intelligenz. IQ haben wir genug. Selbst die dümmsten unter den Menschen, haben ja einen IQ von achtzig bis neunzig. Wir haben unsere Intelligenz, aber warum lernen wir nicht? Warum sind wir so träge? Der Mensch lernt ja nicht. Jedes Volk macht immer dieselben Fehler, immer wieder, die die anderen bereits gemacht haben. Jeder Mensch macht dieselben Fehler wie die Nachbarn, immer wieder. Zum Beispiel sich mitten im Leben verlieben und die Familie zerstören. Die Frau oder den Mann unglücklich machen und viele Tränen in die Familie bringen und die Kinder, die man ja eigentlich so liebt, in den Tränen des Partners oder der Partnerin waschen. Die Familie zerbricht, und man selbst geht kaputt daran. Wir sind völlig unfähig zu lernen, so kommt es mir manchmal vor.

KK: Oder wie schnell die bürgerliche Fassade und die dünne Schicht der Zivilisation in Bürgerkriegen zerreißt. Wenn plötzlich Nachbarn, die jahrelang miteinander friedlich gewohnt haben, aufeinander schießen, nur weil sie zu verschiedenen Parteien oder zu verschiedenen Ethnien gehören. Wenn man sich die Geschichte des 20. Jahrhunderts ansieht – keines dieser Jahrhunderte ist so grausam gewesen wie das 20. Jahrhundert, in dem wir uns doch den größtmöglichen technischen Fortschritt in der westlichen Zivilisation zugute halten.

Diese Zivilisationsschicht, auf die sich der Mensch so viel zugute hält, seine Technik, seine Organisation, wie schnell bricht das zusammen, wenn irgendetwas ganz Archaisches herausbricht: Hass, Feindschaft, zu dichte Bevölkerung, zu viele junge Männer, die alle Helden sein wollen, zu wenig Essen ... Verteilungskämpfe? Man kennt ja die Faktoren, die man zusammenbringen muss, um kriegerische Auseinandersetzungen zu provozieren. Da zeigt sich der Mensch aggressiver als jedes Tier. Natürlich geht es in der Natur auch nicht friedlich zu ... Aber der Mensch wird dann schlimmer als die Wölfe.

GT: Ich liebe den Menschen, und ich hasse das Untier Mensch, ich liebhasse und hassliebe ihn. Ich weiß nicht, wie ich mich vor diesem Monstrum verhalten soll. Es ist immer abhängig von der Handlung des einzelnen Exemplars.

Und doch ist der Mensch ein schönes Wesen, obwohl ich manchmal sehr abschätzige Worte über das Wesen Mensch geprägt habe. Ich habe den Menschen als das »rundschädlige stelzbeinige Ungeziefer« bezeichnet. Das ist ja aus einer Laune, aus Enttäuschung heraus geschehen, einmal gebraucht, aber schon sitzt es in der Sprache fest. Aber – so finde ich den Menschen eigentlich schön. Nicht ganz so schön wie ein Kamel, aber mindestens so schön wie irgendein Fisch oder eine Krabbe.

Heute haben wir einfach zu viele Menschen in den Städten. Auf dem Land ist der Mensch ein schönes Wesen. In der mongolischen Steppe freue ich mich immer, wenn ich einen Menschen treffe, wer es auch sei. Aber hier in der Stadt, wen soll ich alles grüßen? Jeden Einzelnen? Die würden mich für verrückt erklären, wenn ich in Berlin jetzt die Leute grüßen würde auf dem Bahnhof, Hunderte, Tausende. Das sind schon andere Dimensionen. Da werden wir selbst anders. Obwohl ich ein menschenfreundliches Wesen bin, in der Stadt werde ich sehr schnell menschenmüde.

Mit dem Wohlstand ist es wahrscheinlich auch so. Nehmen wir einen gedeckten Frühstückstisch: Die Kinder haben längst aufgehört, sich zu freuen über jedes einzelne Stück. Aber wenn man das auf dem kleinen Tischlein von Nomadenjurten sieht: Jedes Ding, das hingestellt wird, wenn es auch trockenes Brot ist, ist Grund genug zur Freude. Alles wird bestaunt, von allen gesehen, und die Kinderchen, die sitzen da und schauen sich alles an und freuen sich. Das Zuviel verändert die Sichtweise.

KK: Der Mensch ist des Menschen Wolf. Das ist eine Weisheit, die sehr früh geäußert wurde.[34] Nur, aus diesen Weisheiten lernen wir ja nichts. Also, du hast völlig recht. Für Platon[35] und die antike Philosophie war da noch eine Einheit zwischen Erkennen und Handeln.[36] Wenn jemand sagt: »Rauchen ist ungesund, ich höre jetzt auf damit«, dann tut er das auch. Wenn er es nicht tut, dann hat er es nach Platon nicht verstanden. Dann hat er an dieser Idee des Nichtrauchens keinen Teil. Er hat sich nicht richtig an sie erinnert. Deshalb handelt er auch nicht richtig.

Spätestens Kant führt uns vor Augen: Wir können durchaus wissen, überzeugend wissen, und wir tun es trotzdem nicht. Wir wissen, Rauchen ist ungesund, und ich müsste jetzt mit Rauchen aufhören, aber ich mache es nicht. Dieses Auseinanderfallen von vernünftigem Wissen und tatsächlichem Handeln[37] – könnte es sein, dass es ein Zeichen der Moderne ist? Oder gibt es dieses Auseinanderfallen von Wissen und Handeln auch in einer Sippengemeinschaft, in einer Urgemeinschaft?

GT: Das ist wohl zutiefst menschlich: Wir wüssten, was zu tun wäre, handeln aber trotzdem nicht danach. Das kommt auch in einer Sippengesellschaft vor.

MK: Wir bewegen uns in unserer Diskussion über den Menschen immer zwischen Mängelwesen und möglicher Duplizität. Ist nicht die Fähigkeit, Liebe und Güte zu leben, zutiefst menschlich? Sie verbindet uns mit unserem göttlichen Urgrund und könnte die Essenz des menschlichen Lebens sein.

GT: Wenn wir Liebe geben und empfangen, wecken wir, erinnern wir uns an das Göttliche in uns. Die Liebe und, aus ihr wachsend, die Güte sind unverzichtbar im menschlichen Leben. Die Liebe ist das Helle in mir, das mich befähigt, über mich hinauszuwachsen. Ohne tiefe Liebe könnte ich nicht heilen. Die Liebe kommt aus der Seele. Und sie ist mein göttliches Licht, das mich beständig neu erschafft.

Manchmal denke ich, dass wir wahrscheinlich ganz am Anfang unserer Entwicklung stehen. Die Menschheit ist noch im Kindesalter. Wir müssen jetzt erwachsen werden, wir müssen garen, wir sind noch zu roh.

KK: Der »große Versuchsleiter« hat wohl erst angefangen …

GT: Ja, ES hat angefangen. Wir schreiben ja der Erde ungefähr fünf Milliarden Jahre zu. Da sind wir ganz großzügig, vielleicht ist der Erdkern noch älter. Nur, wie viel geben wir, bescheinigen wir dem Menschen, uns selbst? Ganz wenig: eine Million, manche sagen noch weniger, das schwankt, da sind wir knausrig. Wenn das tatsächlich, sagen wir etwa hunderttausend Jahre sind, dass es uns gibt als Homo sapiens, das ist zu wenig gegenüber fünf Milliarden Jahren. Wir müssen erst wachsen. Das ist ja die Evolution, die Naturevolution ist langsam. Wir werden eines Tages vielleicht doch zur Krone der Schöpfung. Aber so weit ist es noch nicht …

So denke ich mir: Man muss den Menschen so nehmen, wie er ist, man darf von ihm nichts Übermenschliches verlangen. Ich weiß, ich bin ein Mensch. Das beginnt bei mir selbst. Ich gewähre mir auch kleine Schwächen. Bei meinen Lesungen gestehe ich mir zu: Auf jeder Seite darf ich einmal stottern. Wenn ich zweimal stottere, dann schelte ich mich: »Aber mein Lieber, heute warst du schwach. Du bist nicht mehr zu gebrauchen, lernst nie.« Aber manchmal gibt es doch Abende, an denen ich vier Seiten lese, ohne ein einziges Mal zu stottern. Dann lobe ich mich wieder: »Toller Kerl.«

KK: Ich kann mich an ein Jugendbuch erinnern, das hieß *Wir leben seit fünf Sekunden.* Hier wird eine einfache Rechnung erstellt: Wenn man die Entstehung des Weltalls, die Entstehung des Planetensystems, der Erde, unserer Biosphäre, wenn man das auf einen Tag umrechnet, dann gibt es den Menschen erst seit fünf Sekunden. Wir sollten doch nicht so viel verlangen. Wir sind Anfänger. *(Gelächter)*

GT: Gerade dem Ei entschlüpft, wir müssen jetzt flügge werden, als großes menschliches Wesen, vielleicht als das Lieblingskind des Himmels.

KK: Was mich seltsam dünkt, ist, dass diese Lernprozesse in verschiedenen Ebenen und auf verschiedenen Gebieten völlig unterschiedlich schnell ablaufen. Wir sind, was die Apparatetechnik anbelangt, vom Pflug bis zum Flugzeug …

GT: … bis zum Computer, wie schnell das alles gegangen ist im 20. Jahrhundert, das ist unglaublich …

KK: Aber wenn man genauer hinschaut: Man sagt, beim Computer, da sind wir in der sechsten Generation, im Programmieren schon in der achten, im Organisieren, das heißt in der Gestaltung unseres Gemeinschaftslebens, unserer Kommunikation, da sind wir noch in der nullten Generation. Es scheint ja so zu sein, dass die Neuerungen auf dem organisatorischen Gebiet viel, viel seltener sind als in der Technik. Wann waren die letzten großen Neuerungen, organisatorisch gesehen? Das waren die Erfindung der Demokratie durch die Griechen und natürlich später die des Nationalstaats.

GT: Da muss ich mich wieder auf mich beziehen. Ich sage immer, ich bin ein Versuchseselchen. Mein Leben ist unglaublich. Wenn ich überlege, vor vierzig Jahren war ich noch tief verwurzelt in der Urgesellschaft, in der Steinzeit. Ganz am Anfang, wo die Menschheit vor tausend oder zweitausend Jahren gesessen hat. Also, ich saß auf der gleichen Ebene, wo die alten Germanen gesessen haben. Dann wurde ich freigegeben den Winden der modernen Zeit. Von da an ging es ganz schnell, wahnsinnig schnell vorwärts. Ich habe in diesen vierzig Jahren die Entwicklung der ganzen Menschheit durchgemacht. Die mir ja Jahrhunderte voraus war. Mein Leben ist in einem rasanten, wahnsinnig schnellen Tempo verlaufen. Gleichzeitig habe ich die Langsamkeit, die Zeitlosigkeit meines Volkes in mir. Dieser Wirbel ergibt eine andere, eine Tiefenzeit, ich erlebe alles viel intensiver.

Ich habe viele Zeiten durchlebt. Ich habe auch alles mitgemacht bei der Mode. Ich habe jene wahnsinnig spitzen Schuhe getragen in Leipzig. Ich fand das schön. Aber ich wurde der Mode schnell überdrüssig und der anderen Dingelinge auch.

Ich habe mich auch durch die literarischen Entwicklungen durchgelebt. Ich war Romantiker, ich war Aufklärer, Stürmler und Drängler. Ich habe geschillert, gelenzt, gehölderlint, Vorbilder gewonnen und wieder hinter mir gelassen. Expressionist war ich und Impressionist auch, das Einzige, was ich nie gewesen bin, ist Nihilist. Aber alles andere habe ich durchlebt. Auch als sozialistischer Realist, kritischer Realist habe ich gelebt, nur modern war ich nicht, also Modernismus in dem Sinne habe ich nie betrieben.

Ich war natürlich auch bei den Esoterikern, ungefähr zwei Monate. Habe gesehen, das sind Suchende, und ich kam zu denen und wurde herzlich gern aufgenommen, ich habe viele esoterische Freunde, Gesinnungsgenossen gefunden. Allerdings habe ich gesehen, die gehen ja nicht weiter, die sind stehen geblieben. Aus diesem Grund habe ich die esoterische Familie mit manchen Schmerzen, aber durchaus mit großer Erleichterung verlassen. Jetzt bin ich unterwegs zu den Quantenphysikern …

Ich lernte mit fünfzig Jahren Autofahren, noch später habe ich den Computer kennengelernt. Die letzten sieben, acht Bücher habe ich alle auf meinem Laptop geschrieben. Jetzt reise ich durch die Welt mit meinem Schlepptop. Ich weiß nicht, wo diese Reise enden wird. Ich bin sehr gespannt. Ich bin neugierig auf das, was kommen wird, ich weiß es einfach nicht. Aber ich ahne, das wird irgendwie in der Nähe des Gipfels liegen. Die Welt, das Universum, das Leben ist schön, so wie es ist.

Den höchsten Gipfel werde ich nie besteigen können, aber ich werde mich ihm schon nähern. So ist das wahrscheinlich auch mit der Menschheit als Wesen. So ganz zur Krone der Schöpfung wird sie nie werden. Aber sie wird sich irgendwie in diese Richtung bewegen.

Vielleicht ist der Mensch doch die Grundenergie des Universums?

Macht der Worte

MK: Du bist aufgewachsen im Altai, in dem selbst die Sprache karg und sehr bedachtsam verwendet wurde. Und trotzdem bist du ein Vielsprachler geworden, sprichst (und schreibst) außer der Muttersprache aktuell noch sechs weitere Sprachen. Was bedeutet Sprache für dich?

GT: Zwei Augen zum Sehen, zwei Ohren zum Hören, zwei Beine zum Gehen, zwei Arme zum Packen, zu all diesem aber nur ein Mund – und wozu dieser? So wurde ich als Kind vom Vater einmal gefragt. »Zum Reden«, antwortete ich und wurde darauf berichtigt: »Nicht nur. Zum Essen und Trinken auch noch.« Was auf Nomadisch heißen wollte, ich solle nicht so viel reden. Deswegen hätten wir nur einen Mund zu all dem paarweise Angelegten.

Wir Nomaden besitzen nicht sehr viel, wir haben kein Fernsehen, keine Zeitungen, nicht diese grellbunten Illustrierten. Womit sollen wir uns beschäftigen? Unsere Kultur beruht auf mündlichen Überlieferungen, die Epen meines Volkes werden in nächtelangen Sitzungen erzählt. Wir beschäftigen uns nach wie vor, wie in Deutschland vielleicht vor fünfhundert Jahren, mit unserer Muttersprache, das gesprochene Wort hat Kraft. Die Tuwa, die ihren Wohnraum als Volk in der eigenen Sprache sehen und sie so zu einem Heiligtum erheben, hegen und pflegen sie wie nichts anderes sonst, wissen viel und meistens sehr Handfestes über sie im Allgemeinen und über jedes Wort im Einzelnen zu sagen, wie über ihre Mitmenschen und Mitwesen.

Ein stehender Satz der Tuwa ist: »Die Wunde vom Dolch kann heilen, die Wunden von Worten heilen nicht.« – »Ist dir ein Pferd durchgegangen, wirst du es einfangen. Ist dir ein Wort durchgegangen, wirst du es nimmer einfangen.« Ein anderer lautet: »Die Tat wird im Mund geboren.« Was sagen will: Worte erwecken Taten, bereiten den Weg für sie vor, also: Guten Worten folgen gute Taten, schlechten Worten schlechte Taten.

Ein Seminar bei mir hieß »Heilen durch Worte«. Worte können Gift sein, Worte können Steine sein, Worte können Messer sein, sie können Schneiden haben, Kanten haben, verletzen, töten, verwunden. Aber Worte können auch Balsam sein, Medizin, Öl, eine Blume. Worte können duften, Worte können wärmen, von innen heraus den Menschen aufwärmen. Es kommt sehr stark drauf an, welche Worte man benutzt, wie man die Sprache benutzt. Worte wirken in der tragenden Strömung von Schall und Sinn unmittelbar.

Die Sprache ist ja das Bild gewordene Denken. Wie man denkt, so spricht man. Die Gedanken kommen, glaube ich, von den Schwingungen der Seele und des Verstandes. Und so wie der Mensch erschaffen ist, hell, gemasert, dunkel, rembrandtisch, rafaelisch, so sind die Gedanken auch.

Wenn ich ein Gedicht schreiben will, brauche ich zuerst das Bild. Ich wecke ein inneres Bild und füttere, beseele und begeiste es. Ist es ein kraftvolles Bild geworden, kann ich es in jede beliebige Sprache gießen.

Worten wohnen Kräfte inne. So ist ein jedes Wort in seiner Endwirkung materiell. Menschen, die immer schlecht denken, immer ängstlich sind, die bringen es im Leben nicht weit. Ich erkläre es mir so – sie schaffen von Anfang an eine Blockade. Sie reden beständig von Kopfschmerzen, vom Unglück, denken an das Nichtgelingen. Dagegen gibt es zuversichtliche Menschen, die glauben: Ach, es wird schon werden. Sie denken hell, reden hell, die kommen weit.

MK: Sie schaffen sich die Schiene schon, auf der etwas gelingen kann. Ja, sie erschaffen das, was sie erleben wollen beim Sprechen.

GT: Schienen geben, genau das wäre das Wort.

Durch meine Sprache erschaffe ich ja einen Raum, auch in einem Saal voller Zuhörer. In diesem freundlich gestimmten Raum erholen sich die Leute und freuen sich. Dem Menschen, jedem einzelnen Menschen tut es wohl. Wenn man mit hässlichen Ausdrücken die Leute bombardiert, militärisch zerhackt, gewalttätig, das wäre ja eine Zumutung für jedes Ohr. Das wären so kleine Steinchen, die man durch den Raum schleudert, Splitter, Glassplitter, die zwar unsichtbar verwunden, aber dauerhaft.

Wenn ich mich mit einem fremden Menschen unterhalte, vielleicht auch eine heftige Diskussion von einer halben Stunde habe, dann weiß ich ungefähr, mit wem ich es zu tun habe. Ich höre es an seiner Wortwahl, achte darauf, ob er mir überhaupt zuhören kann. Es ist ja im heutigen Europa sehr, sehr schwer, Zuhörer zu finden. Alle Menschen stehen unter Druck, sich mitzuteilen. Die meisten haben keine Zuhörerschaft. Ich kann gut zuhören, ich habe es ja gelernt bei den Steinen, Gräsern, beim Wind. Wenn ich Heilsitzungen mache, lasse ich die Menschen erst mal reden, den ganzen Wortstau loswerden. Sie reden und reden, ich sage wohl dies und jenes, aber in erster Linie höre ich zu. Manchmal genügt das Zuhören, die Menschen bedanken sich, und sie fühlen sich wohl.

KK: Weißt du, wann ein Mensch dir zuhört und, wenn er zuhört, ob er dich auch versteht?

GT: Es ist sehr schwer, jetzt in Europa verstanden zu werden. Ich erkläre etwas, und mein Mund ist noch nicht geschlossen, ertönt das Lieblingswort: »Alles klar.« Ich sage: »Mein lieber Junge, nichts ist klar, ich sehe, du hast nichts begriffen. Ich erkläre es dir noch einmal: Hast du jetzt kapiert?« – »Ja, ich glaube schon«, ziemlich unsicher. Wenn ich noch mal nachfrage, sehe ich, da ist keine Spur verstanden worden.

Die Menschen hier werden mit endlos vielen nichtigen Informationen gefüttert, das hält sie ständig in Bewegung, hält sie beschäftigt, so sind sie oberflächlich geworden. Die werden ja von den Medien absichtlich verdummt. Endlos beschleunigt und zur Oberflächlichkeit erzogen. Großer Himmel, jetzt kommt wenigstens der notwendige Begriff in die Sprache: Entschleunigung. Das ist schon sehr gut. Vielleicht geschieht da eines Tages etwas.

Mein Verdacht ist, die Politiker brauchen dumme Menschen, die Steuerbehörde braucht dumme Menschen, vor allem der Konsum braucht dumme Menschen. Mit größter Raffinesse werden die Menschen durch Werbung verführt. Irgendein Star, eine möglichst junge Schauspielerin mit einem schönen Gesicht führt eine Schleckerei mit Schokoladen vor, garniert mit nichtssagenden, süßen Worten. Und die Millionen Fernsehzuschauer, die diese Schauspielerin einfach wegen ihrer Jugend und Schönheit mögen, sind vereinnahmt, glauben unbewusst, mit dem Genuss der Schokolade auch schön und jung zu werden. Die ganze Werbung ist nichts weiter als ein Spiel mit der insgeheim gefühlten Ohnmacht des Menschen und eine Kitzelei an seiner Gier, seiner animalischen Schwachstelle.

MK: Die Kunst der Verführung findet heute in der Werbung statt, eine ausgeklügelte Mischung aus Sprache, Musik und Bildern, die unsere tiefsten Sehnsüchte anspricht, eine eigene Psychologie. Doch wie sehr wir uns auch damit füttern lassen, wir bleiben hungrig zurück. Viele Worte sind uns entwertet durch die Werbung, die aus kommerziellen Gründen bemüht ist, einen spirituellen Mehrwert zu schaffen. Die Worte bleiben entweiht, ausgesaugt, als leere Hülsen zurück.

GT: Ich habe immer Angst vor Moderatoren, weil sie zu schnell reden. Nicht dass ich das nicht verstünde, ich verstehe alles, sondern weil das oft sinnlos ist. Diese Sinnlosigkeit, diese Dummheit, wenn ein Mode-ora-Tor so daherplappert, das ist ansteckend. Wenn derjenige, der mir Fragen stellt, dumme Fragen stellt, dann bekommt er von mir auch nur dumme Antworten.

MK: Ich erinnere mich noch an ein Gespräch, Galsan, auf deinem Weg zu einer Talkshow. Du bist mit folgenden Worten instruiert worden: »Denken Sie dran, Herr Tschinag, einfache, kurze Sätze. Der Fernsehzuschauer versteht das nicht anders. Bilden Sie keine komplizierten Sätze, keine Relativsätze, wenn möglich.« Da wird die Verarmung der Sprache schon vorprogrammiert.

GT: Wir erniedrigen ja unsere Sprache selbst. Die Sprache ist ein Geschenk Gottes, wirklich, etwas Edles. Wenn wir sie so sinnlos gebrauchen, entwerten wir sie, schmälern ihre Kraft. Ich meine, man muss mit der Sprache sehr behutsam umgehen. Schon in der eigenen Familie sollten wir sorgsam mit ihr umgehen. Wir gebrauchen in unserer Familie keine Flüche, keine Schimpfwörter. Wenn ein Kind, beziehungsweise jetzt eines der Enkelkinder irgendein Schimpfwort ausspricht, dann wird es gefragt: »Woher hast du das Wort?« Dabei sind unsere Ausdrücke durchaus auch derb. Derb können sie sein, aber es kommt darauf an, wie man es sagt.

Die Nomaden gebrauchen ja prinzipiell keine Schimpfwörter, die auf Tiere gemünzt sind. Bei Dschingis Khan war Hund ein Lobeswort. Seine vier berühmtesten Feldherren hat er genannt »meine vier Hunde«. Der Hund ist doch etwas Herrliches. So treu wie ein Hund, so mutig. Das ist in der Sprache die Zuwendung an unsere tierische Seite.

Der Nomade kommt nicht auf den Gedanken, zu einer Frau »olle Kuh« zu sagen. Wir leben ja von der Milch der Kuh. Aber ich gebrauche dieses Wort, solange ich hier in dieser Kultur bin, ich richte mich nach den Gepflogenheiten der deutschen Sprache.

In meinem Falle kommt noch hinzu, dass ich vor der deutschen Sprache eine gewisse Ehrfurcht habe. Ich habe mit meinem ausländischen Gesicht nicht das Recht, irgendeinen Fehler zu machen.

MK: Du behandelst die deutsche Sprache wie ein Gast: aufmerksam, achtungsvoll und sehr genau. Das öffnet unseren Blick für unsere eigene Sprache, öffnet unser Sprachgehör. Mir scheint, du fütterst und nährst die deutsche Sprache, gibst vielem neuzeitlich Abgehungerten wieder Saft und Kraft. Manches Wort erhält wieder seine Bedeutung, sein Gewicht zurück, eine längst verloren geglaubte, unmittelbare Süße.

GT: Ich möchte der Sprache etwas zurückgeben, sie hat mich reichlich beschenkt. Ich komme ja aus einer schriftlosen Kultur und habe mit dieser Sprache die Möglichkeit bekommen, die Botschaft meines Volkes in die Welt zu bringen. Die deutsche Sprache hat mir die Möglichkeit gegeben, in Verbindung zu kommen mit der großen Außenwelt, sie ist mir das Sprungbrett zur großen Menschheit gewesen. Da bin ich von vornherein ehrfürchtig gegenüber dieser Sprache, sie ist mir ein gewaltiges Werkzeug. Die Deutschen haben mir ihre Muttersprache anvertraut, und ich habe in ihre so wunderbar gefügige, gepflegte Sprache Erkenntnisse meines nomadischen Muttervolkes eingepackt, das Ganze mit schamanischem Geist und dichterischer Seele angehaucht und den Spendern meines neuen Kommunikationsmittels mit Dank zurückgereicht. Ich bin immer froh und stolz, wenn Leser von dem lichten Wind der Poesie, der meinen Gedichten innewohnt, getroffen sind und geläutert und gereinigt dastehen. Dabei braucht das, was sie auf diese Weise empfangen, nicht immer etwas ganz Neues zu sein. Oft ist es Bekanntes, aber Vergessenes, das bei Benennung des Zauberwortes, von dem ein Eichendorff ehrfürchtig gesprochen, wiedererweckt wird. So ist es auch mit den schamanischen Adern und Strähnen, die durch ein Wort, ein Zauberwort, erwachen und erklingen und nach den Geistern rufen, die den Himmelsraum bewohnen und in ihrer Anzahl noch größer sind als die Menschen auf Erden.

MK: Die Magie der Sprache, die Kraft des Wortes begleitet uns von Anfang an: »Im Anfang war das Wort, und das Wort war bei Gott, und das Wort war Gott«[38], steht in unserer Bibel.

GT: In unserer Anrufung des Urgeistes, bei der Anstimmung des Begleitinstruments zum Vortragen einer Heldensage wie auch bei der Beschwörung der Trommel zum Antreten einer schamanischen Reise heißt es: *Im Anfang war ein Schall, dieser umgab einen Wind, der vom Himmel, dem Blauen, kam.* Ich sage rundheraus: Schall, Wind und Himmel sind andere Worte für Wort, Geist und Gott.

Dieses Urwort ist es, das im Anfang aller Dinge gestanden hat, das Bibel-Wort, das Wind-Geist-Wort, das Himmel-Gott-Wort, für das wir uns entschließen, wenn wir in unserer Kultur nach einem würdigen Gegengeschenk auf ein liebes Geschenk hin suchen. Dabei stellt das Wort lediglich die Schale, ja, den Schall dar, ist die Verpackung. In diese ausgesuchten, gereinigten und geläuterten Worte werden Gedanken verpackt, von denen wir annehmen, sie könnten für die, denen wir Dank schulden, von Nutzen sein. Dieser Wunsch beseelt mich beim Schreiben meiner Bücher. Das sind Gedanken, die aus der Ganzheit des Alls im Allgemeinen und der Einheit jeder Dreiheit von Geist, Seele und Körper im Einzelnen herrühren.

Spiritualität

KK: Spiritualität ist für das Abendland immer ein Thema gewesen, schon in der Antike. Das beginnt bei Sokrates mit der Sorge um sich selbst: Demnach sei man nicht nur dem Gemeinwesen verpflichtet, sondern habe auch eine Verpflichtung gegenüber sich selbst, gegenüber seiner Seele.[39]

Die antike Philosophie stellte kosmologische und physikalische, meist vorwissenschaftliche Fragen, stellte aber auch schon auf Wissenschaft zielende Überlegungen an. Dies tat sie nicht nur, um zu erfahren, wie die Natur beschaffen ist, sondern was die Natur des Menschen ist und sein sollte. Dieses Wissen, das man in der Philosophie durch Nachdenken, durch Beobachten, durch Kontemplation und andere Methoden gewinnen konnte, sollte auch dem Wohlergehen der Seele dienen. Erkenntnis war für den antiken Menschen immer Selbsterkenntnis und Selbsteinordnung.[40] Freilich gab es die Erhabenheit und immer auch die Lust an der Erkenntnis. Wenn er die Gesetze des Kosmos suchte, wollte er dabei seinen eigenen Platz im Kosmos finden. Wenn er aus der kausalen Analyse, die Aristoteles erstellt hat, weiß, dass es einen »letzten Beweger« geben muss, dann kann er daraus schließen, dass er selbst auch ein Bewegter ist. Darüber hinaus weiß er, dass er sich selbst bewegen kann, aber nur deshalb, weil letztlich seine Seele ihn bewegt. All dies dient der Einordnung: Wie sehe ich mich selbst im Kosmos, welche Kräfte walten über mir, was kann ich bewirken und was nicht?

Diese Sorge um sich selbst wird bei der Theologisierung der Philosophie im Mittelalter, bei der Christianisierung des Abendlandes, ersetzt durch die Seelsorge. Nun geht man davon aus, dass der Mensch sich nicht mehr um sich selbst sorgen kann, weil er ja nach christlicher Lehre erlösungsbedürftig ist. Vielmehr muss diese Fürsorge vermittelt werden; der Begriff der Gnade taucht auf. Dass Gott gnädig ist, erscheint gewiss, aber diese Gnade muss vermittelt werden, zum Beispiel durch die eine Institution, nämlich die christliche Kirche. Hier brechen zwei Sichtweisen auseinander, was dann zur Reformation geführt hat: die Frage, was ich für meine Seele tun kann. Bin ich gerechtfertigt *sola fide,* nur durch den Glauben, wie dies im Protestantismus gelehrt wird?

Im Katholizismus wird gelehrt, dass man für das eigene Seelenheil, auch für die eigene Selbstsorge, etwas tun kann, zum Beispiel gute Werke vollbringen, tätige Nächstenliebe und dergleichen. Dieses Thema: »Wer bin ich selbst, ist meine Seele gerechtfertigt, was für einen Sinn hat das Leben?«, ist der Kern jeder Frage nach Spiritualität.

Was konstituiert meinen Geist? Was konstituiert mein Selbst? Wie bin ich geworden? Wo gehe ich hin? Ist mein Weg der richtige? Kann ich den Sinn, der in diesem Weg liegt, und den Sinn meiner Existenz überhaupt erkennen? Wenn ja, muss ich da nicht annehmen, dass bestimmte Kräfte jenseits meiner Person, transpersonal, jenseits meiner Existenz, eben transzendent, jenseits der Physik, der Wissenschaft, im Bereich der Metaphysik liegen? Jede Religion hat für diese Grundfragen ihre eigene Antwort gegeben. Deshalb steckt in der Frage nach der Spiritualität immer die

Suche nach einer allgemeinen Antwort über die einzelne Religion hinaus: Die jeweilige Religion eines Menschen ist sein Versuch einer Antwort auf die spirituelle Frage.

Auch in der Wissenschaft versucht man immer wieder, diese spirituelle Frage zu beantworten, wiewohl sie dafür wegen ihres reduktionistischen Programms nicht zuständig ist. Solange sie methodisch davon ausgeht, dass der Mensch nichts anderes sei als Moleküle, Algorithmen, chemische Prozesse, Reizreaktionsschemata und so weiter, kann sie gar nicht zu solchen Fragen vordringen.

Was ist für *mich* Spiritualität? Ich suche keine Antworten auf meine spirituellen Fragen in der Wissenschaft, obwohl ich kein Wissenschaftsgegner, sondern in der Wissenschaft aufgewachsen bin und in ihr und mit ihr arbeite. Allerdings sind Grenzen der Wissenschaft für mich sehr eng gesteckt.

Spiritualität ist für mich die Frage nach meinem Selbst. Spiritualität ist die Frage für mich: Gibt es einen gnädigen Gott? Es gibt natürlich diesen Gott der Philosophen, das ist ein prinzipieller Gott, der unbewegter Beweger ist, der beantworten soll, warum das Weltall gerade so ist, wie es ist. Diese Vorstellung vom intelligenten Designer ist aber eher der Lückenbüßer, der unsere Wissenslücken ausfüllt, die wir in der Wissenschaft nicht oder noch nicht gefüllt haben.

Mich interessiert der persönliche Gott. Mich interessiert, warum ich als Mensch, als menschliche Existenz erlösungsbedürftig bin, so wie es mir der christliche Glaube sagt. Mich beschäftigt die Frage nach dem menschlichen Elend. Selbst wenn es dem Menschen materiell gut geht, kann er in ungeheurem Elend sein. Spiritualität heißt für mich auch, dass ich mich als eine erlösungsbedürftige Existenz ansehe, die sich nicht aus sich selbst heraus erlösen kann. Das bedeutet Demut gegenüber der Instanz, von der ich hoffe, dass sie mich erlöst, das ist für mich als gläubigen Christen Jesus Christus. Das ist jetzt eine theologische und eine religiöse Antwort. Aber sie verlangt von mir auch den Mut zu sagen: »Ja, das ist mein Glaube, dazu stehe ich auch.«

Ich bin kein Kampfkatholik, bin keiner, der das Papsttum mit allen Mitteln des Geistes und des Intellekts verteidigen würde. Ich habe zu Institutionen ohnehin ein sehr gebrochenes Verhältnis. Jede Organisation ist fehlerhaft, aber irgendwie muss man sich ja organisieren.

Ich glaube, dass ich erlösungsbedürftig bin, hoffe auf diese Erlösung, stehe zu diesem Glauben und meine, dass ich für diese Erlösung selbst auch etwas tun muss. Ich kann nicht einfach abwarten, bis mich der Gnadenstrahl trifft. Das löst aber natürlich nicht die vielen metaphysischen Fragen. Wenn ich daran glaube, für mich als Geist, dass ich erlöst werden muss, dass ich unvollkommen bin, dass ich im Laufe der Zeit Fehler ausmerzen, überwinden kann, dass also meine eigene persönliche Geschichte sich zum Besseren hin entwickeln kann, dann beinhaltet das auch einen gewissen Fortschrittsglauben. Theologisch würde man sagen, jede persönliche Geschichte eines gläubigen Menschen ist auch seine Heilsgeschichte. Das hoffe ich auch von mir.

Das beantwortet noch nicht diese grundlegende metaphysische Frage: »Warum gibt es etwas und nicht vielmehr nichts?«[41] Auch die folgende Frage ist immer gestellt worden: Wenn es einen gnädigen Gott gibt, wie kann er dann in der Welt so viel Unheil, Ungerechtigkeit, so viel Bösartigkeit und Hass, so viel materielles und geistiges Elend zulassen? Beide Fragen werden durch die Spiritualität nicht allgemeingültig beantwortet. Spiritualität ist für mich ein Beantwortungsversuch für *meine* Person, für *meine* eigene

Existenz. Und die hat mit Philosophie als abendländischem Begriffsgeschäft ganz wenig zu tun. Die Frage nach dem Elend in der Welt ist für mich eine Herausforderung an meine Liebe, an der ich scheitern kann, aber keine Herausforderung an die Spiritualität.

GT: Ja, spirituell ist der Himmel, spirituell ist die Erde. Wir können das nachprüfen. Die Erde hat einen Geruch, die Erde hat einen Geschmack. Das meine ich jetzt ganz wörtlich. Wenn ich irgendwo ankomme in der Mongolei, dann kaue ich ein bisschen Erde. Mit allem, was dran ist, mit Stein, mit lockerer Erde, mit Gras. Jeder Teil Erde hat einen ganz bestimmten Geschmack und Geruch. Ich fühle die Erde mit der Hand, manchmal lege ich mich splitternackt auf die Erde, wälze mich, und dann spürt man, mit was für einer Mutter man an der Stelle zu tun hat. Genauso kann man den Himmel erfahren. Der Himmel riecht mal würzig, mal salzig. Den Himmel kann man auch anfassen, wenn man aufmerksam genug ist. Den Himmel kann ich sehen. Nicht nur leeres Blau, man sieht in diesem Blau doch Augen und die Muster, Maserungen des Himmels. Wenn man jetzt wach genug ist in seinen Fühlern, kann man auch empfangen. Einfach aufnehmen, die Erde dröhnt ja ständig. Man muss sich nur hinlegen, das Ohr drauflegen, den Atem anhalten und hören: Es dröhnt in der Erde, als wäre ein großer Motor, ein großes Herz drin. So auch der Himmel, Totenstille ist nie.

Still ist es in der Steppe
Noch zur letzten Stunde der Nacht
Nicht aber die Totenstille
Ist es Sand? Oder ist es der Raureif?

Etwas rieselt den sich lichtenden
Vorhang der Finsternis herab und
Fällt, hauchhaft klirrend, wohl
Auf die gespannte Sehne eines Bogens
Da und dort hüsteln und schnauben Lerchen
Gräser reiben sich aneinander
Vielleicht zu verspätetem Abschied
Oder zu verfrühter Begegnung
Eine Zikade, wer weiß, eine sie
Bewohnende Seele, scharrt
Im Kies lange und raschelt keuchend davon
Und geht unter einem Wetterleuchten
In den Windesodem über. [42]

Also schließe ich daraus, dass Erde und Himmel spirituell sind, dass die immer empfangen und immer aussenden. Es ist ein ständiges Fließen. Vom Himmel zur Erde, von der Erde zum Himmel. Geben und Nehmen, weiblich und männlich. Vater und Mutter tauschen sich aus. Ich nun als kleines Wesen stehe dazwischen. Wie die Eltern sind, so ist das Kind. Wenn ich so einen fein gemaserten, bemusterten Himmel über mir habe, dann müssen diese Maserlinien auch durch mich gehen. Wenn meine Mutter Erde so gerochen, geschmeckt hat, dann muss auch in mir etwas davon sein. Ich sehe mich dann plötzlich im Universum. Das Universum ist ein Großes. Ich habe ja wiederholt gesagt, dass ich von einem heiligen Großen nur ein kleiner Splitter bin. Aber dieser Splitter ist rund. Der Himmel, das Universum splittert wie die modernen Glasscheiben von Autos. Nicht in schneidenden Scherben, sondern in Reiskörnchen. Ich bin ein Reiskörnchen, entstanden aus einem Tropfen, unsichtbar vielleicht. Mikroskopisch feststellbar, und dann bin ich schnell aufgequollen, größer geworden, vom Embryo zum Kind, zum Menschen. Aber ich bin weiter in der Embryostellung geblieben. Obwohl ich mich ausgestreckt, aufgerichtet habe und hin und her schreite, Dummheiten mache, Holz hacke, Tiere töte und Menschen ärgere; aber im Grunde ist dieses Embryowesen geblieben. Das ist bestimmt der Grund, weshalb wir einen Menschen, wenn er tot ist, zuerst wieder in Embryostellung bringen und so in dieser Embryohaltung als Rundes in einem weißen Sack in den Schoß der Erdmutter stecken.

Nun – ich sende aus, ich empfange. Diese Fähigkeit ist für mich Spiritualität …

Nun, wie der Vater, wie die Mutter, so sind deren Kinder. Aber wie wir Menschen, wie du bist, wie ich bin, wie wir sind, so waren die Eltern auch. Das ist wechselseitig. Die Frage war ja nach dem Elend in der Welt. Trotz eines lieben Gottes so viel Elend. Dieses Elend erschaffen wir Menschen, wir Teufel in menschlicher Gestalt. Wenn wir gütig sind, dann sind wir echt gut, in der Liebe überwinden wir Berge, Grenzen, Elend. Wenn wir böse sind, dann kann auch der Schöpfer, kann Gott böse sein. Es ist nicht nötig, das im großen Maße des großen allgemeinen Gottes zu bereden. Wir können das im kleinen Kreis, an unserer kleinen Jurte zeigen, wie wir, Maria und ich, bei euch eingeregnet sind. Ich hoffe, wir sind zwei angenehme Gäste. Zwei liebe Wesen, zwei runde, liebe, warme, weiche Wesen. Wir sind mit allen unseren guten Gedanken, mit dem Segen, den wir herauskehren und aussenden, eingekehrt bei euch, und ihr habt uns so aufgenommen. Ihr zwei, wir zwei sind gute Wesen. Und die heranwachsenden lieben Teufelskerle, die lichten Gottkinderchen, die sind auch von guten Eltern.

Wir alle sind in diesem Haus gute Wesen. Deshalb ist in dem gastlichen Haus eine so liebe Stimmung. Wenn nun wir, wenn die Maria eine blöde Zicke wäre, ich ein überheblicher alter Neidhammel oder Streithahn, rechthaberisch und kritiksüchtig, misstrauisch, missmutig – diese unsere Stimmung würde sich sofort auf euch übertragen, und die Stimmung wäre erst ziemlich verwirrt und dann vergoren. Irgendwann müsste sie unerträglich werden, und dann gäbe es einen Ausbruch. So ist es in der großen Weltenjurte auch.

KK: Das ist ein ganz anderer Zugang – die Spiritualität ist bei euch viel, viel sinnlicher, als es bei uns der Fall ist. Riechen, schmecken, hören, fühlen, nackt auf der Erde, sagen, so jetzt bin ich wieder zu Hause, das ist schon kein Sagen mehr, sondern das ist Gefühl. Ich glaube, da wird vieles einfach nicht über die Sprache ausgedrückt. Für den westlichen Menschen läuft ja alles über den Kopf und findet seinen Ausdruck in der Sprache.

GT: Im direkten Kontakt mit der Mutter Erde kann man Dinge mit einem Mal in einem klareren und wärmeren Licht wahrnehmen und das Leben so dinghaft erfühlen wie Frischluft, wie Regenwasser, wie ein Kleid am Leib.

MK: In unseren Gesprächen haben wir uns der Frage immer wieder von unterschiedlichen Seiten genähert: Die Spiritualität ist bei den Nomaden viel sinnlicher erfahrbar, und wir hier im Westen versuchen, sie sprachlich zu fassen. Und was wir sprachlich nicht ausdrücken können, was nicht darstellbar ist, das gilt als private Erfahrung. Damit nehmen wir uns viel weg, weil diese Erfahrungen gar nicht in einen größeren Raum gestellt werden, in eine öffentliche Diskussion kommen. Dafür haben wir eine hoch entwickelte Technik, wir können bessere Maschinen bauen. Ist das zu unserem Heil, dass wir das können? Es scheint, als könne die Nomadenkultur spirituelle Erfahrungen mehr genießen. Sie kann die Spiritualität sinnlich erfahren, in Bildern, nicht hinterfragt, der Westen kann das sehr viel weniger. Jedes ungelöste Rätsel macht uns unruhig. Aber das Bedürfnis, sich auszudrücken, sich auszutauschen, ist da, viele Menschen sind auf der Suche nach einer persönlich erfahrbaren Spiritualität. Sicher ein Grund, warum Schamanismus auf so viel Interesse stößt im Westen, von der Bewegung des *Core*-Schamanismus[43] bis zur Begegnung mit indigenen Schamanen. Wir brauchen nicht die Hochreligionen im Leistungsvergleich, sondern wir dürfen den eigenen Weg finden. Wir können lernen, auch Spiritualität unseziert zu genießen, vielleicht auch sinnlich erfahrbar zu machen. Unseren christlichen Kirchen ist viel Sinnlichkeit verloren gegangen, wobei die katholische Kirche mehr sinnlich erfahrbare Rituale behalten hat. Der Dalai-Lama[44] geht davon aus, dass fünf Milliarden Menschen nicht glauben. Damit stünden von sieben Menschen fünf außerhalb der Glaubensrichtungen. Aber sie glauben an etwas, auch ein Nichtglaube ist ein Glaube. Jeder glaubt an irgendetwas.

Maschinen und Spiritualität

KK: Das ist nicht ein Nichtglauben, sondern das ist ein nicht bewusst gemachter, kein zum Gedanken gemachter Glaube. So glauben viele Menschen zum Beispiel an die Technik und ihre Möglichkeiten.

Es gibt einen Bezug zwischen Spiritualität und Maschinen. Ich denke, das ist für das westliche Selbstverständnis wichtig. Wir haben ja im 17. Jahrhundert jeden Animismus aus der Wissenschaft vertrieben. Pflanzen und Tiere sind alle nicht mehr beseelt nach diesem westlichen Verständnis, von Steinen und Bergen gar nicht zu sprechen. Wir haben zweckmäßige und zielgerichtete Bewegungen aus der Naturbeschreibung verbannt: Die Natur will nichts, sie sagt uns auch nichts, sie hat auch kein Streben und keinen Zweck. Wir beschreiben sie durch Naturgesetze. Das beschreibt die Regelmäßigkeiten, die wir immer wieder beobachten können, wenn man natürliche Prozesse beobachtet oder ganz bestimmten Bedingungen aussetzt.

Interessanterweise beginnen wir neuerdings, das, was wir aus der Natur begrifflich herausgezogen haben, nämlich die Beseeltheit, wieder in die Maschine hineinzustecken. Wenn der Computer nicht so richtig funktioniert, wie er sollte, fangen wir an, mit dieser Maschine zu sprechen. Nach unserem westlichen Bewusstsein wissen wir genau, die Maschine hat kein Bewusstsein, sie kann uns nicht hören. Nun beginnen wir zu fragen: Können Computer denken? Die aufgeklärte Version ist die, dass wir noch nicht sagen können, ob sie denken. So weit sind sie nicht.

Wir »reden« mit der Maschine, gehen an den Bildschirm und sagen: »Los jetzt, blöder Computer …« Das heißt, wir beginnen die Artefakte, die wir selbst im Laufe einer langen Kultur hergestellt haben, wieder zu reanimieren. Wir tun so, als ob sie beseelt wären, obwohl wir es eigentlich aus dem Verständnis, das uns auch erlaubt hat, solche Maschinen zu bauen, besser wissen müssten. Warum wollen wir Maschinen bauen, die denken oder sprechen können? Ist unsere Spiritualität zu mager, dass wir uns als Ersatz eigene Abbilder schaffen müssen?

GT: Ja, ganz frei von Spiritualität sind die Maschinen nicht. Der große sowjetische Dichter Wladimir Majakowski war ein glühender Anhänger der Technik. Er war verliebt in die Technik und hat darüber viele merkwürdig schöne Gedichte geschrieben. Die Nomaden, meine Leute, die jetzt mit einem Fuß in der Urgesellschaft leben, machen alles, um ihre Gewehre in Ordnung zu halten. Vor jeder Jagd gibt es ein Ritual: Sie schwenken ihre Gewehre über Wacholderrauch. Wehe aber, wenn einer dazu nicht Zeit gefunden hat oder keinen Wacholder in der Jurte, dann fängt das Gewehr an zu spinnen, es trifft nicht. Wenn ich mit meinem Gewehr gut gearbeitet habe, also all die spirituellen Vorbereitungen getroffen habe, dann nehme ich jedes Mal, wenn ich das erste Murmeltier oder den ersten Fuchs geschossen habe, einige Blutstropfen und gebe sie meinem Gewehr zu kosten. Ich lobe mein Gewehr: »Du bist ein toller Kerl. Gut hast du getroffen«, mit einem komischen Nachsatz: »Ich eigentlich auch, ich habe gut gezielt, aber du hast gut getroffen.« Dabei entsteht ein inniges Verhältnis zwischen Arbeitsgerät und Arbeiter. Nun dient die Jagd bei uns ja auch dem Überleben und nicht dem Vergnügen. Es ist nur natürlich, dass sich unsere spirituelle Praxis auf diesen Lebensbereich erstreckt.

Aber auch in der städtischen Mongolei findet man vielfach Reste dieser Beziehung. Viele Mongolen fahren nun auch Autos. Was machen wir? Die Autos sind für uns ein Pferdeersatz. Der mongolische Mensch pflegt ja einen Pferdekult. All unsere Vorfahren waren verbunden mit dem Pferd. Ich bin es auch. Ich habe meine eigene Pferdeherde, ich reite gern, bin drei Monate im Jahr auf dem Pferderücken, jeden Tag. Wenn ich die übrigen neun Monate woanders sitze, weit weg vom Pferd, dann habe ich mein Auto. Und wie wir die Pferde pflegen jeden Morgen, sie striegeln, mit ihnen reden, so arbeiten wir mit den Autos weiter.

KK: Ich glaube, das ist international, das Auto als Pferdeersatz. Auch hier sprechen die Leute mit ihrem Auto. Man könnte es für Alltagsmarotten halten, Magie im Alltag. Aber man findet magische Rituale in allen Bereichen. Das macht auch vor rational denkenden Leuten wie Ingenieuren im Produktionsbetrieb nicht halt.

Es gibt große Werkmaschinen zur Metallbearbeitung. Ein guter alter Meister oder Ingenieur, der diese Maschinen kannte, hörte es am Summen, oder er legte die Hand auf und spürte die Schwingungen und wusste damit, ob die Maschine gut läuft oder nicht. Nun kam der Einzug des Computers. Der Computer schiebt ja in gewisser Weise eine informationsverarbeitende Schicht wie eine Glaswand zwischen den eigentlichen Vorgang, der bearbeitet werden soll, und den, der das bearbeitet. Die Steuerung wird vom Computer übernommen. Diese älteren Meister sind fast verrückt geworden, als sie ihre Maschinen über die Bildschirme kontrollieren sollten, nur ein paar Räume entfernt, weil sie nicht mehr *hören* konnten, wie die Maschine läuft. Weil sie die Schwingungen nicht mehr *gespürt,* weil sie den *Geruch* nicht mehr in der Nase gehabt haben.

Man hat das damals in der Wissenschaft als Entsinnlichung des Arbeitsprozesses bezeichnet. Was machen die Leute jetzt? Sie stellen sich ein Werkstück, das sie bearbeiten, neben den Bildschirm, obwohl sie das von allen Seiten auf dem Bildschirm beobachten könnten. Nun sagt mir der Meister: Ich muss die Hand auflegen, ich muss es fühlen können. Die Rituale sind vielfach. Sie sind natürlich zum Teil Ersatzhandlungen für die verlorene Sinnlichkeit des Arbeitsprozesses. Aber Sinnlichkeit hat auch etwas mit Sinn zu tun. Marx hat ja schon beklagt, dass durch die Aufteilung des Arbeitsprozesses der Arbeiter entfremdet wird, weil er ja nicht mehr weiß, was er da eigentlich baut. Die berühmte Geschichte aus einer russischen Fabrik: Zapzerrapp – man klaut ein bisschen Teile und schaut, ob man die Nähmaschine, die man angeblich produziert, auch zu Hause zusammenbauen kann. Jedes Mal, wenn man die Teile zusammengebaut hat, wird ein Maschinengewehr daraus und keine Nähmaschine. Man weiß nicht mehr, was man tut, es ist nur noch eine sinnlose Verrichtung. Wir wollen schon gern wissen, wofür wir arbeiten, das ist letzten Endes eine spirituelle Frage. Die Erträglichkeit von Arbeit hängt deshalb nicht nur von der verwendeten, klug oder bescheuert konzipierten Technik, sondern auch ganz stark von unserer Spiritualität ab. Denn neben der Funktion der Arbeit als Broterwerb ist Arbeit immer mit Sinnfragen verbunden, weil sie soziale Teilhabe vermittelt und auch die beste Möglichkeit darstellt, sich selbst zu schaffen und seine Identität zu finden.

MK: Worauf verweisen diese Erfahrungen, die wir machen? Wie gehen wir damit um? Wir versuchen, sie immer wieder ins Rationale zu drängen und nicht in die sinnliche, erfahrbare Ebene zu holen.

KK: Worauf verweisen diese Erfahrungen? Kant hat ja gesagt: »Gedanken ohne Inhalt sind leer, und Anschauungen ohne Begriffe sind blind.«[45] Wir können eigentlich nur das sehen und erfahren, wofür wir auch Begriffe haben. Begriffe sind Kulturleistungen. Der Begriff »Geist« oder »Geister« ist wahrscheinlich ganz anders besetzt in der Mongolei, als dies in Europa zurzeit der Fall ist. Im Mittelalter hatte das Wort »Geister« ganz andere Bedeutungen und war vielleicht auch ein leitender Begriff für Erfahrung. Das hat sich geändert, das heißt, wir ordnen im Westen unsere Erfahrung, unsere Alltagerfahrung nicht mehr unter Begriffe wie »Geister«, »Gespenster«, »übersinnlich« oder dergleichen ein.

Wenn Kant sagt, wir können nur sehen, wofür wir auch ein begriffliches Licht haben, dann ist natürlich das, was man sehen, was man erfahren kann und auch als Erfahrung ernst nimmt, worüber man auch kommunizieren kann, ohne dass man gleich für verrückt erklärt wird, immer gefiltert durch diese Begriffe, die die jeweilige Kultur zur Verfügung stellt. Wir können nur das bauen und erfahren und mitteilen, wofür wir auch die Begriffe haben.

Worauf verweisen solche Erfahrungen, wenn es um Spiritualität, wenn es um transpersonale Erfahrungen, um metaphysische Fragen geht? Sagen wir so: Außerhalb der Theologie – und das ist im Westen hauptsächlich die abrahamitische Theologie – haben wir für solche Erfahrungen keine weiteren Begriffe mehr entwickelt.

Vielleicht muss man doch noch etwas Neues erfinden, um besser sehen, wahrnehmen zu lernen. Ich denke, das hat auch etwas mit Schamanismus zu tun; die Schamanen lehren ihre Patienten, auch etwas zu sehen, zu spüren, zu schmecken, zu riechen, wahrzunehmen. Wenn ich jetzt für mich selbst sage, ich bin durchaus auf einem Weg, ich versuche weiter, sehen zu lernen, das heißt natürlich, da gibt es auch etwas zu sehen.

Und unsere ganz kleinen magischen Rituale, die man immer wieder mal entdecken kann, verweisen darauf, dass intuitiv auch Zugänge vorhanden sind. Ich finde das Wort von Goethe sehr schön: »… das Erforschliche erforscht zu haben, das Unerforschliche ruhig zu verehren«[46]. Ehren kann ich nur etwas, von dem ich annehme und glaube, dass es das gibt.

GT: Zu deiner Ausführung über Spiritualität und Arbeitswelt sind mir zwei Bilder aus meiner Welt gekommen. Zunächst das Essen. Das kommt aus meiner Hand, aus meiner Arbeit, auch wenn es das selbst geschlachtete Pferd ist, das ein Teil meines Lebens gewesen war. Das zwanzigjährige Pferd, das ich unter strömenden Tränen selbst töten musste. Und dann abhäuten, zerlegen und verarbeiten musste. Das ist das Essen für einen ganzen, endlos langen Winter. Abend für Abend sitzen wir, meine Familie und ich, über kleinen Portionen, zwei, drei Kilo gekochtem Fleisch von diesem Pferd, sitzen im Dufte des kochenden Fleisches. Dann, mit dem heißen Fleisch in der Hand, selbst in dünne Scheiben schneidend, erzähle ich von dem Pferd, erzähle von meinem verlebten Leben in den letzten zwanzig Jahren, noch mit den Tränen in der Kehle. Dasitzend und essend und dabei immer dankbar an das Pferd zurückdenkend mit dem Mantra der Nomaden *»Em bol dom bol, em bol dom bol …«*, das soll also meiner Gesundheit, meinem Körper und meinem Geist und meiner Seele gut tun. Das ist die eine Form des Essens.

Andererseits, wenn ein Nomade oder wenn ich in einer Gaststätte irgendein unpersönliches Essen bekomme, das mich eigentlich mit nichts mehr verbindet, das ist ein totes Essen. Das ist nur Magenfüllen, das Ungeheuer Magen hat nach Futter geschrien, wie der Motor eines jeden Autos nach Benzin verlangt. Ich habe nachgetankt. Damit ist die Sache abgetan. Da ist schon ein sehr großer Unterschied. Das erste Essen ist ein durch und durch spirituelles Essen, meine Seele beanspruchend. Das zweite Essen war ein totes Essen, unspirituell, das war nur Füllsel.

Wenn ich an mein ländliches Leben denke, nach dem Essen müssen wir ja irgendwann nach wenigen Stunden das Gegessene wieder aus unserem Körper rausbringen. Wenn ich jetzt mit dem langen Mantel den Berghang runtergehe und mir eine schutzbietende Stelle vor Sturmwind und Kälte suche, dahocke und nachts auf die Millionen Sterne schaue, den Wind spüre und die Gräser, den Schnee, die Kälte rieche und das Universum eins zu eins um mich herum sich ausbreitet, wenn ich also das rausbringe, was das Fleisch gewesen ist bis vor wenigen Stunden und damit gleichzeitig eine Wohltat errichtet habe für meinen Hund, der neben mir hockt und auf sein Abendessen wartet – das ist schon eine ganz andere Erfahrung. Oder ich renne aufs Klo, setze mich ein bisschen hin und lese dabei oder döse, und dann spülen, und die Sache ist fertig. Das ist für ein und denselben Vorgang eine grundverschiedene Erfahrung.

Das andere Bild war, wenn ich an meine Muttertante, an die große Schamanenmutter denke, wie umständlich sie sich bewegt hat, wenn sie nach dem Beutelchen mit den einundvierzig Steinen suchte, immer wenn jemand kam und irgendein Orakel von ihr haben wollte. Ich habe heute den Verdacht, die hat sich absichtlich so ungeschickt bewegt. Sie muss immer gewusst haben, in welcher Ecke der Truhe das gewisse Beutelchen lag, aber sie hat danach immer sehr lange gesucht. Und dann hat sie mich suchen lassen. Sie hat vorher durch ihr Suchen alles durcheinander gewühlt. Ich habe in hundert anderen Sachen, in den Kinderkleidern und in den Steinen, in den Lederfetzen gewühlt und irgendwann das Tuch mit den Steinen hervorgeholt. Dann haben wir angefangen zu orakeln.

Mir passierte es einige Male die letzte Zeit, dass die Steine nicht stimmten. Wenn ich angefangen habe, die erste Säule zu legen, hier drei, hier zwei, hier vier – anstatt der erwarteten vier waren drei. Es stimmte nicht. Ein Orakel ist wie ein Auto. Wenn irgendwo etwas nicht stimmt, dann entsteht eine Blockade. Es geht nicht. Also, der große Orakelmeister sieht, es stimmt etwas nicht. Ich fange an, die Steine zu zählen, ein Stein fehlt. Und dann sehe ich, ah, ein Stein klebt an dem Beutel fest. Das hat einen Sinn. Beide Male, wo ich mich so ungeschickt benommen, mich blamiert hatte vor wildfremden Menschen, die zu mir gekommen waren als Meister der Schamanerei und von Neuem beginnen musste, da fielen die Aussagen sehr kräftig aus.

MK: Du meinst also, durch dieses Zeitlassen schafft man Raum, dass etwas ankommen kann.

GT: So kann man es auch sagen. Aber ich meine bei mir, meine Teufelchen, die Geister, die lieben einfach Spiele. Die sind gutwillig, aber die spielen gern, auch mit mir, ihrem Herren, geneigt, ihn ein wenig zu verwirren.

KK: Wenn etwas zu schnell kommt, sieht es manchmal danach aus, als würden sich die Geister wehren … Es kommt drauf an, wie man seinen Alltag sieht. Walter von Lucadou sagt immer, das »System« wehre sich, wenn es zu schnell geht und wenn etwas fundamental Neues kommt. Das habe ich auch in der Wissenschaft oft erlebt: Wenn etwas zu früh kommt, wird es in Grund und Boden verdammt.

Ich möchte aber zu deinen Bildern noch etwas sagen. Die eigene Schusseligkeit oder der Zufall wird rational interpretiert als etwas durchaus Sinnvolles. Das ist natürlich auch ein Verweis: Das mache nicht ich, sondern da geschieht etwas Sinnvolles. Das verweist auf eine Instanz, die außerhalb meiner Person, außerhalb meines Ichs liegt.

Ich denke, dass ein Blick zum Sternenhimmel, wenn man sich ein bisschen Zeit lässt, jeden Menschen, egal in welcher Kultur, ganz tief berührt. Als ich nach São Paulo kam und wir in der ersten Nacht zum Sternenhimmel schauten, staunte mein Freund: »Das gibt es doch nicht, das ist ein ganz anderer Sternenhimmel.« – »Wieso, kennst du die Sternbilder überhaupt?« – »Nein, überhaupt nicht. Aber jetzt, wenn ich hochsehe, weiß ich, das ist ein ganz anderer Himmel.«

Es zeigt sich anders und ist doch dasselbe. Entfernte Sterne sind auch ein Teil des Ganzen – wir behalten nichts, wir fließen durch diesen Kosmos hindurch. Das ist selbst ein System, das sich ständig verändert, das annimmt und gibt, annimmt und wieder hergibt. Selbst wir Menschen wechseln alle sieben Jahre unsere materielle Basis vollkommen aus, also die Moleküle und Atome, aus denen wir bestehen, sind dann durch Neue ersetzt.

Das Universum ist eins

GT: Ich bin in dieser Hinsicht sehr aufklärerisch veranlagt. Ich sage immer, es gibt keinen tuwinischen, keinen kasachischen, keinen mongolischen, keinen deutschen Himmel. Es gibt keinen mongolischen Stern. Alle Sterne gehören allen Menschen. Die Sterne gehören nicht mal dem Planeten Erde. Sie gehören dem Universum. Wenn man diesen einen Punkt gut verstanden hat, dann kann man sich viele Schmerzen ersparen. Diese Kleinpatriotenreden, die man jetzt in der Mongolei hört, reden von der heiligen mongolischen Erde, und alles, was dahinter, daneben liegt, sei unheilig, ist die schmutzige chinesische Erde, oder die grausame russische Erde. Diese Denkweise zerteilt, zersetzt, schafft Unfrieden. Der Himmel ist ein Körper, die Erde ist ein Körper, der Planet Erde ist ein großer, runder Körper, den man nicht zerschneiden, nicht zerteilen kann. Das ganze Universum ist eins.

Ich kann mich nicht aufteilen in Finger und Zehen, in Hand und Füße, alles ist ein Körper. Dieser Körper ist nur mit Seele und mit Geist ein Ganzes. Da kommt mir mitunter der Westen arm vor, denn er ist gehetzt und nachlässig zweien der Dreiheit des Menschseins, das heißt dem Geist und der Seele, gegenüber. Folglich kommt uns der Weltteil, der sich der Aufklärung rühmt und des Wohlstands erfreut, als gefährdet vor. Ja, von dort aus betrachtet, wo wir leben, ist unser Blick auf die Welt anders.

Bitte, nicht alles trennen, möchte ich zu den sezierenden, dualisierenden, trivialisierenden und polarisierenden Wissenschaftlern und Forschern dieser Erde sagen. Lasst bitte die Dinge in Einheit, und wenn ihr es nicht erklären könnt, wunderbar. Wenn ihr es nicht erklären könnt, ist auch gut, aber behaltet die Ehrfurcht, zerstört nicht die Einheit des Universums. Irgendwann wird es vielleicht erklärbar, zu erklären sein, aber nehmt euch Zeit.

Weil die Menschen an ein nächstes Leben, an die vielen nächsten Leben nicht glauben, sind sie in Panik. Die westlich orientierten Menschen sind in Panik und wollen schnell noch in diesem Leben, ehe das Jahr zu Ende geht, ehe man zum Rentner wird, alles geklärt, alles geregelt haben. Wenn sie eine Antwort gefunden haben, dann sind sie glücklich. Aber diese Glückseligkeit ist von kurzer Dauer.

KK: Natürlich, es ist wissenschaftlich etwas Wunderschönes, ein Rätsel gelöst zu haben. Es gibt dem, der es erfolgreich gelöst hat, auch ein Gefühl unbeschreiblicher Freude. Dieses Heureka-Gefühl ist für sehr viele eine Art geistiger Orgasmus, um dessentwillen man sehr viel Mühe in Kauf nimmt. Das Heureka-Gefühl gibt es nicht nur in den Naturwissenschaften, wo man wirklich etwas entdecken kann, sondern auch in der Philosophie. Aber es gilt auch auszuhalten, dass die Lösung eines Rätsels zehn neue gebiert. Unser Leben ist endlich, ich kann nicht alle Rätsel lösen. Ich könnte es genauso gut genießen, dass noch ein paar Rätsel übrig bleiben. Das ist völlig richtig bemerkt. Diese Panik, die im Wesen des säkularisierten Westens liegt, der sich über die eigenen Glaubensvorstellungen kein Bewusstsein macht und sie ins Privatleben verbannt, gibt allem Erforschen und Erleben eine unziemliche Hast.

GT: Das Universum ist eins, ein rundes Ganzes, die Dreiheit des Menschen aus Körper, Seele und Geist ist eins. Und die Spiritualität ist die sprudelnde Mitte meines Körpers, sie hält meine Seele, jene Wolke aus unzähligen, leuchtenden Bläschen, und meinen Geist, jenen Wind aus unzählig funkelnden Flammen, zusammen. Verleiht diesem Raum und jenem Richtung, bindet sie zu einem lodernden Paar, das meinen Körper bewohnt und belebt.

Heilen – Heil – Heilung

GT: Was ist »heilen«? Wir bleiben jetzt dem Wort ganz nah. Heil heißt ganz. Wenn etwas krankhaft wird, Heilung braucht, braucht es die Ganzheit. Der kranke Körper sehnt sich ja nach dieser Ganzheit. Das kann heute der westliche Mediziner schlecht erreichen, weil ihm in der neueren Zeit der direkte Zugang von Mensch zu Mensch abgeschnitten ist. Er muss sich immer absichern. Anstatt direkt einen kranken Menschen zu behandeln, muss er mit einer Hälfte seiner Gedanken immer dran denken, ja, wie sichere ich mich ab? Mache ich das richtig oder mache ich das falsch? Könnte mich der Patient verklagen, wenn ich ihn anfasse? Wenn ich so infrage gestellt wäre, wenn mir ständig einer zuflüstern würde, pass auf, du kannst Ärger haben mit dem Patienten – dann wäre ich am Ende. Dann könnte ich nichts mehr tun. Wenn jemand kommt, und ich soll versuchen, ihn mit allen Mitteln gesund zu bekommen, ja, manchmal mit schmerzlich komischen, aber mit allen Mitteln, dann muss ich alles aufs Spiel setzen, jedes Mal. Es kann auch danebengehen, und die Gefahr besteht, dass ich mich sehr lächerlich mache. Das kann auch peinlich werden. Aber daran denke ich nicht, wenn ich einen kranken Menschen, einen Bedürftigen vor mir habe. In diesem Moment gehe ich einfach los, gehe auf ihn zu.

KK: Du hast gesagt: »Heil« heißt auch »ganz«. Das ist auch etymologisch so: *holy* (heilig), *whole* (das Ganze) to *heal* – immer derselbe Wortstamm, heilen, heilig, das Ganze sehen.

In der westlichen Psychologie gibt es den Begriff der Gestalt. Er umschreibt gewissermaßen das Bild, das man bekommt, wenn man einer Person gewahr wird. Dieses Bild entsteht ja auch in der Alltagserfahrung blitzschnell. Man muss sich nur selbst beim Wahrnehmen beobachten, man erkennt ein Gesicht in Sekundenbruchteilen, und die Unverwechselbarkeit dieses Gesichts, der Gestalt, die dahintersteckt, wird blitzartig klar. Man könnte aber diese Gestalt nicht in Worten beschreiben, man würde den Eindruck zerreden. Ich denke, das ist so wie ein *déjà vu*-Erlebnis und hat mit unseren normalen kognitiven Abläufen eigentlich wenig zu tun. Ich will jetzt gar nicht auf die Begrifflichkeiten der Gestaltpsychologie eingehen, nur auf den Begriff der »Gestalt« für dieses Phänomen: Man sieht das Ganze, man sieht das Wesen.

Wenn nun ein Heiler, ein Therapeut oder ein guter Arzt – der ja, wie Paracelsus schon gefordert hat, redlich, guten Glaubens, keusch, treu und kunstreich sein muss,[47] die »Gestalt« sieht und eine Störung wahrnimmt: Ist das eine Verletzung der Gestalt, eine Verletzung dieses Bildes, oder ist das Bild unvollständig, ist es schräg, verzerrt, wird aus dem Gesicht eine Grimasse? Ist dieses Bild dann ein gestörtes, was bewirkt diese Störung?

GT: Ich sehe vielfach die inneren seelischen Störungen. Schon der Blick des Menschen, die Gesichtsfarbe, die Haut, die Körpertemperatur und das Vibrieren des Körpers ergeben ein Bild. Das wirkt alles zusammen. Aber ich denke nicht so kompliziert. Wenn ich darüber jetzt eine

Erklärung abgeben muss, wird das furchtbar schwierig. Sobald ich einen Menschen in die Hand bekomme, weiß ich es. Und wenn ich später überlege, wieso habe ich das gewusst, dann kommen nachträglich all diese kleinen Einzelteile. Ich brauche den ganzen Menschen. Ich kann nicht über irgendeine kranke Hand oder einen kranken Finger reden. Das ist wahrscheinlich der Unterschied – der westliche Mediziner muss die kranke Stelle heilen, etwas genauer, die Wunde kurieren, ob das nur ein Finger ist oder eine Hand. Der schamanische Heiler braucht immer den ganzen Menschen, und immer im Kontakt. Von außen spürt man schon manches, kann diesen oder jenen Fehler ertasten. Wie neulich bei I., da bin ich über den Rücken gefahren und gleich auf eine Vertiefung gestoßen. Da war etwas kaputt an der Wirbelsäule. Was sagte er selbst dazu?

MK: Er sagte, er habe sich verhoben, und Galsan fragte: »Was tust du dagegen, bist du beim Arzt gewesen?« Da meinte er: »Nein, die können mir sowieso nicht helfen, also habe ich es gar nicht erst probiert.«

GT: Der Mensch war einfach schlaff. Das war so ein lang gewachsener, schlaffer Antisportler, gar keine Muskeln, und ziemlich unterkühlt. Das ist natürlich auch ein Ausdruck der Seele. Ich möchte diesem Menschen helfen. Nun muss ich an dieser Stelle über meinen Grundsatz ein Wort sagen: Heilen mit sehr viel Liebe, sehr viel Wohlwollen, mit Verständnis. Ohne Wohlwollen kann der schamanische Heiler nicht arbeiten. Er muss immer mitfließen und so schnell wie möglich in den Menschen reinkrabbeln, in seinen Fluss, in seine Wellen, mit ihm fließen, ihn mitziehen. Bei manchen geht es recht schnell. Sobald man ihre

Hand anfasst, weiß man, es wird gehen. Bei manchen fühlt man nichts, da klopft nichts, eine tote Hand. Da suche ich manchmal sehr lange, mich innerlich fragend, ob der Mensch überhaupt Adern hat, ob irgendwo ein Puls klopft. Irgendwann weiß ich, es gibt doch Pulse. Dann versuche ich mitzukommen. Aber bei vielen Störungen ist das ja wie ein Tappen durch die Finsternis. Dennoch weiß man zum Schluss irgendwie, wen man unter der Hand hat und warum der Mensch gekommen ist.

Manche reden von ganz anderen Dingen. Sie geben nicht zu, dass sie krank sind. Viele verharmlosen ihr Leiden, und ich darf da nicht sagen: Du bist krank. Mitkommen, aber wissend mitkommen. Der belügt dich. Gut, ich lasse das einstweilen gelten. Aber bald ertappt man ihn. Wenn ich ein wenig massiere und erzähle, fängt es an zu fließen, und jetzt meine ich zu wissen, welcher Art die Krankheit ist.

Ich arbeite an zwei Fronten, auf zwei Schienen. Äußerlich arbeiten immer meine Finger: Während sie massieren, tasten sie den Körper ab, kneten und bügeln den Körper. Meine Finger gelten dem Körper. Und meine redende Zunge arbeitet innerlich, glättet von innen. Mein Ziel ist, dass diese beiden sich treffen, dort wo die Landschaft der Gesundheit liegt. Ich spüre, wenn das erreicht ist, wenn die Krankheit aufgehoben ist. Der Körper verändert sich. Er fühlt sich dann sehr angenehm an, weich, warm, einladend geradezu, mit allen Poren zwinkernd sozusagen. Und er klopft und jubelt. Man spürt es auch am Gesicht und an der Haltung, an der Sprache des Menschen. Dann sage ich plötzlich: »Es ist gut.«

In diesem Augenblick bekommen die Menschen einen kleinen Schreck. Na, denke ich, jetzt fällt dem Menschen ein, dass er bei einem Heiler ist, dass er wegen einer Krankheit hier eine Viertel- oder eine halbe Stunde gesessen hat. Die erste Reaktion ist immer dumm. Ich sage: »Jetzt dürfte es wieder gehen, in Ordnung sein.« Die Frage ist jedes Mal: »Ja, tatsächlich, ich spüre nichts mehr. Wie haben Sie es gemacht?«

Was darauf sagen? Es ist immer vom Augenblick abhängig. Vielleicht ein wenig spielen? Etwa sagen: Das ist mein Geheimnis, das verrate ich nicht. Die Wahrheit wäre: Eine genaue Antwort kann ich nicht geben. Ich weiß lediglich, es ist geschehen. Das ist der kleine Augenblick des Triumphes für den Heiler, für den Patienten aber auch.

Es gibt genauso Augenblicke des Elends, bitteroft sogar. Ich versuche und versuche es – doch der Mensch kommt nicht mit. Das sind manchmal die Besserwisser – oder die Schwerkranken. In so einem Fall sage ich: »Gehen Sie zum Arzt. Suchen Sie einen Facharzt auf!«

Das hat meine Tante, die große Schamanin auch immer gesagt. Die Leute haben genau gewusst, was die gute Frau damit meinte. Drei, vier verschiedene Abstufungen gab es bei dieser alten Frau, die ja nie lesen und schreiben konnte, daher keinerlei Buchwissen hatte. Manchmal hat sie nur gespielt, viel Unsinn geredet, sich über den Menschen lustig gemacht: »Du hast ja abstehende Ohren, ganz wie dein Vater, aber da war es noch schlimmer, ich habe immer gedacht, der wäre kein Mensch, der wäre so eine Art Fledermaus.« Na ja, dann hat man gewusst, es ist nicht Ernstes. Jeder verstand, was gemeint war.

Oder sie hat eben gesagt: »Geh zum Arzt.« Das war der ernste Fall. Man wusste, sie hat über die Krankheit keine Macht mehr. Die dritte Möglichkeit: »Ja, was machen wir da … du glaubst vielleicht, ich könnte dir helfen. Ich dachte, in diesem Flusstal ist nur *eine* Verrückte, und das bin ich. Aber ich sehe, es gibt zwei Verrückte, du bist es auch ...« Das war ihre Arbeitsmethode. Wenn sie solche Sachen erzählte, dann war sie schon schwer am Arbeiten, sie war mittendrin. Irgendwann ist sie dann damit fertig geworden: »Also, jetzt bleib ein bisschen sitzen, trink den Tee aus. Ich habe hier auch etwas zu erledigen.« Dann hat sie sich ihrer Beschäftigung gewidmet, hat aber immer wieder nachgeschaut, ist gekommen und hat einen wieder angefasst: »Ja, jetzt ist es wohl gut.« Aber ob sie das alles hätte erklären können, weiß ich nicht. Ich kann es wahrscheinlich besser erklären als sie. Ich habe ja auch, wenngleich verschwommen, von der modernen Medizin Kenntnisse, bin ein wenig angesteckt von ihr. Ich habe Bücher gelesen und Welten gesehen.

Das Wichtigste ist für mich die Heilung. Wie sie erreicht wird, ist zweitrangig. Ich gehe mit der Schulmedizin Hand in Hand, ebenso mit der Naturheilkunde, und nutze die Möglichkeiten des Schamanischen. Hoffnung ist ein sehr helles, wichtiges Wort dabei. Ich werde auf Hoffnung bestehen, werde Hoffnung vermitteln, selbst wenn sie auf einer Lüge aufgebaut ist. Ich sage das jetzt zweideutig. Aber dann frage ich gleichzeitig, was ist wahr, was ist Lüge? Wenn ich in einem kranken Menschen Hoffnung erwecke, stärke ich da nicht auch seine Selbstheilungskräfte? Was ist Wahrheit – etwa zu sagen, du hast nur noch drei Tage zu leben?

MK: Das heißt, wenn du jemandem eine Hoffnung anbietest, und der-/diejenige kann dir das so abnehmen, kann daran glauben, dann entwickelt das eine große Lebenskraft. Und Sterbenskraft auch, wenn nötig. Es lässt sich auch besser sterben, wenn man Hoffnung hat. Wenn du die Hoffnung hast, dass dein Geist oder deine Seele unsterblich ist – was ist das Sterben dann noch? Du legst den Körper ab, und weißt, es gibt noch etwas anderes, es muss dich nichts ängstigen. Die neue Existenzform darf dich schon neugierig machen. Wenn du diese Hoffnung vermitteln kannst, dann lässt es sich gut leben und gut sterben. Was ist da Wahrheit?

KK: Was ist dann Wahrheit in diesem Zusammenhang? Wir haben einen Wahrheitsbegriff im Westen, genauer aus der weströmischen Philosophie, der besagt, *adaequatio intellectus et rei*, die Übereinstimmung von Gedanken und Tatsache.[48] Ich darf demnach dem Patienten nicht irgendeine Hoffnung machen, die vielleicht nicht berechtigt ist. Wir moralisieren die Lüge, die Nichtwahrheit ist zu vermeiden. Im oströmischen Kulturkreis hat sich ein ganz anderer Wahrheitsbegriff ausgebildet, der byzantinische, der mit dem Wort *prawda* am besten umschrieben werden kann. Das ist nämlich die Wahrheit, die nützlich ist. Das Nützliche ist das Wahre, was fast dem Begriff *kairos* im Griechischen entspricht. Im Griechischen unterscheidet man zwischen *chronos* und *kairos* – *chronos* ist die geschichtliche Zeit, und *kairos* ist der geeignete Zeitpunkt für ein Vorhaben, der rechte Augenblick, für die Kaufleute richtig, aber auch für den Heiler. Und der geeignete Zeitpunkt hat etwas mit dieser geeigneten, jeweils eigenen Wahrheit zu tun. Das ist ein anderer Wahrheitsbegriff als der westliche Wahrheitsbegriff, und deshalb wurde im Westen vieles im Kommunismus nie richtig verstanden, weil man *prawda* als westlich verstandene Wahrheit genommen hat. Aber die Russen haben uns nicht erzählt, was ist, sondern das, was für sie nützlich war zum jeweiligen Zeitpunkt. Wir haben das als Lüge interpretiert. Gut, das ist Politik. Etwas anderes ist es beim Heilen. Die Jesuiten kennen einen vergleichbaren Begriff – *pia fraus*, den heiligen Betrug.[49] Die Jesuiten erklärten, der Betrug, also das Abgehen von der Wahrheit und das Auftischen einer Lüge zu einem geeigneten Zeitpunkt, sei gerechtfertigt, wenn er dazu verhelfe, den Menschen zum Glauben, zur Hoffnung und zum Guten zu führen.

Wenn ich vor dem Tod stehe und mich mit meinem Ende befassen muss, dann sind solche Unterscheidungen von Wahrheit West und Wahrheit Ost nicht mehr relevant, dann ist entscheidend: Was sagt der Arzt, was sagt der Heiler, wie sagt er es und wie verhalte ich mich dazu? Da erübrigt sich das Moralisieren: Ja, du hast den Patienten angelogen. Was ist denn Lüge? Lüge heißt: bewusster Betrug wider besseres Wissen zum Schaden des anderen. Schon im hippokratischen Eid heißt es: »Keinen Schaden zufügen«.[50] Das falsche Wort, auch wenn es im westlichen Sinne »wahr« ist – *das* kann Schaden zufügen.

GT: Ich möchte ja den Schaden beheben, dem Menschen Hoffnung geben. Wenn ich bei einem Patienten ein düsteres Bild sehe, werde ich es nicht stehen lassen. Wenn ich dennoch eingreife, so ist das mein Versuch als Heiler. Wenn ich auch weiß, es hat wenig Sinn, werde ich doch eingreifen, den armen Kerl noch einmal zerstückeln, erschlagen, leer machen. Seinen ganzen Gräuel aus ihm raustragen und dann ein bißchen neue Dinge hineinpacken, so wenig wie nur möglich. Ich überlege, was braucht er jetzt wirklich? Dabei muss ich in ihn hineingreifen, aber tief.

Ich möchte das Placebo unterbringen in dieser Linie. Das ist, wenn man so will, auch Betrug. Aber es hilft oft. Wenn ich mit einem kranken Menschen, vor mir zwischen den Knien, dasitze und verschiedene Dinge erzähle, nur der Himmel weiß, was in mir vorgeht. Vielleicht bin ich ja selbst ein gutes Placebo. Der Schamane ist sowieso ein Spieler, ein heiliger Spaßvogel. Er kann nach außen heilig tun und gleichzeitig Späße betreiben.

KK: Kann man denn ein Spiel ohne Hoffnung beginnen?

GT: Ich habe immer die Hoffnung, dass ich dem Patienten helfen werde. Ich bin ein Suchender und Vorantastender über meine und seine Innenlandschaften. Ich bin auf einer Reise, suche, hin und her tapsend, da und dort nach Anhaltspunkten. Während die Finger an einem menschlichen Körper, in einer Körperlandschaft tappen, erzähle ich buntes Zeug. Irgendwann spüre ich es, dann weiß ich, ich kann helfen. Aber hin und wieder kommt es vor: Ich kann nicht mehr helfen. Dann tröste ich mich, auch der beste Professor dieser Erde kann manchmal scheitern. Aber ohne Hoffnung würde ich mich diesem ganzen menschlichen Leid gar nicht stellen. Sie ist der vibrierende Faden, der mich leitet durch das Labyrinth der menschlichen Seelenlandschaft. Sie ist die Kraft von Sieg zu Sieg, aber auch der Grund, Niederlagen zu überwinden, wieder zu einem Sieg zu gelangen und weiterzuwandern.

KK: Ich möchte im Vergleich zum schamanischen Heilen auf etwas zu sprechen kommen, was gerade im westlichen Kulturkreis eine neue Renaissance erfährt – die Homöopathie. Sie geht ja nach Samuel Hahnemann[51] davon aus, dass eine Krankheit, wenn man den Kranken »sieht« – und dazu macht man eine längere Anamnese –, ein Bild vermittelt. Die Homöopathie behandelt nicht nur nach der Diagnose (zum Beispiel Husten oder Rheuma), sondern auch nach der Konstitution und den Krankheitssymptomen, das heißt entsprechend den Reaktionsweisen des einzelnen Kranken auf die Erkrankung. Für Hahnemann waren die Symptome nichts anderes als die sichtbare Auseinandersetzung des Leidenden, der seine Krankheit zu überwinden sucht. Anstatt die Krankheitssymptome zu unterdrücken, fand er es sinnvoller, sie zu stimulieren, um die Selbstheilungskräfte zu aktivieren. Das Prinzip, das Hahnemann bei der Homöopathie eingeführt hat, lautet, dass man Gleiches mit Gleichem bekämpfen muss.[52] Also nicht nur die Krankheit, auch der Kranke und seine Umgangsweise mit der Krankheit vermitteln ein Bild. Und das entscheidet über die Wahl des Arzneimittels. Dieses Bild wird wesentlich analytischer gewonnen als bei den Schamanen. Im Verlauf der Heilung, die sich oft über Wochen, unter Umständen auch über Jahre hinziehen kann, werden die Symptome in der Regel zunächst einmal schlimmer. Das homöopathische Mittel regt den Organismus des Menschen an, seine eigenen Widerstandskräfte zu mobilisieren, um selbst mit dieser Störung fertig zu werden. Auch in der Homöopathie wird der Mensch als Leib-Seele-Einheit angesehen,

Diese Mittel – und das ist wieder physikalisch interessant – liegen in extremen Verdünnungen vor. Die Verdünnungen können so hoch potenziert sein, dass sich vielleicht noch ein Molekül dieses Wirkstoffs in einem Fläschchen befindet, bei Hochpotenzen auch gar keines mehr.[53] Da wird also millionenfach verdünnt und wieder und wieder geschüttelt. Doch wer heilt, hat recht, der Erfolg ist manchmal sehr verblüffend.

Ich kann von einer eigenen Geschichte erzählen. Ich litt eine Zeit lang unter einem spontanen Hornhautriss des

Auges. Die Hornhaut reißt einfach auf, es gibt einen kleinen Spalt, der ein starkes Fremdkörpergefühl verursacht – das Auge schwillt sofort an, innerhalb einer Stunde ist es daumendick. Das andere Auge schwillt aus Solidarität auch zu. Man sitzt zwei, drei Tage da und kann gar nichts tun, weil man nichts sieht und die Augen auch gar nicht bewegen kann. Das Gemeine daran ist: Wenn man endlich in den Schlaf gefallen ist, beginnt die Traumphase mit dem *rapid eye movement,*[54] also schnellen Augenbewegungen, und man wacht sofort wieder auf. Man kann nie länger als zwei Stunden schlafen, bis der erste Traum kommt, dann reißt einen der Schmerz wieder aus dem Schlaf. Schmerzmittel helfen wenig, weil die Hornhaut schwach durchblutet ist, sodass die Nerven auch über Medikamente nicht ausreichend zu betäuben sind. Ein typischer Schulmediziner, der mich untersuchte, sagte: »Wir wissen nicht, woher es kommt, aber wir haben einen schönen Namen dafür, Keratitis. An sich ist das doch die richtige Krankheit für einen Philosophen – Sie sitzen da, tun gar nichts außer nachdenken.« Nun, das sind so höllische Schmerzen, da vergeht einem der Humor, und nachdenken kann man auch nicht mehr.

Einmal ereilte es mich wieder, als wir gerade beim Skifahren in Österreich waren. Meine Frau bat einen Homöopathen telefonisch um Rat. Er nannte ihr ein Medikament. Ich sollte ein paar Tropfen in ein großes Glas geben und dann drei-, viermal rühren und pro Stunde einen Teelöffel zu mir nehmen. Das Mittel war sowieso schon millionenfach verdünnt, als Europäer dachte ich, es gilt der Satz von der Intensität: Viel bringt viel, also beschleunigen wir das ein bisschen. Ich habe das Glas in einem Zug ausgetrunken. Ich fiel dann in einen sehr unruhigen Schlaf, und in diesem Schlaf begegnete mir eine Riesenschlange, ein ordentliches

»Trumm«, die mich auch irgendwie »vergewaltigt« hat. Am anderen Morgen bin ich schweißgebadet aufgewacht, und der Hornhautriss war weg. Ich habe seither nie wieder ein Problem damit gehabt. Später fragte ich diesen Homöopathen: »Was haben Sie mir denn da für ein Mittel gegeben?« – »Was haben Sie denn geträumt?« Ich erzählte ihm von der Schlange. Da meinte er: »Aha, die Schlange hat sie also besucht.«

Ja, das war ein hochverdünntes Schlangengift, Lachesis, von der afrikanischen Buschmeisterschlange. Sie ist so giftig, dass sie nur mit Mundschutz gemolken werden kann, weil bereits schon die Verdunstung dieses Gifts gesundheitsschädigend sein kann. Das Medikament war extrem verdünnt, aber ich habe zu schnell zu viel davon getrunken und deswegen wohl ein bisschen heftig geträumt.

GT: Auch wir sagen: Gift gegen Gift … Wenn die Fußzehen erfroren sind, steckt man sie nicht in heißes Wasser, sondern in kaltes, eiskaltes Wasser. Man gibt sogar Eisbrocken, Eisklumpen dazu. Die erfrorenen, steif gewordenen Füße sollen darin ganz langsam auftauen. Wenn etwas verbrannt ist, dann halten wir es sehr oft gegen Hitze, an den glühenden Ofen. Das tut fürchterlich weh, aber dann heilt es im Endergebnis besser. Manche Leute kommen mit großen Schmerzen, vor allem Kinder. Die Kinder schreien. Was kann man da machen? Sie anschreien oder ihnen einen Klaps geben oder sie sonstwie erschrecken – irgendwie ablenken, um dann mit der Behandlung beginnen zu können. Armselige Methoden – aber etwas Besseres haben wir nicht.

KK: Warum armselig? Eher minimale Methoden, minimaler Aufwand …

GT: Eine Sache darf man nie: Es gibt ja Frauen, die, besonders wenn Kinder hingefallen sind, die Kinder noch in zusätzlichen Schreck und Schmerz bringen: »Au weh, das ist ja schlimm, mein armes Kind …« Nur das nicht. Doch die meisten Mütter oder Mitmütter sind geneigt, solche Wörter des Mitleids schnell in den Mund zu nehmen.

KK: Da könnte man natürlich sagen, aus einem westlichen Verständnis: Da spielt viel Psychologie mit. Man weiß ja: Ablenkung versperrt dem Schmerz den Weg. Aber ich frage mich dennoch: Die Homöopathie, die zwischen Schamanismus und der westlichen Medizin sitzt, benutzt auch das Gift. Gift heißt eigentlich Gabe. Die Homöopathie benutzt es mit einer Verdünnung, die, traditionell physikalisch gesehen, überhaupt nicht mehr wirksam sein kann. Ein Molekül pro Fläschchen, normalerweise sind das pro Kubikzentimeter 1027 Moleküle, und da ist eines davon als Wirkstoff in dieser Verdünnung. Und trotzdem – es heilt.

Als westlicher Wissenschaftler wird man neugierig und fragt: Ist da eine Informationswechselwirkung, ist da irgendetwas, was wir noch nicht bedacht haben bei unseren Theorien? Müssen wir unsere Theorien erweitern, damit wir das *auch* noch erklären können, oder ist das überhaupt jenseits unserer Möglichkeiten einer theoretischen Erfassung?

Distanz und Nähe

GT: Der Unterschied zwischen Distanz und Enge in unseren beiden Kulturen hat für mich als Heiler eine zentrale Bedeutung. Ich gehe auf Europäer zu mit der Nähe eines Menschen und mit der Nähesucht eines Nomaden aus der menschenleeren, kahlen, kargen, kalten Bergsteppe.

Das bekommt den meisten sehr gut hier, vor allem den vielen Singles. Die Hälfte der Bevölkerung ist ja einsam, wenn man so will, ist auf der Suche nach menschlicher Nähe, nach der weichen, betörenden Haut eines anderen menschlichen Wesens. Da komme ich mit meinem fremden, mit meinem anderen Gesicht, mit meiner deutschen Sprache und mit meiner unverbesserlichen Freundlichkeit, die manch einem wie Aufdringlichkeit vorkommen mag.

Ich gehe die Menschen mit meiner Unmittelbarkeit an. Zunächst gibt es wohl zwei Sekunden lang einen kleinen Schreck, aber das ist ja die Mauer, die ich zerbrechen will, und ich zerbreche diese Mauer auch recht schnell. Ich nehme einfach den Menschen an der Hand, dann ist der Hautkontakt hergestellt. Während ich weiterrede, zwischendurch auch mit einem anderen rede, muss ich den Menschen neben mir bei so einer Heilsitzung gar nicht ständig anschauen. Zwei Menschen sind rechts und links von mir, aber zunächst merke ich gar nicht, wer das ist. Mann, Frau, es spielt keine Rolle, alt, jung, hässlich, schön, das hat am Anfang keinerlei Bedeutung. Ich rede zunächst zum Kollektiv, zu den anderen fünfzig Leuten und merke, während ich rede, da fängt es nach einigem Zögern an zu klopfen, und jetzt habe ich zwei Menschen zu meiner Seite. Ich bin etwas mehr geworden, ich bin mehr geworden um eine feuerblonde, noch junge Frau, und ich bin mehr geworden um einen dunkelhaarigen jungen Mann.

Dann beginnt es, dann gehe ich ran, an andere, in Europa würde man sagen, intimere Körperteile. Bei uns zu Hause breche ich einfach ein, ohne zu fragen. Der Schamane fragt nicht; wenn jemand kommt, dann gehört er ihm. Jeder Patient ist in dem Augenblick mein Eigentum. Das klingt jetzt schrecklich einseitig. Wenn ich das so sage, werden alle denken: He, ich bin doch nicht sein Eigentum … Aber ich bin gleichzeitig auch dein Eigentum. Wenn jemand zu mir als Schamanen um Heilung kommt, gilt immer: Du bist zu mir gekommen, und ich habe Ja gesagt, ich hab mich dir ergeben, du hast dich mir ergeben. Du bist halb – brauchst du Schutz? Ich bin auch halb, ich suche immer menschliche Nähe, jetzt sind wir zwei Hälften, die einander gesucht haben. Fallen wir ineinander hinein, dann bestehen wir eine Prüfung – wenn wir dann ein Ganzes, gesundes Ganzes bilden können, dann haben wir die Prüfung beide gut bestanden. Wenn du zickig bist, anfängst, dich vor mir zu fürchten oder zu genieren, hör auf! Du bist gekommen, an dir ist wahrscheinlich nicht sehr viel mehr als an jedem anderen Menschen auch. Dass unsere Gesichter ein bisschen anders ausschauen, das ist nichts weiter als die Folge der Witterung und der Ernährung. Damit fasse ich den Menschen, die Frau, den Mann an – vielleicht einen kranken, alternden Mann, den einsamen, halb erkalteten, halb toten Körper eines alternden, einsamen Mannes, und ich drücke ihn, streichle ihn dort, wo ihn vor sechzig Jahren vielleicht die Mutter gestreichelt hat, vor dreißig Jahren vielleicht die Frau liebkost hat. Dann merke ich, der Körper taut auf, das Leben kehrt wieder in ihn zurück, er wird wärmer, wärmer, wärmer, er fängt an zu klopfen. Dann habe ich den Fisch an der Angel. Ich frage … Wenn ich schamanisch auftrete, dann ist jeder Mensch für mich nur ein Du. Aber wehe, wenn einer denkt, er dürfe mich auch duzen in so einer schamanischen Stunde. Viele tun das, ich verüble ihnen das nicht, sie wissen es halt nicht besser … Ich duze ihn also: »Wann hat dich das letzte Mal ein Mensch so angefasst?« Er bekommt einen Schreck, überlegt und sagt: »Oh, Herr Tschinag, das ist lange her.« – »Aber wann, sag mir mal ungefähr.« – »Vor dreißig Jahren. Vor zwanzig Jahren.« Manche sagen es genau: »Vor vier Jahren und acht Monaten.« Dann weiß ich Bescheid. Ich frage zwischendurch: »Ist dir das unangenehm?« Ob Mann, ob Frau, ich fasse an ... Mein mittlerer rechter Finger liegt immer dort, wo das Brustbein aufhört, wo der Knorpel anfängt, und die andere Hand liegt mit der gesamten Innenfläche ein wenig unterhalb des Buckels, mitten auf der Wirbelsäule, zwischen beiden Schulterblättern.

Dort unten, wo der mittlere rechte Finger liegt, vermute ich den Sitz der Seele. Wenn ich meine Fingerkuppe darauf liegen habe, dann ist mir, als würde ich die Seele spüren und sehen. Also hat meine Fingerkuppe wahrscheinlich ein Auge. Vielleicht haben alle zehn Fingerkuppen kleine Augen, zehn Äuglein. Ich schaue, und es ist mir, als würde ich dort die Seele sehen, so ein zittriges kleines Kindchen, ein ängstliches, hoffendes, bangendes, wartendes, wollendes, wünschendes, sehnsüchtiges Kindchen. Ich frage: »Ist das unangenehm?« Das kann leicht unangenehm sein, denn Frauen haben ja ihre Busen. Meine Hand wandert über diese Vertiefung zwischen den Brüsten durch. Aber die meisten, nach ihrer Empfindung gefragt, sagen, es sei ihnen angenehm. Wenn ich so weiterrede mit den Menschen und dann irgendwann zwischendurch frage: »Soll ich aufhören?« – »Nein, bitte, Herr Tschinag, bleiben Sie, bleiben Sie.« Das ist das Zeichen, der Beweis dafür, dass viele Menschen unter dem Fehlen der Hautkontakte, also der menschlichen Nähe, leiden und einsam sind. Sie glänzen nach außen und sind so wunderschön wohlstandsmäßig angezogen, wohlständisch verpackt. Aber das ist nur die Hülle. Das arme Wesen darunter, die Seele unter dieser Hülle, ist splitternackt und zittert vor Kälte, vor Sehnsucht und vor Angst. Viele Menschen haben Hemmungen vor dem Mitmenschen, weil sie Angst haben vor Gefühlen.

KK: Der westliche Krankheitsbegriff ist, denke ich, ein ganz anderer, ist reduktionistischer als der östliche Krankheitsbegriff. Obwohl hier viele Diskussionen gerade im philosophischen und therapeutischen Bereich stattfanden, in denen festgestellt wurde, Krankheit ist nicht nur Abwesenheit von Wohlbefinden oder eine Störung im Gleichgewicht einer chemischen Zusammensetzung. Krankheit ist auch so etwas wie ein veränderter Zustand, der durchaus potenziell stabil sein kann. Manche Leute können ihr ganzes Leben lang krank sein und trotzdem sehr alt werden. Was wir als krank ansehen und was wir für gesund erachten, ist stark von der Kultur abhängig, in der wir leben. Hier im Westen begegnet uns immer wieder die Definition: Heilung einer Krankheit oder Gesundung ist ausschließlich die Wiederherstellung der sozialen, körperlichen und geistigen Funktionen eines Patienten. Dann müssen wir fragen: Funktionen für wen? Für die Gesellschaft? Das wäre ein funktioneller Gesundheits- und Krankheitsbegriff,[55] eben das Resultat einer reduktionistischen Einstellung, die meist auch eine materialistische ist.

Wenn du mit den Methoden heilst, die du beschrieben hast – wobei das im wissenschaftlichen Sinne noch keine Methode ist, im Sinne von Wiederholbarkeit –, dann siehst du den ganzen Menschen und was er braucht, um sich gesund zu fühlen. Das ist sicher nicht genau wiederholbar beim nächsten Patienten, es wird keine Regeln geben, wann genau dieses oder jenes zu tun ist. Es handelt sich wohl um ein Wissen, das mit Können und Intuition zusammenhängt, das nicht so explizit gemacht werden kann, wie wir im Westen uns das gerne wünschen würden. Die Wissenschaft, so wie sie jetzt ist, kann diese Art der Heilung nicht erklären, und dazu ist sie auch nicht gemacht.

GT: Die Intuition, wir sagen Eingebung, das sind die Fühler, das ist mein Werkzeug. Manche Behandlung ist aus dem Augenblick geboren, aus Notwendigkeit und Eingebung zusammen. Ich erzähle euch eine Geschichte aus der schamanischen Küche. Eines Nachts, ich liege schon im Bett, in der Jurte, höre ich draußen Pferdegetrappel, Hundegebell, Menschengetuschel, Männerstimmen, Leute kommen. »Was ist?« Licht wird angezündet. Ein Mann betritt die Jurte. Ein anderer hinter ihm. In der Mitte ein blutender, schwer kranker junger Mann. Er ist vom Pferd gestürzt und dabei so unglücklich gefallen, dass er mit dem Brustbein auf einen Stein aufgeschlagen ist. Das Brustbein ist eingedrückt. Was macht man da?

Sekundenschnell kommt mir ein Entschluss in den Kopf. Das ist die Eingebung. Ich habe das vorher nicht gewusst, nirgends gehört, das ist eine Eingebung, der innere Computer hat gearbeitet, geschnallt und geblitzt. Ich fange zu schimpfen an. Den armen Kerl, der jetzt zu sterben droht, vor Schmerzen nicht mehr atmen kann, den mach ich fertig. Währenddessen lasse ich Feuer, ein großes Feuer machen. Dabei beschimpfe ich ihn: »Schon dein Großvater ist ein missratener Kerl gewesen. Er war ein Dieb, ein Schürzenjäger. Und dein Vater, den kennt das ganze Land, das ist der dümmste, der fieseste Kerl, den es je gegeben. Und du Hund, in dem Alter kannst du nicht mal reiten und fällst noch vom Pferd runter. Ein vom Himmel verlassener Unglücksrabe bist du. Andere Menschen erwischen eine weiche Stelle, wenn sie vom Pferd stürzen. *Du* aber musst ausgerechnet mit dem Brustbein einen Stein treffen. Nun wirst du wohl krepieren.«

Zu den anderen sage ich: »Holt einen Eisendraht, möglichst dick, daumendick und eine Elle lang. Bringt ihn zum Glühen. Ich werde damit den Kerl von hinten durchstechen, zwischen den Schulterblättern. Und so von hinten das eingedrückte Brustbein wieder aufstülpen.« Während ich das alles sage, werfe ich einen flüchtigen Blick auf den Eisendraht, der zu glühen anfängt. Dabei rauche ich mit der Knochenpfeife aus dem Schulterblatt vom Schaf verschiedene Kräuter, die ein bisschen auf das Gemüt wirken und einen noch wilder stimmen. Ich rauche unaufhörlich weiter. Doch ich ziehe nicht ein, ich paffe nur, tue nur so, als ob. Dann sage ich zu den beiden Männern: »Macht ihm den Oberkörper frei. Ich werde es dem Hund zeigen: Ich habe so schön geschlafen, und ihr habt mich jetzt um den Schlaf gebracht. Der wird gleich erfahren, was das heißt, einen schlafenden Menschen so zu wecken. Festhalten.« Der arme Kerl zittert schon, kann nicht mehr atmen, aber er wird festgehalten wie ein Verrückter. Dann ziehe ich den Draht raus, richtig weiß glühend ist er, und es zischt, Funken sprühen. Ja, ich komme mit dem glühenden Ding, gehe zum Rücken des Ärmsten und lege den Draht sanft hinter ihm auf die Wiese, sodass er das nicht hört, und nehme die Pfeife aus dem Mund: »Aber jetzt – festhalten! Und nicht loslassen! Wenn der krepiert, dann werde ich sein faules Fleisch vor die Hunde werfen. Eins, zwei, drei …« *(Schreit)* Ich stoße mit der erhitzten Knochenpfeife gegen seinen Rücken, ziemlich kräftig. Und was macht der Ärmste? Der schreit und springt hoch, und die ganze Körperhaltung wird so zu einem gestreckten Bogen. Vorher war er ja ganz nach vorne gekrümmt, jetzt ist der ganze Oberkörper nach oben gezogen wie ein gespannter Bogen. Ich sehe, das eingedrückte Brustbein ist wieder aufgestülpt. Genau das hatte ich erhofft. Die dachten, ich würde ihn mit dem glühenden Eisendraht tatsächlich durchstechen.

Ab da bin ich Bruder Freundlich, Onkel Lieb. Oh, ich fange an, ihn zu liebkosen: »Mein lieber, lieber Junge, das war alles gelogen. Ich wollte dir nur helfen … Und dein Großvater ist natürlich ein ehrenhafter Mann gewesen. Mein Großvater hat es mir erzählt, und die waren dicke Freunde. Und dein Vater, na, das weiß doch jeder, der ist ein toller Kerl. Du natürlich auch. Wenn ich eine Tochter hätte, die noch zu vergeben wäre, ich würde dich sofort zum Schwiegersohn haben wollen.«

Getan, das war eine Sache von einer halben Stunde. Aber wie viel Zeit würde die westliche Medizin da verwenden? Man würde das bestimmt wieder heilkriegen, aber über welche Umwege?

Nur meine ängstliche, vorsichtige Frage ist natürlich: Wenn das nicht funktioniert hätte, wenn das nicht geholfen hätte und das Brustbein wäre weiterhin eingedrückt geblieben? Was dann? Aber so weit denkt man nicht in so einer schier auswegslosen Lage, es gab ja weit und breit keine andere medizinische Möglichkeit. Das ist eine Eingebung von einer Zehntelsekunde, und man setzt alles daran zu helfen. Da wird das Äußerste gewagt. Einmal klappt es, aber wer weiß, wie es beim nächsten Mal sein wird …

KK: Ich könnte mir vorstellen, dass es solche Situationen auch in der westlichen Medizin gegeben hat, zum Beispiel während des Kriegs. Das Heilungsethos ist bei unseren Ärzten sehr hoch. Wenn Situationen eintreten, in denen keine Hilfsmittel zu Verfügung stehen, keine Möglichkeit, sich auf diese arbeitsteiligen, hochapparativen Verfahren einzulassen, weil kein Röntgengerät, nichts da ist … Es gab ja Ärzte, die haben sich selbst den Blinddarm herausgeschnitten mit dem Spiegel. Der Vater eines befreundeten Mediziners war Chirurg hier in der Gegend – der hat kurz nach dem Zweiten Weltkrieg jemandem den Darm operiert. Narkose war nicht möglich. Er hat den Patienten aufgeschnitten und hat, mangels anderer Möglichkeiten, einfach ein Stück sterilisierten Autoschlauch mit dem restlichen Darm verbunden. Der Patient soll neunzig damit geworden sein. *(Gelächter)*

GT: Noch ein Beispiel aus der nomadisch-schamanischen Ecke: Eines Abends wird eine fiebernde Frau von zwei jungen Männern zu mir gebracht. Sie hat so hohes Fieber, dass sie fast zu sterben droht. Ich habe nichts gegen Fieber da, nicht mal Aspirin, gar nichts. Was mache ich bloß? Ich habe auch nicht viel Zeit zu überlegen. Vor diese Tatsache gestellt, dem Leiden eines Menschenkindes gegenübergestellt, entschließe ich mich von einer Sekunde zur nächsten. Sage prompt: »Zieh dich aus.« Die Leute, die dieses Mädchen, diese junge, schöne Frau gebracht haben, die ziehen sie aus. Ja, sie tun, was ich sage. Sie sind ja zu mir gekommen, dem Schamanen – da bin ich ihnen so etwas wie der Himmel. In dieser Situation verfüge ich über jede Macht. Ich fange an, mich selbst auch auszuziehen. »Legt sie ins Bett.« Damit deute ich auf mein eigenes Bett. Zu den beiden jungen Männern sage ich: »Bleibt in der Nähe, falls ich euch brauche.«

Ich decke die junge Frau mit mir zu, presse den glühenden weiblichen Körper an mich heran, Pore an Pore. Ich hatte bis dahin nie eine nackte Frau so durch Umarmen behandelt. Aber ich habe viele Male gesehen, wie Mütter ihre fiebernden Kinder an den nackten Körper drücken. Das Ergebnis war, dass ich bald anfing zu schwitzen und das Gefühl hatte, dass ich vor Hitze vergehe. Irgendwann bin ich eingeschlafen, bin aber zwischendurch immer wieder erwacht. Wenn ich wieder erwachte und merkte, ich habe die Umarmung gelockert, hab ich sie wieder fest umklammert. Irgendwann habe ich sie umgedreht und von hinten umarmt. Am nächsten Morgen hatte sie kein Fieber mehr, allein ich selbst war fiebrig, wackelig, verschwitzt und verklebt. So kränkelnd stehe ich auf, doch irgendwie zufrieden mit mir. Die Situation ist doch urkomisch – was werden die Jungs draußen gedacht haben? Etwa so: Der Häuptling hat das Mädchen splitternackt zu sich ins Bett genommen. Aber in solchen Augenblicken denkt man ja nicht an das Gerede und die Moral. Es gibt dann nur eine einzige Frage für einen Heiler: Wie kann ich diesen Menschen retten? Alle anderen Gedanken gibt es einfach nicht. Paragrafen haben keine Bedeutung. Dass ich selbst auch fiebrig werden könnte, das alles spielt keine Rolle. All diese Fragen sind zweitrangig.

KK: Es geht auch in der westlichen Schulmedizin nicht immer so rational zu. Erstens weiß der Mediziner nicht immer, wie die verabreichte Medizin wirklich wirkt. Selbst wenn er kausal-reduktionistisch denkt in Ursache-Wirkung-Ketten, kann er niemals von vorn bis hinten jede Wirkung angeben. Er weiß aus der Erfahrung heraus, was er gegen diese und jene Symptome tun könnte, und dann kann er das mit Entsprechendem therapieren. Manchmal tun Ärzte, gerade wenn sie ihre Patienten recht gut kennen, etwas völlig Unerwartetes, eben nicht das, was der Patient erwartet.

Beispiel: Der Kinderarzt kommt zu unserem kleinen Leonhard, er liegt mit hohem Fieber auf dem Sofa. Wir sind sehr besorgt um ihn. Er kommt rein, sagt gar nichts, guckt sich unser Kind an, nimmt das Händchen so hoch, plop – lässt es fallen und sagt in seinem guten Schwäbisch: »Lond S'en in Rueh.« (Lassen Sie ihn in Ruhe.) Und geht wieder. Wir waren beruhigt, und das Fieber hat sich irgendwann wieder verteilt und verlaufen.

Selbst im westlichen Verständnis hat ein guter Arzt den Patienten als Ganzes im Blick, entgegen einer nur kausalreduktionistisch verstandenen wissenschaftlichen Medizin. So ein Arzt schaut den Patienten zuerst einmal an, bevor er anfängt, mit Kausalanalyse, mit Symptomen und Therapie und so weiter zu arbeiten. Schon Paracelsus war der Meinung, dass Krankheit dadurch zustande komme, dass das Gleichgewicht der Säfte nicht mehr stimme, und er dachte das in durchaus materialistischem Sinne, wie wir heute Biochemie oder Physiologie betreiben.[56] Für ihn war es entscheidend, dass er dieses Gleichgewicht wieder in Ordnung bringen kann, indem man eine Arznei gibt oder etwas wegnimmt, zum Beispiel schröpft oder dergleichen. Man kann den Patienten aber auch durch Seelenzuwendung wieder in die Balance bringen. Dazu schreibt er an einer Stelle sinngemäß: Wo das Können des Arztes nicht aus Gott komme, sei er auch kein Arzt; denn wie solle er sonst an die Seele des Kranken herankommen?[57] Da ist durchaus ein zweigleisiges Verständnis angelegt. Ich denke, auch die alltägliche Arztpraxis wird, wenn sie erfolgreich therapiert, immer zweigleisig laufen. Klar – mit Zaubersprüchen kann man keinen gebrochenen Fuß heilen, zumindest nicht nach westlichem Verständnis. Obwohl es in unserer Vergangenheit auch versucht wurde, wenn ich an die Merseburger Zaubersprüche denke: »*ben zi bena, bluot zi bluoda, lid zi geliden* … Glied zu Glied, Blut zu Blut …«[58]

Der Arzt, der sich seinem Patienten zuwendet, kann sehr wohl eine Heilung erreichen, die nicht im kausalen Sinne erklärbar ist. Fragen wir jetzt nochmal: Was können wir wissen, was können wir erkennen? Dann gibt es den lapidaren Spruch in der westlichen Medizin: Wer heilt, hat recht. Das ist der praktische Rückzug darauf, dass wir nicht alles erklären können und es trotzdem funktioniert.

GT: Ich habe folgende Erfahrung gemacht: Schnupfen ist nicht gleich Schnupfen. Wenn eine Grippewelle kommt und zehn verschiedene Menschen krank werden, so sind das zehn verschiedene Fälle. Nicht ein Fall, zehnmal wiederholt. Das muss man wissen. Aber das wissen die Ärzte wohl auch. Jeder wird anders krank, selbst bei gleicher Grundkrankheit, weil sie jeder Körper anders aufnimmt. Das ist bei der schamanischen Heilerei nicht anders. Es gibt ruhige Menschen, verschlossene. Die muss man anders behandeln als die Zappeligen. Aber dann gibt es einfach zu behandelnde Kranke, gute Patienten, die sofort entgegenfließen, die sich nicht verschließen, die mitmachen; die sind mir die liebsten.

Heil und Heilung

KK: Ich möchte den Begriff des Heils aus religiöser Sicht im Zusammenhang mit Heilung ansprechen. Zunächst mein geliebter Rückgriff auf die griechische Philosophie.

Sokrates wirft den Athenern vor, dass sie sich nicht um sich selbst sorgten. Sie passen nicht auf ihre Seele auf, so sein Vorwurf.[59] Nach griechischem Verständnis muss das ein philosophischer Mensch selbst tun. In der Christianisierung der Philosophie wird nachher aus der Selbstsorge, der Sorge um sich selbst, wie schon gesagt die Seelsorge, das Vermittelte. Der Seelenheiler ist derjenige, der auch die Gnaden vermittelt und meistens ein Vertreter der Kirche ist. Die Seelsorge wird von anderen, dazu angeblich Berufenen, übernommen, sie kann nicht mehr selbst bewältigt werden. Im Übergang zur Renaissance, nach der Entdeckung des »Ichs«, kommt nun ein mehr funktionaler Gesundheitsbegriff ins Spiel, im Sinne von Wiederherstellen der Arbeitskraft, von Wiederherstellen der Fähigkeit, Lust zu empfinden, Freude zu empfinden, genießen zu können, arbeiten zu können. Die Kirche aber bleibt weiterhin bei einem Begriff des Heils, der sich an der Heilsgeschichte ausrichtet: Die Seele ist dann krank, wenn sie den Glauben verloren hat. Die Seele ist krank, wenn sie sich von Gott entfernt hat. Sie ist krank, wenn sie aus dem Plan Gottes heraustritt. Das kann sie tun, weil der Mensch einen freien Willen hat, er kann sich für das Angebot Gottes und diese Heilsgeschichte entscheiden. Er hat auch die Option, es abzulehnen und diesen göttlichen Pfad nicht zu betreten, sonst wäre es ja auch nicht eine wertvolle und freie Entscheidung. Letzten Endes entscheidet der Mensch selbst, ob er seine Seele krank werden lässt oder nicht. Dies ist freilich von der Kirche vielfältig zu Machtspielen missbraucht worden.

Dieser Heilbegriff, ob etwas heil oder nicht mehr heil ist, also unheil, krank, bezieht sich auf etwas, was dem Menschen in gewisser Weise vorgelegt oder zumindest angeboten wird – eine Biografie. Wenn jemand am Ende seines Lebens sagt: »Ja, ich bin meinen Weg gegangen«, woher weiß dieser Mensch, dass es sein Weg war? Also muss es doch diesen Weg in gewisser Weise gegeben haben, bevor er ihn gegangen ist, sonst könnte er nicht sagen: »Ja, es war *mein* Weg. Ich habe keinen wesentlichen Fehler gemacht.« Dahinter steht die Vorstellung von einem Angebot, nicht im Sinne eines Determinismus, sondern von Wahlmöglichkeit: »Suche deinen Weg, gehe deinen Weg, finde deinen Weg. Du wirst nur dann krank, wenn du diesen Weg selbst verlässt, wenn du nicht du selbst bist, wenn du nicht auf dich selbst hörst, wenn du dich nicht um dich selbst sorgst, wenn du dieses Angebot ausschlägst, das letzten Endes dann doch von Gott kommt« (nach diesem gläubigen Verständnis). Und das Heil(-werden) wird zum Beispiel über die Sakramente in der Kirche vermittelt oder über andere Riten, die es in allen Religionen gibt, sei es die Taufe, sei es die Sündenvergebung, sei es die Reinwaschung, sei es die Wallfahrt nach Mekka, sei es das buddhistische Fasten. Heilung bedeutet immer wieder »auf den Weg zurückbringen«, und dieser Weg ist in dieser Sicht immer individualgeschichtlich.

Wie würde ein Schamane zu diesem Heilungsbegriff stehen, der nun sehr theologisch ist?

GT: Schwer – das ist ja rein theoretisch. Und Theorie ist unsere Schwachstelle. Von Fall zu Fall, wenn ich Menschenkörper anfasse, bin ich unglaublich schnell und schlau, es kommt aus mir herausgeschossen, ich weiß nicht, was ich sage, aber es trifft schon häufig zu.

Wir haben halt nicht die Kirche über uns, sondern den Himmel, und ein jeder betet zum Himmel, zu den Bergen, dem Altai … *Ej baj Aldajm.*

Heil – das ist wahrscheinlich der natürliche Zustand des

Lebewesens. Auch wenn das nur Gräser sind – Gräser, die so wachsen, wie normale Gräser auf der Wiese zu wachsen haben. Die Menschen sind ja auch Gräser einer bestimmten Wiese. Ihnen den Normalzustand zurückgeben, das ist Heilen nach unserem Verständnis. Die Sache braucht den ganzen Menschen. Den Menschen »ganz«, heil kriegen und somit selbstsicher. Wenn Gräser wachsen, glaube ich, denken sie nicht daran zu wachsen. Sie wachsen einfach. In dem Augenblick, in dem sie anfangen würden zu denken, würde das Wachsen ihnen schwerfallen. So ist ja auch unser Leben. Also, entweder lebe ich, oder ich denke daran, wie ich lebe. In dem Augenblick, in dem ich anfange zu denken, ob mein Leben gut oder schlecht sei, das ist dann schon ein belastetes Leben. Einfach das Gras wachsen lassen, den Menschen leben lassen, ihm dazu die Freiheit lassen. Ich kann dazu nur so viel sagen. Nicht mal wissen, dass ich lebe. Einfach da sein.

Ich soll als Student ein krankes Herz gehabt haben, das haben die deutsch-demokratischen Ärzte festgestellt. So bin ich jahrelang mit Tabletten gefüttert worden. Am Ende wurde ich tatsächlich herzkrank. Und dann ging ich 1980 sterben, in eine Nervenheilanstalt. Ich bin freiwillig dorthin gegangen, weil das außerhalb der Stadt lag, und ich wollte dort sterben, nicht in der lauten Innenstadt. Das war ein sehr schönes Gelände, dort hatte ich auch einen ehemaligen Studenten, einen ungefähr gleichaltrigen Freund. Aber dann starb ich nicht, ich blieb am Leben. Die Ärzte hatten mir gesagt: »Wenn Sie so weiterarbeiten …« Ich habe genau achtzehn Jahre lang jeden Tag achtzehn Stunden gearbeitet, ohne Sonntag, ohne Feiertag, jeden Tag die schier endlosen achtzehn Stunden. Damit waren meine Lebenskräfte zu Ende. Der Körper war müde geworden. »Wenn

Sie so weiterarbeiten, werden Sie noch zwei Monate leben, und dann sterben Sie.« Da habe ich überlegt, ob es denn eine Möglichkeit gibt, dass ich doch noch am Leben bleibe? Ja, weniger arbeiten. So habe ich beschlossen, weniger zu arbeiten. Seitdem arbeite ich am Tage nur zwölf Stunden, jedenfalls meistens. Mein Herz wurde gesund. Ich habe angefangen, mich selbst zu heilen. Durch Sport, jeden Tag eisern Sport getrieben: Dauerlauf, Gymnastik, Morgen für Morgen, ob Winter, ob Sommer, im Regen, im Schneesturm. Und heute weiß ich nicht mehr, ob ich ein Herz habe. Damals wusste ich es immer, jeden Tag, jede Stunde, jede Minute wusste ich es, ich habe immer das mühselige Arbeiten meines armen Herzens mitbekommen.

Mit dem Leben, glaube ich, ist es genau so. Wenn einer nicht mehr weiß, dass er lebt, dann ist das ein gutes Leben.

Schicksalsbeutel

MK: Klaus hat gesagt, wenn der Heilsweg nicht angenommen wird, wird die Seele krank, oder der Mensch wird krank. Galsan, du hast gesagt, in den Theorien sind wir schwach, aber du sprichst immer wieder davon, dass jeder seinen Schicksalsbeutel mitbekommt, in dem bestimmte Anlagen drin sind. Du kannst also einen *inneren Prinzen* nie völlig in den Dreck stampfen, weil er einen bestimmten Weg zu gehen hat. Und jemand, der schlechte Anlagen hat in seinem Schicksalsbeutel, den kannst du auch nicht *zum König* ummodeln, wie sehr du dich auch anstrengst. Das würde ja auch bedeuten, wenn du versuchst, dich zu entfernen von dem, was dein Weg nach eurem Verständnis ist, von dem, was du mitgebracht hast, würdest du dich nicht gesund fühlen?

GT: So ist es. Aber die Gefahr, das Gegebene zu verlieren, ist größer als die Möglichkeit, Neues hinzuzubekommen. Ich meine: Man kann einem Menschen wesentlich Neues nicht geben. Es sei denn Informationen. Informationen kann man beutelweise, säckeweise geben. Der Westen hält das ja für Wissen. Information und ein bisschen Modebewusstsein und das, was die Leute für Kultur halten.

Ich gehe noch viel weiter. Ich behaupte immer, oder unsere Sprache behauptet es: Die Gebärmutter ist der Schicksalsbeutel. Diese Bezeichnung lässt mich nicht los: Schicksalsbeutel. Wieso sind die Leute auf dieses Wort gekommen? Ich habe lange überlegt und irgendwann auch herausgefunden: Natürlich, Schicksalsbeutel. Jedes Menschenkind kommt, wenn es den Mutterleib verlässt, mit seinem fertigen Programm an, »programmiert eben wie ein Computer«, mit seinem unsichtbaren Schicksalsbeutelchen auf dem Rücken. Und das, was wir Erziehung, Bildung nennen, das ist alles nichts weiter als ein bisschen Formatieren, das Wiedererwecken der einzelnen Programmteile, um in der Computersprache zu bleiben. Ich glaube nicht, dass ich besonders schnell begreife, aber wenn ich jetzt Bücher lese, genügt manchmal ein Stichwort, dass ein ganzes Feld erwacht, ich weiß über ein ganzes Gebiet Bescheid. Das ist das Erwachen von Gedächtnis, ein Wiedererinnern.

Wenn es um Begabung, um Wissen geht, dann kann man das nur bei einem Menschen aktivieren. Der eine Mensch hat vielleicht einen IQ von 120, der andere hat 100 und wieder ein anderer 80. Aber daneben hat er eine musikalische Begabung, sie ein philosophisches Verständnis, und einem anderen ist vielleicht Sport gegeben als Ergänzung seines Schicksals, als sein Gefilde. Einen Menschen kann man nicht verbessern, nicht veredeln. Gewisse Eigenschaften kann man vielleicht ein bisschen zurückdämmen, andere Eigenschaften vielleicht ein bisschen fördern. Aber grundsätzlich Neues kann man dem Menschen nicht einpflanzen. Ich kann versuchen, als Lehrer einem Schüler, als Elternteil meinem Kind etwas zu geben. Aber ich kann nur aktivieren und bestenfalls verstärken. Doch das Wichtige zu übersehen und zu vermasseln, diese Gefahr ist größer als alles andere. Aber etwas Wesentliches, das in seinem »Programm« nicht drin ist, kann ich ihm nicht geben. Ich kann einen, der keine poetische Ader hat, dreimal zu einer Poesiehochschule schicken und all die schönen Gedichtbücher dieser Erde lesen lassen – er wird keine Begabung entwickeln. Aber wenn ein Genie kommt, das wird sich so oder so durchsetzen. Als Schamane denke ich so.

In diesem Sinne sind wir schicksalsgläubig. Das ist jedoch kein Fatalismus. Wir wissen einfach über die Möglichkeiten des menschlichen Wesens Bescheid.

KK: Könnte jemand, der nach einer bestimmten Zeit seines Lebens feststellt, dass er eigentlich hätte Talente entwickeln können, sie aber nicht entwickelt hat, also in gewisser Weise auch seinen Weg verfehlt hat, dann krank werden? Könnte dies eine Ursache für Krankheit sein?

GT: Das sehe ich tagtäglich, Menschen, die unerfüllt sind, die ihr Feld nicht im Griff haben, nicht wissen, wo sie eigentlich hingehören. Das ist ihre Krankheit. Deswegen sind sie krank geworden. Wenn ich ihnen helfen müsste, würde ich sie in Richtung ihres eigenen Wegs abdrängen wollen, sie irgendwie dorthin bewegen, wo sie endlich den eigenen, ihnen bestimmten Weg finden können.

KK: Wissenschaft ist, glaube ich, auch dadurch entstanden, dass es durch die Befreiung von der Theologie keinen privilegierten Zugang zum Wissen mehr geben sollte. Das heißt, die wissenschaftliche Erklärung ist von ihrem Verständnis her, ich sage von *ihrem* Verständnis her, durch jedermann, der die gleichen Voraussetzungen hat, nachvollziehbar. Das Experiment ist wiederholbar, und es muss ein vergleichbares Ergebnis dabei herauskommen. Also: gleiche Bedingungen – gleiche Wirkung, zu jeder Zeit, an jedem Ort, durch jedermann durchführbar. Es gibt keinen privilegierten Zugang zum Wissen – jedenfalls in der Theorie. Auch nicht zum impliziten Wissen, auch handwerkliches Können wird erlernt oder wird tradiert. Im Prinzip kann es jeder. Also kann auch im Prinzip jeder nach diesem Verständnis Mediziner werden. Wir erleben ja oft, dass Leute Medizin studieren, weil sie einen guten Abitursdurchschnitt haben, aber sie sind nicht dafür berufen und auch nicht dafür begabt. Und so sieht ja unser Gesundheitswesen zuweilen auch aus.

Das schamanische Heilen setzt hingegen diesen privilegierten Zugang voraus. Auch das ist eine Voraussetzung, die die Wissenschaft nie machen kann. Was ich bisher erfahren habe: Schamane – das ist man, auch wenn viel Lernen, viel Übung und ein langer Weg dazugehören.

GT: Das ist die eine Seite der Wahrheit. Die andere Seite der Wahrheit ist: In jedem Menschen, sogar in jedem Wesen, ist Schamanisches schon vorgegeben. Es geht um die Stärke der Antennen …

Der Schamane ist ein Wesen mit Weisheit, er oder sie ist

ein Wesen mit Navigation in sich. Rinder sind ja angeblich dumm – »dumme Kuh«, sagt ihr doch? Aber die dumme Kuh wird die kluge Frau bei einem Schneesturm retten. Die Kuh wird den Weg zum Stall immer finden. Auch in der finstersten Nacht wird die dumme Kuh die kluge Frau zum warmen Stall bringen. Das ist die innere Navigation. Die hat der Schamane auch.

KK: Kennt ihr diesen Spruch aus der Edda? »Herden wissen, wann heim sie sollen, und gehn dann aus dem Gras; der Unkluge ahnt aber nie seines Magens Maß.«[60]

GT: Ach, das ist ja schön gesagt. Alles liegt in uns, auch unsere Fähigkeiten, unser Glaube, die Hölle, der Himmel, das Paradies, alles – in uns liegt ein ganzes All, ein Universum innenwärts gerichtet.

Und das Schamanische: Mein Prinzip ist zweiwegig, sodass immer ein Gegenverkehr kommt. Wenn ich eine Reise in mich mache, muss ich auch in der Lage sein, von mir aus in die Weite zu schießen. Wenn das so zweiwegig funktioniert, dann könnte man einige Sachen erklären. Dennoch bei Weitem nicht alles, nein, alles ist nie und nimmer erklärbar, und das macht das Leben so heilig – gewaltig.

MK: Du sagst: Immer wenn ich eine Reise nach innen mache, schicke ich auch etwas nach außen. Magst du das noch genauer erklären?

GT: Ich habe zwei Augen. Auch zwei geistige Augen. Die Leute reden ja von einem geistigen Auge, das soll hier in der Mitte, der Stirnmitte, sein. Mag sein, dass das bei mir auch so ist. Aber meine Augen können gleichzeitig immer in zwei Richtungen blicken. Makro – Mikro, Mikro – Makro. So gehe ich an die Sache heran. Wenn ich einen kranken Menschen »genieße«, dann bin ich mit dem halben Sinn bei seinem Körper, und mit der anderen Hälfte bin ich bei seiner Seele. Ich bearbeite, knete hinter seiner Haut zwar sein Fleisch, sein klopfendes, warmes, weiches Fleisch, aber mit der Hälfte meines Wesens irre ich herum in einer Wüste, in einer Steppe, in einem Dschungel, und das dauert manchmal. Aber dann sage ich: »Hast du gemerkt, jetzt habe ich es.« Denn da klopft es. Damit habe ich den ganzen Menschen. Wenn ich so Unsinn rede, etwas zum Besten gebe oder spiele, blödle manchmal, dann bin ich mit dem einen Auge, mit der Hälfte meiner Antennen ganz weit ausgespannt nach außen, mit der anderen Hälfte weit nach innen. Das ist die Kunst. Das ist übrigens eine Sache der Übung.

Und noch etwas, ich sagte dir doch: Nach so einer Sitzung sage ich zu mir, weil ich todmüde bin, um mich selbst zu ermuntern: »Toller Kerl!« Ich brauche das als Entschädigung. Ich bin ausgelaugt bis auf den letzten Tropfen Saft, wie ein geleerter Sack. Ich muss mich ins Hotel schleppen. Wenn ich noch Kraft genug habe, gehe ich unter die Dusche, und dann falle ich wie tot ins Bett und schlafe wie ein Stein. Aber am nächsten Morgen merke ich, ich bin wieder aufgeladen, bin so voller Tatendrang und glühe und blühe, bin jung, frisch und sehne mich nach neuen Patienten. Das ist der Preis, den ich vom Leben bekomme. Wenn ich am Abend ganz entladen bin, dann bin ich am Morgen auch wieder voll aufgeladen.

KK: Gibt es eigentlich ein Erinnern an alle Patienten? Ist das alles im Gedächtnis, oder wird das vergessen?

GT: Solche Erinnerungen gibt es, und sie begleiten mich mitunter. Es gibt Menschen, die offen sind, die begleiten mich fast immer und überall. Das sind ja Flüsse, die auf mich zufließen, deren Wasser sich mit dem meinigen vermischen. Aber es gibt auch, ich sage mal so, schwierigere Menschen, die nur gekommen sind, um mich zu testen oder die sich sperren, weil sie glauben, sie wissen Bescheid. Diese sogenannten Wissenden, die sind mir schwer verdaulich. Die kommen, und wenn ich irgendwas mache, dann fangen sie an, drein- oder sogar dagegen zu reden. Sie sind Besserwisser. Ich frage: »Warum bist du zu mir gekommen, wenn du alles selbst weißt? Geh doch zu deinen Schulmedizinern.« Die sagen dann, die Ärzte könnten nicht helfen. Wahrscheinlich, weil sie auch da alles besser wissen.

Ich sage immer – der Schamane ist doch in der Redeweise sehr derb –, ich sage also: »Klappe halten, jetzt rede ich! Klappe halten und zuhören; du gehörst mir.«

Ich rede von zwei Minuten Treue, von zwei Minuten Ehe, von Zweiminutenbündnissen. Wenn es eine Frau ist, dann sage ich: »Jetzt – das ist ein heiliger Akt. Wir sind jetzt vereinigt. Das dauert zwei Minuten, aber das sind zusammengedrängte zwei Minuten. Diese zwei Minuten können für zwanzig Jahre stehen. Du musst dich mir ergeben. Du musst mir treu bleiben. An nichts anderes denkst du, nur an mich. Und ich ergebe mich dir, ich ergieße mich in dich hinein. Diese zwei Minuten lang gehören wir zusammen.« Es gibt viele Menschen, die das gut verstehen und auch bleiben, und denen geht es dann wesentlich besser oder wieder gut. An solche erinnere ich mich sehr gern. Wenn es ein Mann ist, auch er ist halb wie wir alle und sehnt sich nach Ganzheit. Auch mit ihm ist es eine Vereinigung, zusammen sind wir ein Rundes, Ganzes. Es kann sein, er findet einen Vater in mir, ich einen Sohn, nach dem ich mich gesehnt habe. Oder wir stellen ein Zweiminutenbündnis, um alles Üble vom Antlitz der Erde zu bannen. Gut möglich, dass wir zwei in diesen gedrängten schamanischen zwei Minuten mehr erreichen als die NATO in all den vielen Jahren. Mein Hauptargument: Wir haben wenigstens keine Schäden angerichtet.

Wenn ich nach einer Heilungssitzung im Bett liege, oh, die ganze Nacht träume ich, ach, von Männern, Frauen, Menschenkörpern, von ihren Stimmen, ihren Hitzen. Ich fließe durch ein Meer von Menschenleibern. Das ist eigentlich das Schönste. Und ich weiß genau, wenn ich selbst träume, dass die auch drüben von mir träumen, von unseren gemeinsamen, schicksalhaften, zusammengedrängten zwei Minuten träumen.

MK: Die Verbindung bleibt. Als Schamane betreibt man keine Psychohygiene in der Art westlicher Psychotherapeuten, um sich möglichst schnell von den Patientenlasten wieder zu befreien, sondern »trägt« die Patienten weiter mit sich herum bis zu einer möglichen Gesundung. Man »hört« ihr Rufen, träumt von ihnen und unterstützt sie in ihrem Heilungsprozess auch über große Entfernungen.

Die westliche Medizin hat entdeckt, dass der Körper ein Schmerzgedächtnis hat. Die Ursache des Schmerzes ist längst beseitigt, aber der Körper erinnert sich an den Schmerz, und die Menschen werden ihn nicht los. Es sei denn, man durchbricht diese Schranke irgendwie.

GT: Neulich war eine Frau aus Essen da. Sie fühlte sich krank, sie litt an Ohrensausen. Sie hatte einen Autounfall vor zwei Jahren, und seitdem hatte sie dieses Sausen im Ohr. Bei dem Unfall wurde der oberste Halswirbel ausgerenkt. Mittlerweile war es wieder gut, aber sie behauptete, daher käme das Ohrensausen. Ich habe in die Ohren hineingeschaut, ob da ein Teufelchen zu sehen wäre. War kein Teufelchen. Abzusaugen versucht, ging nicht. Dabei kam ich auf eine interessante Erfahrung: Die Dame raucht sehr viel. Als ich die Geräuschhülse aus dem Ohrenloch abzusaugen versuchte, hat es arg nach Tabak gerochen. Ein Teil vom Tabaksrauch war in dem Kanal sitzen geblieben. Ich hab ihn weggespuckt, und dann wurde es irgendwann besser. Aber davon ging das Sausen nicht weg. Sie sagte: »Ich weiß, das kommt von dem Halswirbel, da war ein Teil beschädigt.« Dann habe ich mit ihr ein bisschen Sport gemacht, und sie ahmte mir alles nach. Dabei hatte sie keinerlei Schmerzen, nichts, als sie sich drehte, den Hals nach rechts, nach links, die verschiedensten Drehbewegungen, sie machte alles ohne Schmerzen. Aber sie sprach immer wieder von diesem Halswirbel. Ich habe ihr andere Geschichten erzählt, doch sie blieb beharrlich bei dem verfluchten Halswirbel. Die Erinnerung an den gehabten Schmerz war noch da. Außerdem, noch etwas Wesentliches: Sie war in ihr eigenes Leiden verliebt. Sie hat es zu einem Teilstück ihres Lebens hinaufgeadelt.

Ich überlegte: Sie ist gesund, sie konnte doch den Wirbel so leicht und locker bewegen. Die Folgen des Unfalls waren also geheilt, aber das Gedächtnis, ein Schmerzgedächtnis saß in ihrem Hirn. Und dann dachte ich: Ein größerer Schamane würde sie jetzt vielleicht zum zweiten Mal in einen Unfall bringen, um dieses Gedächtnis auszulöschen. Oder Akupunktur versuchen … irgendetwas.

MK: Ein zweiter Unfall? Das ist eine martialische Methode, würde sie funktionieren?

GT: Ich versuche ja jedes Mal, die Patienten »abzuschlachten«. Manchmal hört sich das grausig an. Wenn irgendjemand so lüstern wäre, Menschen zu denunzieren, für den wäre das natürlich ein sehr guter Fall. Ich sage immer: »Ich muss dich erst mal abtöten in dieser Haut, in dieser deiner Leidensrolle, ich muss dich enthäuten, ich muss dich zerlegen und wieder zusammensetzen.«

Aber wie gesagt, ich rede sehr viel Unsinn, darunter auch manch Wahres, aber mit sehr vielem Unwahren zusammengesetzt. Irgendwie interessant, dieser Salat. Der ganze Sinn und Unsinn dabei ist, dass ich den Menschen erst einmal von seiner Krankheit wegführe, ihm eine andere Realität erschaffe. Er soll mit mir zwei Minuten, zwanzig Minuten, zwei Stunden eine Reise machen, nicht mehr an seine Krankheit denken. Ich nehme ihm seine Krankheitsgedanken weg und pflanze neue ein, leichte, heitere Gedanken, die der Mensch braucht wie Wasser, wie Sauerstoff.

Das schamanische Prinzip zu heilen, ist, dass der Patient mitunter zerbrochen werden muss. Der kranke Patient wird zerbrochen, und dann wird die Bude erst einmal ausgeräumt, daraufhin umgeräumt. Die Möbel, die man braucht, von Neuem hereinholen und stellen, den Tisch nicht links, sondern rechts, dazu nicht vier, sondern zwei Stühle hinstellen, als Beispiel, um verständlich zu sein. Also etwas völlig Neues hineinbringen. Das ist etwas, das der westliche Mensch verstehen muss, wenn er von unsereinem behandelt werden will. Mitunter drücke ich ziemlich kräftig. Nomadisch, schamanisch, so … primitiv halt. Mitunter habe ich peinlich derbe Redeweisen, die ein Martin Luther ohne

Weiteres verstehen würde, aber so ein städtischer Mensch aus dem 21. Jahrhundert möglicherweise nicht ohne Weiteres verstehen kann. Damit hat man die Seele und den Körper »zerbrochen«, die Seele verunsichert. Wenn ein Mensch zunächst sehr verunsichert ist unter meinen Händen, unter meinen Fingern und unter der Peitsche meiner Zunge – das ist ein gutes Zeichen. Anfangs bin ich ziemlich unsanft und ein bisschen derb, aber mit einem Mal fange ich an zu schmelzen vor lauter Liebe und Freundlichkeit. Das ist das schamanische Prinzip. Erst wird zerbrochen, dann umgebaut und danach noch mal gestreichelt, das Neue gefestigt.

KK: Darf ich noch einmal nachfragen – das Zerbrechen. Was zerbricht da? Ist das wie im Neuen Testament? Da heißt es ja oft, der alte Mensch muss sterben, der neue wird wiedergeboren im Geiste Gottes.[61]

GT: Die Gewohnheiten, die Vorstellungen auch von der eigenen Krankheit, mit denen man bisher gelebt hat, werden infrage gestellt. Auch Suchtverhalten in alle Richtungen – alles für nichtig erklärt, zerbrochen, kaputtgeschlagen. Der Mensch gerät eine Weile in Unsicherheit, eine oder zwei Minuten lang oder einen Tag lebt der Mensch in Verwirrung. Der Geschäftsmensch aus München, was hat er dir gesagt? So ein junger Mann …

MK: »Ich bin im Herzen berührt und im Geist verwirrt.«

GT: Das ist genau das. Im Herzen berühren, die Seele berühren und den Geist ein bisschen in Unsicherheit bringen. Dann wird sich diese Verwirrung niederlegen. Daraufhin beginnt das Neue, das prinzipiell andere, das den Menschen gesunden lässt. Die alten Wertvorstellungen infrage stellen, rausschmeißen, von den Menschen wegschneiden, rausschaufeln. Und in den frei gewordenen Raum neue Wertvorstellungen einbauen.

Darüber gibt es dieses lange Gedicht »Verschachern eines Rätselblöden«[62]: Die Nomaden erzählen sich abends Rätsel, bis das Fleisch gart. Das kann zwei, drei bis vier Stunden dauern. Alle sitzen in einer Jurte versammelt, und um die Zeit zu vertreiben oder um meinetwegen auch ihren berühmt-berüchtigten mongoloiden Geist ein bisschen zu putzen und zu wetzen, rätseln sie. Da zeigen sie richtig Ehrgeiz. Der Nomade muss jeden Tag, wenn er den Herden nachgeht oder Dung sammelt, ausschreitend, immer nach Rätseln suchen, alte Rätsel wieder ausfindig machen und dazu neue erfinden. Und die neuen Erfindungen werden abends ausgetauscht. Man stellt sie vor, und wenn einer nicht weiß, was das sein könnte, dann gibt es Bußemerks. Wenn einer sieben solcher Merks bekommt, dann wird er zum Rätselblöden erklärt und vom Anführer des Abends verschachert, verkauft. Da heißt es wörtlich: »Ich werde dich jetzt zerschneiden, zerlegen, in so viele Teile«, und dann fängt man an, mit dem Kopf. »Wer möchte diesen blöden Kopf haben? Der ist gut. Also der Schädel. Als Pissnapf, Spucknapf, als Hundenapf. Der Preis ist ein Läuserich. Ein ausgewachsener Läuserich.« Der Abnehmer sagt: »Unverschämt teuer. So ein dummer Schädel. Und ein ganzer Läuserich!«

KK: Was ist ein Läuserich?

GT: Der Herr Laus. Das wird so auf die Spitze getrieben. Alles, alles wird verteilt, der ganze Körper zerlegt. Wenn alles verschachert ist, dann wird der Anführer plötzlich freundlich. Und baut den Verlierer wieder auf und sagt, ganz der Onkel Freundlich: »Nun mein Junge, du warst heute der Blöde des Abends. Den haben wir zerlegt, verkauft, vertilgt. Jetzt bist du ein Neuer. Demnächst wirst du, ich weiß es, ein Rätselkluger sein, und an einem anderen Abend wirst du mich, der ich dich heute so gequält habe, verschachern. Viel Glück dir.« Das ist das schamanische Prinzip.

KK: Das ist gar nicht so weit von dem entfernt, was man heute in der Psychotherapie als Heilmöglichkeit nutzt. Auch in der Psychoanalyse werden Widerstände gebrochen, wird bei der Aufarbeitung in Assoziationstechnik, wie sie Sigmund Freud eingeführt hat, der Mensch gezwungen, seine »eigene Bude«, sich selbst, aufzuräumen. Selbstverständlich gibt es noch viele andere Techniken hierfür. »Nimm Abschied und gesunde.«[63] Ich denke, dass es diesen Reinigungsprozess auch in vielen religiösen Vorstellungen gibt, dass der alte Mensch stirbt und der neue Mensch geboren wird. Trotzdem noch mal – was zerbricht da, was macht der Schamane kaputt? Du hast gesagt, das sind Gewohnheiten. Wie kommen solche Gewohnheiten zustande, die krank machen?

GT: Das sind die Ergebnisse der hiesigen Lebensphilosophie und der Lebensweise. Die erweisen sich im Laufe der Jahre als falsch, als schädlich und machen den Körper kaputt. Der Heiler sieht es. Und der Patient muss das auch erkennen, davon Abschied nehmen. Der Heiler sagt ihm ein, zwei, drei wichtige Sachen, die soll der Patient versuchen anzunehmen und sich anzueignen.

Bei meiner Heilerei erwähne ich häufig die Mongoleireise. Für viele Menschen ist das sehr heilbringend. Erstens, weil man, wenn man in kälteren Jahreszeiten in die Mongolei kommt, sehr schnell abnimmt. Übergewicht ist weltweit eine der Ärgerquellen – das gibt es kaum bei den Nomaden. Da möchte man lieber ein bisschen gefüttert werden.

Das ist nur die äußere Seite. Die innere Seite: Die Leute sehen, mit wie wenig wir auskommen. Mit so gut wie nichts. Aber die Nomaden sind damit zufrieden, sind sogar glücklich. Sie haben Feuer in den Augen. Und aus den Menschen geht etwas sehr Angenehmes auf die anderen Menschen über, etwas Warmes, Weiches, Aufbauendes. Der normal intelligente Mensch begreift: Ich habe zu Hause in Europa viele Hunderttausend Gegenstände. Davon sind neunundneunzigtausend überflüssig. Ich könnte, wenn ich wollte, auch ohne diese leben. Das ist umräumen und neu bestücken.

MK: Wenn ich noch etwas ergänzen darf: Was oft zerbricht, ist ein ganz alter Hass. Ein alter Schmerz, der schon verkrustet ist und längst ein Eigenleben hat.

KK: Es gibt in der Medizin ein Phänomen, die Ärzte nennen das »Schonhaltung«. Ich habe irgendein Wehwehchen, und damit dieses nicht noch mehr schmerzt, mache ich eine ausweichende Bewegung. Bei einem bestimmten Winkel tut es weh im Knie. Um diesen Schmerz zu vermeiden, versuche ich so die Treppe runterzugehen, dass ich diesen Winkel nicht einnehmen muss. Auf die Art und Weise bekomme ich einen ganz komischen Gang, und dieser Gang macht mich natürlich an einer anderen Ecke krank. Durch diese Schonhaltung kommen neue Schmerzen. Als Metapher gesagt: Kann man viele dieser Gewohnheiten, die aus der »Zivilisation« kommen, aus falschen Belohnungssystemen, aus dem falschen Leben – »es gibt kein wahres Leben im Falschen«[64] –, könnte man solche Gewohnheiten auch als eine Schonhaltung bezeichnen? Wenn Dinge falsch laufen in einem Leben, reagieren die Menschen auf dieses Falsche und legen sich Gewohnheiten zu, »Schonhaltungen«, um diese falschen Bedingungen auszuhalten. Das erzeugt Krankheit.

GT: Falsche Bedingungen, mitunter aber auch Tabus, erzwingen oft eine Schonhaltung. Als Beispiel der Tod, alt werden, krank werden, sterben. Jeder Mensch weiß davon, hat dieses Wissen aber ziemlich weit hinten, in der hintersten Ecke des Gehirns untergebracht und will nichts davon wissen, hat Angst, daran zu denken, davon zu sprechen. Die ganze westliche Gesellschaft hat heutzutage den Tod ausgeklammert. Gestorben wird weit weg, in Hospizen, hinter dicken Mauern. Die Verwandtschaft, die Kinder wissen mitunter nichts davon. Der Mensch stirbt da allein. Er hat kein Recht mehr, zu Hause im Umkreis seiner Nächsten zu sterben. Das ist eine gesellschaftliche Schonhaltung.

Ich rede sehr offen und so, wie ich das sehe, vom Tod. Wenn man offen redet, ist der Tod gar nicht so schrecklich, wie man gedacht hat. Dadurch entwickelt man eine Bereitschaft, dem Tode entgegenzutreten. Der richtigste Weg, der kürzeste, sanfteste Weg ist immer: dem Tod entgegeneilen und ihn umhalsen. Vorbeirutschen an dem Tod, der Tod kann dich nicht zerbrechen, nicht zerschneiden, nicht erschlagen. Du kommst ihm entgegen und rufst. Rutsch vorbei, und dann hast du den Tod hinter dir, schmerzlos geschehen.

Alte Hassgefühle. Ja, genau das ist es. Ich lasse die Leute

viel schreien. Ich erzeuge einen künstlichen Schmerz auf dieser Stelle. Wenn Menschen unter Hassgefühlen, unter solch unbewältigten Gefühlen leiden, bekommen sie über dem Zwerchfell Schmerzen.

KK: Das ist verblüffend, denn wir sagen: »Das liegt mir auf dem Magen.« Oder es fällt uns etwas siedend heiß ein, und ein Schmerz fährt rein genau an dieser Stelle, zwischen dem Ende des Brustbeins und Magen. Gibt es eine Verbindung zur Akupressur? Wenn ganz bestimmte Bereiche gedrückt, gepresst werden, um dem Körper heilende Impulse zu geben?

GT: Das ist genau an dieser Stelle. Ich nehme die rechte Hand und lege den Zeigefinger vorn ans Ende des Brustkorbs und die hintere Hand auf den Rücken und wenn es geht, auf die nackte Haut. Wenn ich meine Hand auf dem T-Shirt habe, bin ich ja behandschuht – mit Handschuhen lässt es sich nicht so gut arbeiten. Aber Haut gegen Haut, Hitze gegen Hitze, da ist der Effekt viel größer. Wenn ich mit dem Finger draufdrücke, und dann noch gegen das Brustbein, und die andere Hand dagegen, wenn ich dann den Brustkorb so quetsche, da entsteht eine schmerzvolle Lust zu schreien. Ich lasse die Patienten schreien. Mehrere Male, vielleicht zehnmal, aus Leibeskräften, mit aller Gewalt schreien, dann ein paarmal ausspucken. Hier geht das schlecht, aber in der nomadischen Steppe lasse ich die Leute gleich auch das Wasser über dem Ausgespuckten ablassen. Und wenn es noch mehr sein muss, ein Häufchen drüber. Ich sage: »Nun haben wir das überwunden. Vergessen. Gewesen, jetzt ist es vorbei, Gras drüber, Sand drüber. Piss und Schiss darüber.«

KK: Ich spiele jetzt mal ein bisschen dagegen: Na ja, könnte man sagen – das ist in der westlichen Psychologie bekannt, das hat mit Suggestion zu tun, das hat mit der Bereitschaft zu tun, gerade von Frauen, sich dem Heiler hinzugeben. Die wollen, dass etwas mit ihnen passiert, und wenn sie es lange genug glauben, dann passiert auch irgendetwas. Das sind nur psychosomatische Reflexe. Also keine Heilung, die aus dem Rahmen einer kausal, physiologisch, chemisch verstandenen Medizin herausfallen würde. Was würdest du so jemandem antworten, der sagt: »Das ist alles Scharlatanerie, die Leute bilden sich das ein und hüpfen fröhlich davon, nach zwei oder drei Tagen verliert sich die Euphorie, und der normale Alltag zieht ein. Der Heiler ist von dannen gezogen, und die Beschwerden, die Schmerzen und die Krankheiten – das ist alles wieder da.«

GT: Ich komme auch dieser Ernüchterung entgegen. Ich spiele mit völlig offenen Karten. Bevor ich ein Seminar abschließe, sage ich: »Ich habe euch nichts gegeben. Meine Hände sind ganz normale Hände. Ich habe nichts zu geben. Ich habe versucht, mit den Fingern eure kranken Stellen, die Haut, den Körper von außen zu glätten. Ich habe ein wenig Stauung und ein bisschen Blockade aufgelöst – gut, aufzulösen versucht. Aber warum habe ich die ganze Zeit gequatscht? Ich habe immer bunte Geschichten erzählt und habe euch dabei weggeführt in andere Denkrichtungen. Ich habe dabei versucht, gleichzeitig mit der Zunge eure Seelen zu glätten. Heilung meint bei mir immer beide Seiten. Hier die Haut von außen, da die Seele von innen. Dann habe ich dich, den ganzen Menschen in mir, und so ist das geschehen, aber das ist nicht mein Verdienst gewesen. Ich habe lediglich in dir schlafende, verkümmerte Kräfte erweckt. Der

Mensch, der menschliche Körper mit Seele und Geist, das ist ein kleines Universum, eine Vollkommenheit, ein Wunder. Der menschliche Körper ist vom Schöpfer erschaffen und dir gegeben. Dieses Wunder hast du falsch behandelt. Hast es erschlaffen lassen, eingeschläfert, erkalten und ertauben lassen. Und dieses wunderbare Ding hat jetzt von Neuem angefangen, an dem einen Ende zu sprudeln, zu brodeln und am anderen Ende zu läuten und zu singen. Jetzt ist dein Körper wach, und du kannst dich selbst heilen. Mein Verdienst ist lediglich, dass ich dir geholfen habe, diese schlafenden Stellen zu erwecken.«

KK: Manchmal machen wir die Erfahrung, dass uns eine Krankheit weiterbringt in unserer Entwicklung: Krankheit ist dann für uns eine Chance und nicht nur eine Krise.

GT: Genau das sage ich. Wir brauchen die Krankheit. Ein Mann, bei dem wir waren, ist durch Amalgam vergiftet gewesen, und er hat noch immer Gift in seinem Körper. Ich habe ihm gesagt: »Das wird rausgehen.« Ich habe erst mal einiges verordnet gegen Vergiftung, ganz einfache Dinge: viel Milch trinken, viel schwitzen und hin und wieder auch einen ganz klaren guten Schnaps trinken – auch sich austoben. »Aber es wird immer noch ein wenig davon in dir drin bleiben. Und du wirst das brauchen.«

Gift gegen Gift. Der Körper braucht kleine Mengen Gifte, um anderen Giften widerstehen zu können. Der Körper braucht immer ein wenig von einer Krankheit. Schnupfen brauchen wir immer: Wer öfter Schnupfen hat, der habe eine geringere Chance, an Krebs zu erkranken, habe ich in einer Fachzeitschrift gelesen. Immer wieder kleine Krankheiten halten den Körper wach.

Ich erkläre das am Beispiel der Röhrenknochen: Wir essen das Fleisch von großen Knochenstücken, Röhrenknochen von den Schafen oder von anderen Tieren. Das Fleisch wird abgeknabbert, dann wird der Knochen sofort über der Schüssel zerschlagen. Die Könner zerbrechen den dicken Knochen nur mit einem leichten Schlag, um das Mark auszusaugen. Aber Stümper können zehnmal schlagen, und wenn so ein Knochen zehnmal geschlagen worden ist, zerbricht er nicht, da muss man mit dem Hammer rausgehen und ihn auf einen Felsen legen und dann kräftig daraufschlagen. So ist der menschliche Körper auch. Ein Mensch, der immer wieder leicht erkrankt war im Leben, hat viel Widerstand in sich – die Landwehr, die Feuerwehr ist immer wieder ausgerückt, ist ständig in Übung gewesen. Ihr sagt, die Immunabwehr ist gestärkt. Ein Mensch, der nie krank gewesen ist, hat keine Übung damit. Die Abwehrkräfte schlafen, und kommt eine ernste Erkrankung, kann er viel schwerer damit umgehen.

KK: So ein Mensch erschrickt auch. Er erschrickt über seine Krankheit. Ein ganzes Leben lang ist er proper gesund gewesen, und dann wird er krank, das ist fürchterlich: »Und das jetzt mir, und warum ich?« Dieser Mensch kommt schwerer damit zurecht. So verstanden, ist die Krankheit eine gesunde Reaktion.

GT: Nicht die ewig Kränkelnden sind es, die unerwartet sterben. Das sind zu einem großen Teil, zum bedeutend größeren Teil, eigentlich die Gesunden, die plötzlich erkranken und darauf schnell sterben – also die den ersten Schlag eines Könners abbekamen.

Heilung braucht der Mensch. Aber Krankheit, Leiden,

Hunger, Kälte, all diese negativen Erscheinungen braucht der Mensch genauso, um zu wachsen, so wie die Pflanzen diesen nahen, Fast-Tod brauchen. Jeden Winter fast zu Tode erfroren und dann wieder erwachen, um zu erstarken. So ist es auch mit uns Menschen.

Ich glaube, eitel Glück macht dumm. Wenn du jeden Tag mit einem vollen Magen, in Wärme und in Geborgenheit gelebt hast, dann denkst du an viele Sachen gar nicht, wirst unachtsam, dumm. Aber wenn du immer wieder Krankheiten, Schwierigkeiten im Leben gehabt hast, dann hattest du immer wieder Gelegenheit, über bestimmte Dinge nachzudenken, dein Sichtfeld zu erweitern. Davon wird wenigstens der menschliche Blick klarer. Kranke Menschen haben einen klaren weisen Blick.

KK: Die Medizin, zumindest die westliche Medizin, basiert auf einem naturwissenschaftlichen Verständnis des Menschen. Die Naturwissenschaft formuliert in gewisser Weise das Wissen darüber, was wir mit der Natur machen können, das heißt auch letztlich, welche Maschinen wir bauen können. Letzten Endes sieht sie den Menschen dann als eine Art biochemische Maschine. Eine Idee, die gar nicht so neu ist, weil Julien de La Mettrie[65] und die Materialisten im 18. und 19. Jahrhundert darüber schon geredet haben, dass der Mensch nur eine Art Maschine sei, deren Funktion und Mechanismen man erkennen kann, auch wenn es biochemische Mechanismen sind.

Natürlich habe ich nichts gegen Technik. Ich bin froh, dass, wenn ich einen Knochen gebrochen habe, man ihn röntgen kann und dann richtig weiterbehandeln. Wunderbar. Das Dumme ist nur, so ein Röntgenapparat kostet viel Geld und muss sich amortisieren. Der Arzt wird ihn möglichst oft einsetzen, das ist ökonomisch verständlich. Ähnlich ist das wahrscheinlich mit dem Ultraschallgerät, mit den diagnostischen Laboruntersuchungen. Ein Gerät, das nicht gebraucht wird, das kein Patient bezahlt, muss der Arzt selbst bezahlen. Ein großer, teurer Computertomograf oder ein Kernspintomograf muss den ganzen Tag ausgelastet sein. Die Technisierung der Medizin verstärkt sich über den ökonomischen Druck.

Hinzu kommt der Zeitfaktor. Der Arzt kann seine Praxis beliebig aufbauen und technisch ausrüsten. Da sind nach oben höchstens pekuniäre Grenzen gesetzt. Aber der Arzt hat eine natürliche Grenze, nämlich die Zeit, die er seinem Patienten widmen kann. Und diese Zeit wird ökonomisiert durch das Abrechnungssystem. Hier verselbstständigt sich wieder etwas, weil unser Belohnungssystem falsch gestrickt ist. Der Arzt, der sich dem Patienten gegenüber öffnet, muss sich natürlich Zeit nehmen. Um einen Patienten zu verstehen, braucht es am Anfang die Anamnese, die kann eine Stunde dauern. Dafür wird er von diesem Gesundheitssystem nach der Kassenabrechnung nicht bezahlt. Machen die Ärzte dies aus reiner Nächstenliebe, verarmen sie. Außer sie entscheiden sich zu möglichst vielen Krankenscheinen pro Zeiteinheit, dann wird das Patientengut eben im Fließbandsystem abgefertigt, mit drei Besprechungszimmern, rasch von einem zum anderen, scheibchenweise, im *time sharing*.

Dieser Zeitmangel und die Verselbstständigung des Apparativen, weil das Apparative eben auch ein Ausdruck des Ökonomisierungsdrucks ist, diese zwei Dinge machen unser Gesundheitswesen kaputt und hindern den Arzt, wirklich Arzt zu sein – sie machen ihn, wie es so schön heißt, zum Mediziner.

GT: Wenn ich mich irgendwann in Europa als Heiler niederlassen würde, was ich wirklich nicht vorhabe, aber rein theoretisch, dann lägen meine Schwierigkeiten nicht in der Richtung, dass ich keine Patienten bekommen oder unterbezahlt werden würde. Mein Hauptproblem wäre, dass ich mit der moralischen Seite des Heilens nicht zurechtkommen würde. Weil ja der schamanische Heiler ein Mensch ist, der immer anfasst und berührt – mit den Händen die Haut berührt, mit Worten die Seele berührt. Wie soll ich einen Menschen heilen, den ich gar nicht anfassen darf? Ich muss die Seele berühren, den Geist berühren, den Körper berühren. Da berühren sich zwei Menschen, Heiler und Patient müssen ein Ganzes darstellen. Das ist das Prinzip schamanischen Heilens. Das geht bei manchen leicht. Bei manchen gibt es erst Bedenken, einen kleinen Widerstand. Aber ich kann diesen kleinen Widerstand überwinden und meinen Patienten erobern. Der Patient sieht es ein und ergibt sich mir. Dann ziehen wir beide zusammen an einem Strang, Hand in Hand, Herz in Herz. Jeder Patient ist für mich eine Welt.

Trotz der Unzulänglichkeit meiner Methoden und meiner Möglichkeiten habe ich doch der westlichen Medizin gegenüber einen großen Vorsprung. Weil ich sofort den Menschen angehe, mit Hautkontakt, Herzkontakt, Seelenkontakt, während mein westlicher Kollege mit all seinen Instrumenten diesem Menschen häufig fernbleibt, zwei Pflöcke letztendlich, die nur durch die Apparaturen kommunizieren. Aber ich bin sofort da, und mein Heilungsweg ist entweder nicht möglich, oder er passiert recht schnell. Ich habe nur meine Erfahrung, meine zwei Hände und meine steppennomadische Achtung und Liebe zu den Menschen. Aber trotzdem – mit diesen schwachen Instrumenten bringe ich dieses und jenes zustande. Das ist der Grund, weshalb ich so heiter bleibe.

Aber westliche Mediziner – nicht alle, aber viele – würden, anstatt diesen Erfolg anzuerkennen, daran zweifeln: »Das kann nicht sein nach wissenschaftlichen Erkenntnissen.« Das ist mir immer wieder passiert. Ich bin als Kind am ganzen Körper verbrüht worden. Als ich noch ein kleines Kind war und später in der Schule, war der ganze Körper vernarbt, die Spuren sind jetzt noch da. Hier an den Armen und hier an der Lunge auch. Alle Haut ist weg gewesen. Nur die Spitzen der vier Extremitäten, also die Fußsohlen und die Handflächen, blieben verschont. Ich habe in der Milch gekocht, in einem großen Kessel, im Alter von zwei Jahren vielleicht.

KK: Das hättest du gar nicht überleben dürfen …

GT: Ja, und dann blieb ich doch am Leben. Meine Eltern haben mir erzählt, sie hätten mein Herz gesehen. So ein kleines, schattenhaftes Vöglein … Hinter einem Vorhang sei sichtbar gewesen, wie das Herzchen geklopft hat. Sie haben immer gebangt, jede Stunde, jeden Tag könnte das Kind seinen Leiden erliegen. Aber dennoch haben sie alles Mögliche versucht, um mich zu retten. Und letztendlich hat man mir das Leben gerettet.[66] 1971 war eine große medizinische Ausstellung aus der DDR in Ulaanbataar. Es kamen auch viele Ärzte, eine große Delegation. Ich war ihr Dolmetscher, und aus Freude, wieder die deutsche Sprache sprechen zu dürfen, habe ich die Ärzte nach Hause eingeladen, in eine kleine Wohnung, mit drei kleinen Kindern. Alles hat voller Menschen gesessen, wir haben einen Abend lang erzählt, getrunken, gegessen, eine fröhliche Gesellschaft.

Dabei habe ich einem Arzt von der Verbrühung erzählt. Das war ein eiskalter Mensch, der hat mich mit einem Mundvoll Worten abgefertigt: »Mein lieber Galsan, ich empfehle dir, erzähle das bitte nirgends. Als Mediziner weiß ich, wenn so viel Prozent der menschlichen Haut verbrüht, verbrannt sind, dann stirbt der Mensch. Was du erzählt hast, das wären ja siebzig bis achtzig Prozent. Das kann kein Hund überleben. Mein lieber Freund, das erzählst du nicht noch mal.« Ich war blamiert in den Augen der anderen. Die werden bestimmt ihm geglaubt haben, aber nicht mir. Doch mein Leben ist ja der Beweis – all die Wunden, all diese Narben, das spielte für ihn keine Rolle.

MK: Du bist in dieser Heilungsphase als Kind die ganze Zeit an den Händen gehalten worden, abwechselnd, denn du konntest ja nirgendwo liegen.

GT: Tag und Nacht, Vater, Mutter, Großmutter, drei erwachsene Menschen haben mich abwechselnd immer gehalten. So ein Kind kann sehr schwer werden mit der Zeit, nach zwei Stunden hält das kein Mensch mehr aus. Das ist beschrieben in dem Roman *Der Blaue Himmel,* und ich denke, das ist wahrscheinlich meine Initiation gewesen. Jeder Schamane muss ja etwas Schrecklichschweres erleben. Durch diese Verbrennung bin ich enthäutet worden, dünnhäutig geworden, im wörtlichsten Sinne. Die grobe Elefantenhaut ist mir abgezogen worden. Das ist wahrscheinlich der Grund, weshalb ich jetzt so viele Dinge schneller begreife, weshalb ich so intuitiv bin.

MK: Befähigt uns erst ein solches Erlebnis, dass wir mehr wahrnehmen als andere? Müssen wir am eigenen Leib Todesnähe erleben, um diese tiefe Verbindung zum Leben zu haben?

GT: Darauf kann ich so eindeutig nicht antworten. Auf jeden Fall werden die Antennen mit jedem einschneidenden Erlebnis weiter gewetzt, man schält sich immer weiter ab zu seinem Kern. Was ich eindeutig beantworten kann, ist: Ich werde immer wacher. Von Seminar zu Seminar, von Behandlung zu Behandlung werde ich geschärft. Jedes Seminar ist ein »Staatsexamen«, das ich vor mir selbst und vor der menschlichen Gemeinschaft, vor wildfremden Menschen abzulegen habe. Jeder Patient baut weiter an mir, jeder Erfolg, aber auch jede Niederlage lässt mich wachsen, in dem Sinne: Sie ist eine weitere Gerbung meiner blaubunt geprügelten, zerknitterten Haut.

Esoterik als Konsum

KK: Wir haben in Deutschland, ich weiß nicht wie es in den anderen europäischen Ländern ist, eine pseudoesoterische Szene, die von Menschen bevölkert wird, die von einer esoterischen Marotte zur nächsten hüpfen. Zuerst lassen sie sich mit Bachblüten belegen, dann machen sie ein Klangschalenseminar, lernen Mantras, legen Tarotkarten … Ich frage mich, was ist das für eine Krankheit? Die Menschen suchen ja etwas, irgendeine Lösung oder vielleicht eine Erlösung durch solche Praktiken, nachdem ihnen die Religion nichts mehr sagt, die Rationalität auch nicht ausreicht, sich selbst zu ordnen. Sie legen sich eine ganz besonders tolle Krankheit zu, die keiner so richtig diagnostizieren kann. Sie gehen auch von Arzt zu Arzt und erleben: »Kein Arzt kann mir helfen.« Was fehlt ihnen?

GT: Da ist das System schuld. Das sind ja keine Einzelfälle, solche Ärzte- und Heilersammler gibt es jetzt massenweise. Ich versuche immer, sie sehr sanft zu behandeln, aber ich sehe dahinter die Gesellschaft. Das System ist falsch, dieser sogenannte Wohlstand mit all seinen Medien. Die Medien verdummen die Menschen, führen sie in den Dschungel, sie zeigen nicht den richtigen Weg. Der Mensch hat irgendwann gemerkt, ihm fehlt etwas Wesentliches. Der Magen ist zwar satt, viele leiden mittlerweile sogar an Übergewicht. Aber die Seele ist hungrig. Eine vor Hunger schreiende Seele möchte gestillt werden. Ich versuche den Leuten zu helfen, indem ich ihren Hang zum esoterischen Konsum gnadenlos zerstöre.

Am Schamanentreffen in Alpbach vor acht Jahren habe ich den Leuten, die am ersten Tage zu mir kamen, gesagt: »Eine Bedingung zwischen uns: Wenn Sie zu mir kommen, dann bleiben Sie bitte die ganze Woche bei mir. Aber dass Sie nicht von mir zu dem südafrikanischen Schamanen gehen. Und von ihm dann weiter zum peruanischen. Sonst werde ich böse.« Die Leute sagten: »Ja, verstanden«, und sind trotzdem von einem zum anderen gelaufen. Bei allen genascht, um ihre Konsumgier zu stillen.

Ja, das ist diese verfluchte Sucht nach Konsum. Wie sie Schokoladen, Biskuits und all diese Süßigkeiten konsumiert haben, wollen sie jetzt auch den Heiler aus Asien, den aus Afrika, den aus Lateinamerika konsumieren. Das ist krankhaft. So empfehle ich auch bei mir zu Hause: »Bleiben Sie bei einem Schamanen, bleiben Sie bei einem Arzt, wenn Sie Vertrauen haben. Nicht ständig wechseln. Jeder hat andere Wege, andere Gehweisen, nur der Ausgangspunkt und das Ziel sind gleich. Der Schulmediziner geht wahrscheinlich etwas gewunden zum Ziel, und der

Schamane ist ziemlich direkt. Der geht über Felsen, durch Felsen hindurch.«

Vertrauen und Selbstheilung

KK: Natürlich haben auch die Schulmediziner ihre Rituale: der weiße Mantel, das Stethoskop, die blitzende Spritze … Das sind ganz wichtige Ingredienzen. Jeder Mediziner wird, wenn man ihn näher fragt, zugeben: »Die Patienten kommen mit einer Erwartungshaltung und sind ganz enttäuscht, wenn ich mit ihnen nichts mache. Ich muss wenigstens eine Spritze geben. Dann hat der Patient das Gefühl, dass etwas Hilfreiches mit ihm passiert.« Denkbar wäre doch auch, der Patient sagte: »*Ich* verändere jetzt etwas. Du, Arzt, kannst mir dabei helfen, *ich* will jetzt etwas für meine Gesundheit tun.« Heilung ist letzten Endes – doch auch immer zum großen Teil – Selbstheilung.

GT: Immer wieder sage ich: »Wir zwei müssen Hand in Hand gehen. Du als Patientin, ich als Heiler. Wenn du es nicht willst, dann kann ich nichts bewirken. Du musst es wollen. Also gib mir deine Hand und bleib mir bitte treu. Ich verlange Treue, zwei Minuten Treue.« Das ist parabelhaft. »Wenigstens zwei Minuten lang bleib mir treu. Dann bewahre ich diese zwei Minuten lang auch dir Treue.« Aber das fällt vielen schwer. Ich will ja den ganzen Körper aufgeschlossen, geöffnet wissen, mit allen seinen Kanälen.

KK: Warum fällt das so schwer? Ist es das europäische Ich, das dagegensteht?

GT: Sie haben Angst. Und sie sind kritisch, sie zweifeln. Ich rede immer von den Würmern des Zweifels, von den dick gefütterten, frech-unheiligen Würmern des Misstrauens. Viele Menschen halten das für ihre Stärke. Zweifeln, misstrauen sei eine Kultur, denken sie. Sie haben immer einen dunklen Gedanken bei sich als ihren ewigen Schatten, der letzten Endes zwischen ihnen und dem Universum steht. Sie können sich einem Menschen nicht völlig hingeben. Sie haben immer einen dunklen Gedanken in sich, der misstraut und kontrolliert und über allem steht, ihr bissiger Wachhund. Jeder Mensch hat seine Stasi in sich, seinen Bundesverfassungsschutz, seinen BND, seinen KGB …

MK: Hier im Westen erleben wir ständig, dass Unbefugte, unter anderem die Medien, versuchen, auch an das, was am schwersten zugänglich ist, nämlich das Innere des Menschen, heranzukommen, die Gedanken des Menschen zu beeinflussen, seine Ängste zu schüren, Eingang in den Menschen, in sein Bewusstsein zu finden. Es ist verständlich, wenn Menschen, die diese vielfältige Bedrohung spüren, manchmal Angst haben zu vertrauen, und sei es nur für zwei Minuten, weil sie das Gefühl haben: »Von allen Seiten will jemand an mich oder in mich hinein«, sodass sie Schwierigkeiten haben, sich einzulassen und zu vertrauen.

KK: Diese Kontrollinstanz haben wir im Westen verinnerlicht, weil die wissenschaftliche Methodik tief in unser Alltagsdenken eingedrungen ist. Wissenschaft heißt ja immer auch: misstrauen, kontrollieren, prüfen, wiederholen, fragen … Stimmt es wirklich, was ich da behaupte?

Wem vertraue ich mich an in dem Sinne, dass ich bereit

wäre, mich zu öffnen? Wem gestatte ich einen Zugang zu meiner inneren Welt? Das würde ich doch nicht jedem gegenüber tun.

Zunächst mal möchte ich eine gewisse Absicherung. Vielleicht darf es der Schamane, möglicherweise der Priester, der Arzt, der Seelsorger, der Liebende. Nur das sind die Instanzen, die meine innere Welt betreten dürfen. Die Familie gehört zur Kategorie der Liebenden. Jede Kultur hat gewisse Schwellen aufgebaut, dass nicht jeder in der Innenwelt des anderen herumpfuschen darf. Der Psychologe muss zeigen, dass er sein Handwerkzeug versteht, der Schamane wird initiiert, der Arzt muss seine Approbation haben, der Priester wird geweiht …

Mittlerweile ist es aber so, dass die Medien ständig versuchen, einen unprivilegierten Zugang zum Inneren des Menschen zu finden. Vielleicht muss man die Grenzen wieder deutlicher ziehen und das Numinose gegenüber dem Banalen verteidigen.

GT: Die Menschen können nicht zwei Minuten lang wieder Kind sein. Ich will nicht viel mehr von ihnen: »Sei mir bitte zwei Minuten mein Kind – mein Weib – mein Freund – meine andere Hälfte. Was dir fehlt, das bin ich. Wenn dir der Vater fehlt, dann bin ich dir der schutzbietende Vater. Wenn dir der Ehemann fehlt, bin ich dein Ehemann. Wenn dir ein Kind fehlt, du kannst mich in die Arme nehmen, sei mir Mutter. Ich bin dein Kind. Ich verlange nur zwei Minuten.« Aber es gibt auch Leute, die wunderbar entgegenkommen und leuchten, entgegenfließen. Bei solchen sage ich mit Betonung: »Ich heile dich. Ich habe dich, du hast mich, zusammen können wir heilen.«

KK: Kann man sagen, die Patienten sind heilbar in dem Augenblick, in dem sie sich öffnen?

GT: Genau, genau. Aber ein Schamane sagt das natürlich nicht so juristisch, der Schamane hat seinen Weg, der fängt an zu spielen, zu spinnen. Das ist seine große Stärke, aber auch seine Achillesferse, in welche die Schützen des ewigen Bürgerkriegs ihre Harpune erfolgreich hineinrammen könnten. Viele europäische Menschen sind irritiert, sie haben so etwas nie gehört. Sie denken, eine Heilung soll eine ganz korrekte, kühle und trockene Sprache haben, wie ein Vertrag.

Das ist aber nicht mein Weg. Wir müssen spielen zusammen. Wir sind zwei Kinderchen, Hand in Hand, Herz an Herz. Wir spielen, hüpfen, und wir vergessen erst einmal. Ich vergesse, dass ich einen Menschen zu heilen habe. Und dieser Mensch hat zu vergessen, für eine bestimmte Zeiteinheit, dass er krank ist und dass er bei einem Heiler ist. Jetzt sind wir nur zwei Menschen, zwei Hälften, die sich ein Leben lang nacheinander gesehnt haben, endlich, endlich, vorerst mal sich gefunden haben. Das ist ja der heilige Augenblick unserer Vereinigung. Da findet ein Vereinigungsakt statt, in den gedrängten Zeiteinheiten, von denen ich gesprochen habe. Wenn das geschehen ist, dann sage ich: »Mädchen, Junge, du bist wieder gesund, hau ab. Ich wünsch dir Glück, und ich gebe dir eine Garantie von fünfundzwanzig Jahren.« Da bin ich Onkel Großzügig.

MK: Gehen wir noch einmal einen Schritt zurück. Klaus, du hast gesagt, die Sorge um sich selbst, also für Leib und Seele, wurde getrennt, sodass der Mensch nicht mehr selbst für seine Seele sorgt, sondern dies dem Priester überlässt, und für den Leib hat er den Arzt. Der Schamane aber ist Heiler und Seelsorger in einem, und ein »Geisterhirte« auch noch. Er stellt auch die Verbindung zum Numinosen, zum Himmel her. In diesem Moment, den du gerade beschrieben hast, wenn sich der Patient eröffnet und du eröffnest dich: Beide fließen dann ineinander, alles, was ist, der Himmel, die Erde können ineinanderfließen. Die Heilung kann stattfinden in diesem verdichteten Moment, weil alles eine Einheit ist, die Polarität aufgelöst ist. Es fehlt wirklich ein Begriff dafür –, wie soll man es bezeichnen?

GT: Ja, wir sind jetzt eine Einheit, sind vereinigt. Ein Körper, eine Seele oder zwei Körper, eine Seele, könnte man auch sagen.

KK: Wenn das eine Einheit ist und der Schamane auch ein Mittler zum Numinosen ist, dann, sagt die westliche Logik, hat diese gesamte Einheit, Patient *und* Schamane, eine Verbindung zum Göttlichen, das heißt, in diesem Falle ist der Schamane wie auch diese Verbindung Vermittler zum Göttlichen.

MK: Er übernimmt das für den Patienten, bis dieser es selbst kann, dann braucht er den Schamanen nicht mehr. Der Patient wird ja ermutigt, die Sorge für sich selbst wieder zu übernehmen. Er wird erinnert an sein inneres Licht, an seine eigene Kraft, sich gesund zu erhalten.

GT: Der Schamane ist in diesem Moment der Mensch schlechthin, dem man vertrauen darf. Der Mensch Ehrlich, der Mensch Nummer eins. Dem darf ich mich hingeben, zu ihm darf ich Vertrauen haben. Wenn der Patient so denken kann, dann kann ich heilend arbeiten mit ihm. Wenn er noch nicht so denken kann, den Fluss ständig unterbricht, indem er an mir herumkritikelt, dann ist diesem armen Wesen nicht zu helfen. Aber viele tun das trotzdem, vermutlich, weil sie es anders gar nicht können.

KK: Dieses Vertrauen ist aber nicht negativ bestimmt? Manchmal sagen wir hier im Abendland, Vertrauen sei das Einzige, das bei Kontrollverlust übrig bleibe. Ich denke, hier ist nicht dieses negativ bestimmte Vertrauen gemeint?

MK: Nein, das ist eher ein Urvertrauen. Gleichzeitig braucht diese Einstellung beim Schamanen eine große Demut, damit das Vertrauen gerechtfertigt ist. Ein Schamane, der die Demut verliert, wechselt über zur dunklen Seite, weil er glaubt, er wäre der Größte, es läge ausschließlich an seiner Kraft und an seinen Fähigkeiten, dass er alles heilen kann. Heilung kann sich nur entwickeln, wenn der Heiler oder der Schamane in einer demütigen Haltung bleibt und sich als Mittler versteht.

GT: Ich glaube fest daran, dass Gott, wenn es ihn gibt, auch demütig ist. Und dass Gott Spiele liebt. Das ist der Grund, dass ich den Himmel für ein dreijähriges Kind halte. Ich kann den Himmel immer nur spielerisch neben mir wissen. Spielend kann ich mich in ihn hineinfinden. Demütig, liebend, offen, spielend, wohlwollend. Während ich nach außen der allmächtige Schamane bin, der so schnell, in wenigen Minuten, einem leidendem Menschen helfen kann – ich spüre dann die Kraft, die in meinen beiden Händen, in meiner Zunge gesteckt hat, das ist angenehm zu wissen –, dann spüre ich zeitgleich immer die Demut. Die innere

Lampe brennt immer. Ich sage mir: »Alterchen, jetzt ganz hübsch bescheiden bleiben, noch kleiner werden, als du ohnehin bist in dieser Welt der Größenwahnsinnigen. Nicht dich aufblasen, klein bleiben und leise auftreten.« In dem Augenblick denke ich immer, alle großen Wesen sind im Grunde demütig, einfach, klein.

KK: Das ist auch das Schamanenverständnis: Der Heiler heilt nicht aus seiner Eigenkraft, es fließt durch ihn hindurch. Er ist ein Vermittler zum Patienten.

GT: Ich bin Medium, in diesem Augenblick. Ich bin der Weg. Ich bin das Flussbett. Mein Heiler ist das Wasser, das durch mich hindurchfließt und die richtige Richtung findet. Ich bin ihm alles, was er braucht: Bett, Ufer, ich darf nicht irgendwie ausschwirren. Ich bleibe hübsch klein, so wie ich bin. Der soll, die soll, durch mich hindurchfließen.

KK: Ist da die Versuchung nicht unendlich groß – typisch westliche Frage –, zur Hybris zu kommen und zu sagen: »Ja das sind doch *meine* Fähigkeiten. Ich als Heiler will selbst bestimmen, was das Heil *ist.*«

GT: Ich weiß vorher nie, was ich sagen werde, was ich tun werde, aber ich merke, alles sprudelt aus mir heraus. Während ich heile, während ich jemanden behandle: Es kommt alles von selbst. Wenn die Leute zu mir kommen, rutscht alles von selbst auf die Zunge. Und wenn mir hinterher gesagt wird: »Herr Tschinag, Sie haben das und das gesagt«, dann weiß ich es nicht mehr. Ich frage immer zurück: »Habe ich das wirklich gesagt?« Dann überlege ich, und manchmal fällt es mir ein, manchmal nicht.

MK: Ich erlebe es bei mir selbst auch so, dass ich einfach in diesem Fluss bin, gemittelt zwischen Himmel und Erde. Ich bin selbst geöffnet in Licht und Liebe, aber ich weiß nicht wirklich, woher es kommt in dem Augenblick. Es kommt, und es fließt durch.

Ich komme noch mal auf etwas zurück, das du gesagt hast: Man ist Diener als Schamane. Ein Diener, der den Menschen dient, den Gräsern, dem Himmel, der Erde. Dieses Verständnis meint: Ich bin nicht der Herr, der es beherrscht.

GT: Alles andere als Herr. Ich bin Diener. Früher wollte ich Macht haben, was soll ich das verheimlichen? Mächtig sein wie andere auch, finanziell mächtig, politisch mächtig und Einfluss und Freunde haben. Das war meine Sehnsucht. Mit dem zunehmenden Alter ist das immer mehr der Sehnsucht gewichen nach Dienst, dem Wunsch zu dienen. Das habe ich interessanterweise auch bei Goethe gelesen.[67] Er hat diese Sehnsucht zu dienen ebenso in sich gehabt.

Schamanisches Heilen und Quantentheorie

GT: Jeder Heiler hat ein guter Logiker zu sein – ein Spinner, aber im besten Sinne des Wortes. Ich verwende sehr oft glühende Steine. Wir leben ja das halbe Jahr in großer Kälte. Die Luftwege sind häufig entzündet; also Husten, Erkältung, Bronchitis. Da helfen glühende Steine, ich bringe sie zum Glühen und gieße Wacholdersud darüber, damit viel Dampf entsteht zur Inhalation. Das hilft bei Kleinkindern und bei Erwachsenen. Aber nicht irgendwelche Steine. *(Lacht)* Es müssen runde, weiße Steine von der südlichen Seite sein, die sind schwer aufzutreiben. Die Patienten sollen ruhig länger suchen. Es wäre ja uninteressant, wenn sie einfach aus der Jurte hinaustreten und den erstbesten Stein hereinholen. Dann ist das bei Weitem nicht so zauberhaft. Ich schicke sie in die südliche Richtung: »Fünfzig Schritte gehen und anfangen zu suchen, einen kopfgroßen, möglichst weißen, runden Stein.« Die suchen lange, aber sie finden ihn immer. Dann verlange ich: »In die nördliche Richtung, auch dort fünfzig Schritte gehen und dann anfangen zu suchen und einen schwarzen Stein mitbringen in ähnlicher Größe.« Der schwarze ist sehr schwer zu finden – dennoch findet man ihn zu guter Letzt immer. Manchmal auch: »Wenn du einen ganz schwarzen Stein nicht findest, dann einen möglichst dunklen.« Dann kommen die zwei Steine und werden zum Glühen gebracht.

Wenn die beiden Steine zum Glühen gebracht worden sind, dann hat der kranke Mensch sich auszuziehen, und bevor er jetzt darüber gewaschen wird, sitzt er mit geschlossenen Augen, die Handflächen nach oben gekehrt, und hat einundzwanzigmal zu sprechen: *»Em bol dom bol, em bol dom bol, em bol dom bol …«* Das ist etwas Zauberhaftes, das ist das Mantra der Nomaden. Dadurch werden alle Kanäle geöffnet, die ganze Aufmerksamkeit wird jetzt gesammelt, zu einem Pfeil gespitzt, zu einem Faden gezwirbelt. Nicht blindlings anfangen mit Waschen, sondern sich darauf vorbereiten: Jetzt fängt die Behandlung an.

Und wenn der Mensch, das Kind, mit Wacholdersud gewaschen ist, dann abtrocknen und einwickeln und gut zudecken. Dazu verordne ich noch, dass über der Jurtentür ein roter Strick gezogen wird. Ein Strick und ein rotes Tüchlein drüber – das bedeutet Eintritt verboten, wie eine rote Lampe, die draußen brennt. Das sage ich ganz einfach, damit keine Kälte reinkommt. Der Mensch ist gewaschen und liegt im Schwitzbad. Wenn jetzt verschiedene Leute die Tür immer wieder aufmachen würden bei der winterlichen Kälte, läge der feuchte Kranke in Zugluft. Ich bestimme außerdem, alle sollen leise sein. Wenn der Hund bellt in der Nähe, soll man ihn wegjagen. Damit der Mensch gut schlafen kann und wieder ausgeruht ist. All das hilft als Quersumme – meistens heilt das gut.

Da sind die psychologischen Momente mit dem naturheilkundlichen Heilen gemischt. Aber vielleicht geht es darüber hinaus, liegt auch ein verborgener Sinn darin. Denn wenn ich es genau überlege: Weiß und Schwarz nehmen ja die verschiedenen Strahlungen unterschiedlich auf. Also Kräfte, die nicht in dem weißen Stein sind, könnten in dem schwarzen sein, oder umgekehrt. – Ich sage ja, man muss gut spinnen, fantasieren können.

KK: Fantasieren, vielleicht auch intuitiv etwas erfassen, was wir hier im Westen mit Begriffen so gar nicht erklären können. Ich will mal ein wenig theoretisch spinnen … Natürlich könnte es durchaus sein, dass es mit einem anderen Stein auch funktioniert. Aber es ist wichtig, dem Patienten zu sagen: »Du musst diese fünfzig Meter gegangen sein oder diese hundert Meter. Wie auch immer, du musst ein bestimmtes Ritual durchführen. Dieses Ritual führst du für dich durch. Es ist einmalig für dich. Du musst genau sein. Versuche, einen Stein zu suchen, der weiß ist und der zu dir passt.« Dadurch baut der Patient zu *diesem* Stein ein Verhältnis auf. Zu dem beliebigen Stein rechts neben der Jurte hätte er dieses Verhältnis nicht, weil er dieses Ritual nicht durchgeführt hat.

Im Westen gehen wir mit Dingen auch so um: Dieser Stein *(nimmt einen Stein vom Fensterbrett),* der ist aus der

Argen.[68] Das könnte genauso ein anderer Stein sein, der könnte auch hier liegen, könnte auch schmücken. Aber nein, das ist für mich ein besonderer Stein, der hat eine Geschichte, wir haben ein gewisses Ritual mit ihm durchgeführt, deshalb ist es *für uns* ein anderer Stein als der nebendran oder der dort draußen. Draußen liegen tausend andere Steine. Aber sie haben nicht die Eigenschaften, die dieser Stein hier hat, denn mit ihm gibt es ein Verhältnis. Dieses Verhältnis ist ja nicht nur einseitig. Würde es sich um einen Placeboeffekt handeln, wäre dieses Verhältnis asymmetrisch, das wäre nur ein Verhältnis von mir zu diesem Stein. Nun könnte man fragen, was spricht eigentlich dagegen, dass auch der Stein ein Verhältnis zu mir hat?

MK: Und antwortet.

KK: Und antwortet. Wobei dieses »Antworten« natürlich im westlichen Verständnis nur eine Metapher sein kann. Ich spreche zu dem Stein. Wird mir der Stein antworten? Was denkt sich so ein Stein dabei, wenn ich mit ihm spreche? Ich kann einem Stein nicht ansehen, ob er, wie man so schön in der Wissenschaftstheorie sagt, fremdpsychisch ist.

Nehmen wir einmal an, dieser Stein habe ein eigenes Selbstbewusstsein, aber er äußert es nicht. Ich kann mit keinem Mittel der Welt, auch nicht mit wissenschaftlichen Methoden, ausschließen, dass dieser Stein ein Selbstbewusstsein hat. Nun »ist die Welt voll von Nichtelefanten«[69], insofern ist das trivial. Aber gehen wir einfach einmal versuchsweise davon aus, dass diese Beziehung symmetrisch ist. Dann wird dieser Stein auch ein Mittel, das heißt, er vermittelt etwas. Wenn er etwas vermittelt, kann er auch eine Gabe sein, er kann in der Heilung eine Rolle spielen. Damit ist der Stein nicht mehr isoliert, ich bin auch nicht mehr isoliert von dem Stein, sondern wir sind ein System, in dem beide Komponenten eine Beziehung zueinander aufgebaut haben. Das ist nicht objektiv im ontologischen Sinne, sondern ich, der ich ein System beschreibe, ziehe ja die Systemgrenze und sage: »Beides gehört zu dem System, das ich betrachten möchte.« *Wir* sind diejenigen, die Grenzen ziehen, die bestimmen, was zum System gehört und was nicht. Wir als Beobachter definieren auch die Verschränkung. Wir definieren, ob dieser Stein eine Beziehung zu mir hat oder nicht und ob ich zu ihm eine Beziehung habe. Wobei dieses »ihm« ja schon wieder ein »Stolperstein« der Sprache ist, weil ich im Normalverständnis zu einem Stein kein »Du« entwickeln, nicht im Personalpronomen über ihn reden kann.

Gehen wir mit diesem Versuch noch etwas weiter. Du hast erzählt, dass Heilungen auch stattfinden, indem Heiler und Patient körperlichen Kontakt haben, bei dem Haut auf Haut sein muss. Dazu kommt mir eine Assoziation – das ist keine Erklärung, nur eine Assoziation oder ein Kommentar: Wenn zwei Körper Haut auf Haut gehen, dann bilden sie, topologisch gesehen, eine gemeinsame Oberfläche. Ich nehme das, was sich berührt, als Innenteil, und die Oberfläche, die Außenseite besteht aus dem, was sich nicht berührt. Die Flächen, die sich berühren, gehören nun also zur Innenseite des Systems und nicht mehr zur Außenseite wie zuvor beim Einzelkörper. In der Bibel heißt es: »Sie werden ein Fleisch sein.«[70] Das muss nicht unbedingt erotisch oder sexuell konnotiert sein. So bilden in diesem Arrangement Patient und Heiler *ein* System. Der Heiler muss sich dem Patienten ergeben und der Patient dem Heiler, so wie du das beschrieben hast. Würde ich dies beschreiben als zwei Systeme, die miteinander interagieren – dann wäre das eine normale Wechselwirkung, wie sie im physikalischen Modell herrscht. Wenn ich dies aber auffasse als ein gesamtes System, Heiler samt Patient, die kurzfristig *ein* System sind, dann kann ich ganz andere Wirkungen beschreiben, dann habe ich theoretisch eine viel größere Freiheit, Prozesse zu beschreiben, die ich bei zwei getrennten Systemen nie beschreiben könnte. Wir nennen dies eine Verschränkung.

Ich gebe ein Beispiel aus der Parapsychologie: Man hat immer wieder festgestellt, dass Menschen in der Lage sind, mit »Gedankenkraft« Objekte zu »beeinflussen«, ohne dass sie sie berühren, ohne dass eine physikalische Kraft wirksam wäre, die man kennen würde. Wie machen sie das? Der große Parapsychologe J. B. Rhine von der University of Durham, North Carolina, versuchte, mit kontrollierten Experimenten eine Objektivierung zu erreichen. Wie kann man am besten die Veränderung an materiellen Konstellationen messen? Man nimmt einen Zufallsprozess, zum Beispiel fallende Würfel. Die Versuchsperson soll diese fallenden Würfel betrachten und sich wünschen, dass die Sechs häufiger fällt als die Eins. J. B. Rhine und nach ihm viele andere haben mit zahlreichen statistischen Versuchen nachgewiesen, dass der Effekt schwach ist, aber letzten Endes ist er doch sehr stabil.[71]

Was geschieht da? Kann man durch Gedanken in irgendeiner Weise die Wahrscheinlichkeitsverteilung beeinflussen? Physiker würden sagen, das geht nicht, das ist Unfug. Vor allen Dingen geht das nicht, wenn ich den Würfel oder einen damit vergleichbaren physikalischen Zufallsprozess, zum Beispiel den Zerfall von radioaktiven Atomkernen, auf der einen Seite als quantentheoretisches System beschreibe, auf der anderen Seite den Menschen als klassisches System. Da kann ich keine »Kraft« zulassen zwischen beiden.

Wenn ich aber anders vorgehe – jetzt komme ich wieder auf die Heiler zurück – und Würfel oder Zufallsprozess und Versuchsperson als *ein* System beschreibe, dann hängt die Wahrscheinlichkeitsverteilungsfunktion dieses Würfels oder Zufallsprozesses eng mit allen anderen Prozessen zusammen, die sowohl im Beobachter ablaufen als auch in der Versuchsperson. Das ist durchaus möglich, die Systemdefinition in der Quantentheorie schließt das nicht aus, erzwingt diese Sichtweise aber auch nicht. Das ist eine Frage, wie ich das Gesamtsystem definiere. Darin bin ich ziemlich frei.

So wurde versucht, dieses Phänomen theoretisch zu erklären: Die Quantentheorie schließt nicht aus, dass sich bei Versuchspersonen, die sich konzentrieren und das Ergebnis des Prozesses beobachten, die Wahrscheinlichkeitsverteilungen in ihren eigenen materiellen Prozessen so verändern, dass auch eine Veränderung der Wahrscheinlichkeitsverteilungen dieses Würfels (oder Zufallsprozesses) möglich ist, ohne den Gesamtprozess zu verändern. Das nennt man eine Korrelation. Das geht aber nur, wenn man das alles als ein gesamtes System betrachtet. Sonst kann man das nicht beschreiben.

MK: Was betrachtest du als gesamtes System?

KK: Den Zufallsprozess mit dem Würfel beziehungsweise den radioaktiven Zerfall einschließlich der Messapparatur Würfel *und* die Versuchsperson, also die gesamte Versuchsanordnung mitsamt der Versuchsperson. Früher hat man immer gedacht, die Versuchsperson beeinflusse in irgendeiner Weise, durch Strahlen, Wellen oder Kräfte oder was auch immer, diesen Würfel. Dafür gibt es aber keinerlei physikalische Hinweise. Wenn man aber ein anderes Denkmodell benutzt und beides als *ein* quantenmechanisches System ansieht, dann verbietet die Theorie nicht, dass sich die Wahrscheinlichkeitsverteilungen so verändern, dass da mehr als zum Beispiel das erwartete Sechstel für einen möglichen Teilprozess – hier, eine Sechs zu würfeln – herauskommt. Der Durchschnitt oder die Verteilung kann sich ändern, aber das ganze System bleibt doch unverändert. Die Gesamtsumme der Wahrscheinlichkeiten aller möglichen Prozesse bleibt trotzdem immer eins, weil sie auf eins normiert wird – sonst könnten wir uns gar kein Modell von diesen Prozessen machen.

Das ist jetzt etwas abstrakt und schwierig, aber es ist vergleichbar mit dem bekannten Einstein-Podolsky-Rosen Paradoxon[72]. Man stelle sich ein Zwei-Teilchen-System vor, zum Beispiel ein Neutron und ein Proton, von denen eines der beiden Teilchen einen Spin nach unten und das andere einen Spin nach oben aufweist. Der Gesamtspin des Systems, das aus diesen beiden Teilchen besteht, ist demnach null. Jetzt trenne ich diese Teilchen voneinander, ohne dass ich die Spins ändere, und ziehe sie auseinander. Theoretisch gesehen, könnte ich die beiden Lichtjahre weit auseinanderziehen. Praktisch hat man schon über mehrere Meter hinweg solche Versuche gemacht.[73] Wenn ich nun an der einen Ecke messe, was für einen Spin das eine Teilchen hat, zum Beispiel »oben«, dann weiß ich genau, dass das andere Teilchen, kilometerweit entfernt, in demselben Augenblick den Spin »unten« haben muss, ohne dass ich dies messen müsste. Daher ist dieses Wissen nicht durch eine Informationsübertragung zustande gekommen, sondern es ergibt sich aus der schon bestehenden Korrelation zwischen den Spins beider Teilchen. Das heißt: Die beiden Teilsysteme stehen immer noch in einer Beziehung zueinander, weil sie schon vorher in Beziehung standen, da sie so präpariert wurden, dass der Gesamtspin null ist. Das ist nicht mehr die physikalische Kausalität, wie man sie sich früher vorstellte – eine Kraft wirkt jetzt auf dieses Buch ein, nur darum bewegt es sich – , sondern es ist ein Miteinander von Ereignissen, die miteinander verträglich sind bezüglich des Gesamtsystems.

Bei diesem Gedankenmodell könnten durchaus Prozesse eine Rolle spielen, die beim Heilen in Metaphern beschrieben werden wie: Energieaustausch, Fluss der Heilkraft … In Galsans Erzählung der fiebernden Frau nimmt der Heiler das Fieber der Patientin zu sich herüber, und nachdem sie getrennt sind, ist das Fieber beim Heiler, und die Patientin ist gesund. Natürlich ist das keine Erklärung, es soll nur zeigen: Selbst in einem modernen Denkmodell wie der Quantentheorie sind solche Vorgänge nicht undenkbar, sie können aber nicht vorhergesagt werden, und sie können auch nicht mit ihr erklärt werden. Diese Theorie verbietet es nicht, aber es folgt nicht aus der Theorie.

Das ist die ganz eigenartige erkenntnistheoretische Situation, in der wir uns bewegen. Damit lässt sich ein Heilprozess in solchen, sagen wir verschränkten Systemen zwar nicht erklären, aber doch als möglich ansehen. Das physikalische Weltbild sperrt sich nicht mehr dagegen, auch wenn wir von einer Erklärung weit entfernt sind.

MK: Die Verschränkung von korrelierten Teilsystemen, auch auf große Distanz, könnte ja erklären, warum es funktioniert, wenn dein Patient, Galsan, nach wie vor in Deutschland sitzt, und du bist in Ulaanbaatar, aber ihr seid noch verbunden, ein System zusammen. Immer noch hat der Patient das Gefühl: Der Heiler ist da, er sitzt bei mir, seine Anwesenheit hilft mir weiterhin. Es gibt keine Trennung, die Distanz spielt keine Rolle.

GT: Wir wissen ja nicht, welche tausend, hunderttausend Wellen dazwischen hin und her gehen.

KK: C. G. Jung sprach von der Attraktion des Bezüglichen. Ich will nochmal auf den Stein zurückkommen, weil es damit einfacher ist. Angenommen, ich verliere diesen Stein. C. G. Jung würde sagen: Wenn ich eine Beziehung zu diesem Stein aufgebaut habe und er hat zu mir auch eine aufgebaut und ich verliere ihn, dann kommt er wieder zurück. Der Zufall wird in diesem Sinne interpretiert, weil ich zu diesem Stein eine Beziehung habe. Das berühmte Beispiel bei C. G. Jung: Er ist im therapeutischen Gespräch mit einer Patientin, und sie erzählt, dass sie von einem goldenen Skarabäus geträumt habe, den sie geschenkt bekommen hat. Just während dieser Sitzung knallt es an das Fenster, C. G. Jung öffnet das Fenster, und was krabbelt da draußen? Ein Blatthornkäfer, der einem goldenen Skarabäus im Aussehen recht nahe kommt.[74]

C. G. Jung hat zusammen mit dem Physiknobelpreisträger Wolfgang Pauli ein Modell entwickelt, nämlich das Konzept der Synchronizität.[75] Es besagt: Es gibt Ereignisse, die zufällig erscheinen. Es kann ja sein, dass sie tatsächlich zufällig eintreten – warum soll nicht in diesem Augenblick zufällig ein skarabäusähnlicher Käfer auftauchen? Nach diesem Modell aber geht das Geschehen über den Zufall hinaus, weil das Zusammentreffen der Ereignisse von jemandem in eine Beziehung gesetzt wird. Dieser Blatthornkäfer, der zufällig da draußen rumschwirrt und jetzt an die Scheibe knallt, repräsentiert die eine Beziehung. Die andere Beziehung ist, dass hier gerade über einen Traum von einem Skarabäus gesprochen wird. Beide Ereignisse werden als verbunden beschrieben, und es entsteht eine Bedeutung über den puren Zufall hinaus. Damit kann man Bedeutung der beiden Ereignisse nicht mehr trennen.

Und mittlerweile ist ja auch die Physik, wenigstens in der Quantentheorie, so weit: Die Quantentheorie sagt nach diesen modernen Interpretationen nichts über die Welt aus, sie sagt nur etwas darüber aus, *wie* wir die Welt beschreiben, in Form von Erfahrung beschreiben können, mehr nicht. Das sind also keine Gesetze der Welt oder Gesetze der Natur, es sind nur Beschreibungsgesetze.

MK: Im Westen sagen wir, hier ist eine Beziehung entstanden. Wie würde man das schamanisch ausdrücken? Man ruft den Geist oder die Geister?

GT: Das war der gute Geist, den ich herbeirief, herbeibat, ja: herbeibeschwor. Erzwingen kann man sie nicht; aber bitten immer wieder. Ich richte meine innerste Absicht darauf. Das ist ja der Grund, dass wir immer beten. Gebet ist ja nichts anderes als das Herbeiwünschen, Herbeibeschwören …

MK: Wenn ich dich beobachte beim Heilen, sehe ich plötzlich eine Veränderung in deinem Gesicht, in deiner Haltung, in deiner ganzen Ausstrahlung. Du siehst erfüllt aus, wirkst licht – du bist ganz beseelt. Dann weiß ich: Der Patient wird sich gleich auch verändern, und so ist es, auch dessen Gesicht verändert sich, die Haltung, die Ausstrahlung ... Was ist da geschehen?

GT: Also, du weißt ja, wie Kühe gemolken werden. Obwohl sie jeden Tag gemolken werden, kommt zunächst keine Milch raus. Du musst eine Weile dran zupfen und plötzlich spürst du, es fährt etwas in das Euter, und die Milch kommt geschossen. Klappt es so nicht, dann lässt man das Kalb ran, und es *(macht ein schmatzendes Geräusch)* fängt dann an zu zuzeln. Du siehst nach einer Weile, es fängt an, richtig zu trinken. Das Euter wird auch plötzlich größer. Dann zieht man das Kalb zurück, und die Bäuerin kann das Euter leer melken, die Milch ist im Fluss.

Genau das spüre ich, wenn ich den mittleren Finger auf den Vorsatz des Brustbeins lege und die andere Hand auf dem Rücken halte. Der Patient wird von zwei Seiten gehalten, wie bei einem Bestrahlungsgerät. Er wird von der einen Seite und von der anderen Seite bestrahlt. Wenn ich eine Weile so sitze und nur so sitze, da fließt nichts. Ich muss erst wieder spinnen, bunte Geschichten erzählen. Urputzige Geschichten wie die mit dem roten Telefon für Gott und dem Handy für die Geister. So erzähle ich, und irgendwann merke ich: Genau das Gleiche geschieht mit dem Körper des Patienten wie mit dem Euter der Kuh. Die Blockade bricht zusammen, und plötzlich habe ich einen heißen, weichen Körper, alles fällt von einem Wimpernschlag zum anderen zusammen, und dann habe ich ihn so weit, ich kann beginnen: »Wie heißt du, wann bist du geboren, was machst du?« Ein wenig fragen und dann: »Was ist dein Problem?« Dann sind wir vereinigt. Wir sind ein geschlechtsloses Paar.

Das kann ich also den Paragrafenmachern nur immer wieder sagen – das ist eine geschlechtsfreie Vereinigung. Und: Mann, Frau, Kind, alt, alles alterslos, geschlechtslos. Es zählt nur der Mensch. Das ist mehr noch, die Schöpfung. Ich bin Schöpfer, Mitschöpfer. Die Schöpfung geht weiter. Ich erschaffe eine Wirklichkeit. Jeder von uns ist Mitschöpfer.

Ein Heiler in meinem Alter, der bekommt nie sexuelle, erotische Lust, eher das Gegenteil. Man ist auf dem besten, kürzesten Weg zur Impotenz. Doch will es nicht heißen, Alter befreit von der Liebe. Aber es ist eine andere Art Liebe. Das ist wahrscheinlich die Liebe, die Jesus gemeint hat. Das ist die Liebe, von der der Dalai-Lama immer wieder spricht: die große namenlose universale Liebe.

Nur, wenn ich heutzutage Liebe sage, dann verstehen manche Leute, die vom TV und von den Gazetten und pornografischen Billigbüchern gefüttert sind, nur Sex. Das ist so langweilig, so zum Kotzen, das ist Verflachung, seelische Verrohung.

Intuition

MK: Welche Erfahrungen sind eigentlich gemeint, wenn wir von schamanischen Erfahrungen, von transpersonalen Erfahrungen sprechen? Welche schamanischen Erfahrungen lassen sich überhaupt mitteilen?

GT: Wir arbeiten ja schon lange zusammen, und du weißt: Manche Dinge klappen schon ganz gut, manche Dinge gelingen weniger gut. Aber auch wenn eine Sache sehr gut gelingt, sage ich immer: Ich brauche kein Patent. Ich möchte die Sache weiterbilden und anderen beibringen. Es ist nicht mein Ehrgeiz, dass ich möglichst viele Menschen gesund mache. Dass ich bei einer Lesereise tausend Menschen behandle und achthundert davon gesund bekomme. Das ist gar nicht mein Ehrgeiz. Mein Bestreben geht dahin, möglichst vielen Menschen eine Anleitung weiterzugeben. Lass lieber zweihundert Menschen an einem Tag in einem Raum sitzen, und davon behandle ich zwei Menschen. Zeige jeden Fingergriff, jede Handbewegung und erzähle: »Das da könnt ihr bei euch selbst probieren.« Ich spiele alles gnadenlos runter. Ich sage: »Meine Hände sind in Ordnung. Gute Hände, die heilen.« Aber im nächsten Satz sage ich: »Deine Hände sind genauso gut wie meine. Die können ebenso gut behandeln.« Also: Festigkeit, Sicherheit den Menschen geben. Meine Weisheit, meine schamanische Erfahrung wäre, dass ich mich, dass ich meine Erfahrungen, meine Kenntnisse sozusagen »klonen« lasse, klonen in dem Sinn, dass jeder sie lernen kann. Es würde mich glücklich machen, gäbe es in jedem Haus ein bisschen galsanisch-tschinagische Heilweise. Wenn die Menschen Kopfschmerzen bekommen, sollen sie in der Lage sein, sich durch die Haare zu kämmen mit den Fingern und hier und da draufzudrücken, um damit Schmerzen loszuwerden.

MK: Weitergeben kann man Massagetechniken, die lindern. Auch Techniken, die Energien wieder in Fluss zu bringen, lassen sich nach meiner Erfahrung vermitteln. Aber dann kommen wir in den Bereich dessen, was nicht so einfach weiterzugeben ist.

GT: Das Intuitive, das Schicksalhafte, wenn man so will. Wenn ich jetzt das Namenlose, Schicksalhafte, Körperlose,

Gestaltlose in mir anfangen würde zu definieren, dann würde ich mich töten. Dann bin ich zerstückelt. Das ist ja der Grund, weshalb ich sage: »Da bin ich überfragt«, wenn ich Leute behandelt habe und anschließend Journalisten, sogenannte Forscher, zu mir kommen und alles ganz genau beschrieben wissen wollen: »Herr Tschinag, sagen Sie bitte, was haben Sie da alles gemacht.« Da weiß ich nicht mehr weiter, und manchmal werde ich grantig und sage: »Ich habe gesagt, wer heilen kann, der kann es nicht erklären, wer es erklären kann, der kann nicht heilen.«

KK: Die Erklärungen haben immer dann Grenzen, wenn gefragt wird: Was ist eigentlich …? Wenn ich einen Physiker frage: »Was ist eigentlich ein Elektron?«, dann sagt er: »Diese Frage kann ich nicht beantworten, die ist für die Physik auch völlig uninteressant. Ich kann die Eigenschaften angeben, ich kann sagen, ein Elektron hat die und die Ladung, die und die Masse, den und den Spin und verhält sich so und so, wenn ich es in eine Schuhschachtel einsperre. Aber ich kann nicht sagen, was ein Elektron eigentlich *ist*.« Dieses Fragen wird in der modernen westlichen Philosophie als Essenzialismus abqualifiziert, als Fragen nach dem Wesen der Dinge. Die Wissenschaft beantwortet nicht Fragen nach dem Wesen der Dinge. Wie schon gesagt – dafür ist sie nicht gebaut.

Wenn man sich von westlicher Seite dem Schamanismus nähern möchte, fragt man: »Was ist eigentlich in deinem Verständnis ein Geist, was ist Heilen?« Daraufhin sagst du: »So kann man nicht fragen. Der Beweis ist, dass geheilt wird.« Dadurch werden wir auf etwas zurückgeworfen, das in der Wissenschaft zwar eine Rolle spielt, aber von der Wissenschaft selbst nicht thematisiert wird: die Intuition oder dieses »gewusst wie«. Es gibt einen akademischen Ausdruck für diese Art von Wissen: das implizite Wissen. Michael Polanyi hat es eingeführt.[76] Man kann etwas nicht *erklären,* aber man kann es *tun.* Wie der Handwerker, der den richtigen Griff tut, aber nicht erklären kann, warum er ihn in dieser Weise macht. Ich kann auch nicht erklären, wenn ich am Klavier improvisiere, was ich genau vorhabe. Bis ich das erklärt hätte, wäre die Improvisation kaputt. Mein »Beweis« für diese Art Musik wäre denn auch: Wenn ihr zuhört, erkennt ihr die Gestalt, die sich beim Spielen ergibt. Das kann ich mit einer reduktionistisch verstehenden Wissenschaft nicht erklären, auch dafür ist sie nicht gebaut.

GT: Die Geisterchen, die zwischen mir und dem Patienten arbeiten, die Brücke herstellen vom Patienten zum Heiler und umgekehrt, die werden verscheucht, wenn ich versuche, all das, was bei der Heilerei passiert, bis ins Kleinste zu erklären.

MK: Dazu möchte ich Swami Rama[77] zitieren: »Die immerwährende Psychologie der Alten, die über Jahrhunderte kultiviert worden ist, ist eine exakte Wissenschaft. Sie beruht auf dem feinsten Wissen, nämlich der Intuition. Die materiellen Wissenschaften haben Grenzen, und ihre Forschungen bewegen sich nur auf der grobstofflichen Ebene von Materie, Körper und Gehirn. Wenn wir durch intellektuelle Gymnastik gegangen sind, dann finden wir etwas jenseits des Intellekts. Es kommt eine Stufe, auf der uns der Intellekt nicht mehr weiterführen kann. Der Intellekt untersucht, kalkuliert, analysiert, entscheidet, akzeptiert und weist zurück, was sich in der Sphäre des Verstandes abspielt, aber die Intuition ist ein ununterbrochener Fluss, der spontan aus einer Quelle tief im Innern steigt. Die reine Intuition dehnt das menschliche Bewusstsein so aus, dass man die Dinge klar zu sehen beginnt. Das Leben als Ganzes wird erfasst und die Unwissenheit zerstreut. Nach einer Reihe von Erlebnissen wird die direkte Erfahrung zur Orientierung, und die Intuition beginnt spontan zu fließen.«

Das beschreibt außerordentlich gut auch die Vorgehensweise beim schamanischen Heilen, den Stellenwert der Intuition.

KK: Die Geisterchen werden verscheucht wie die Heinzelmännchen, die Intuition kann nicht mehr fließen. Als die Schneidersfrau gucken wollte, wie die aussehen, da kamen sie nie wieder. Das gibt es ja in vielen Märchen – einer guckt in den Topf, oder Orpheus dreht sich zu Eurydike um.[78] Mit diesem Sehen-Wollen, diesem Erklärt-haben-Wollen wird alles zerstört.

GT: Ja, die Heinzelmännchen sind ein gutes Beispiel. Eine sehr wichtige Sache, diese Volksmärchen, die so verachtet werden von vielen Technokraten heute. Gewesen, Mittelalter, Aberglaube. Aber in ihnen steckt so viel Weisheit. Und in der Sprache auch …

Wir Nomaden lecken uns die Augen aus, richtig Augen auslecken. Das hat praktische Gründe, weil bei uns durch den ständigen Wind viel Staub in der Luft ist, aber es bedeutet auch Nähe. Nie sind sich zwei Menschen näher als beim Augenlecken, denn die Augen sind die Quelle der Seele. In Hamburg hörte ich eine Frau sagen: Der junge Mann sieht so schön aus, dass ich ihm die Augen ausschlecken möchte. Und beschnuppern: Pferde, Hunde, die sich begegnen, zwei wildfremde Pferde, zwei wildfremde Hunde beschnuppern sich zuerst, und bei den Wölfen ist es dasselbe. Das ist wohl der Grund, warum die Nomaden nicht küssen, sondern sich beriechen, wenn sie sich begegnen. Ich werde von meinen Eltern berochen. *(Zieht mehrmals die Luft ein)* Das ist Einziehen. Das meint: die Essenz oder die Düfte der Seele in mich hineinziehen, aufnehmen. Das geht vielleicht tiefer. Wenn man bewusst mit der Sprache arbeitet: Ich kann den nicht riechen. Ich kann den gut riechen. Aber dann auch: unter die Haut fahren. Das muss man hin und wieder sehr wörtlich nehmen und dabei verweilen, wahrnehmen, was damit gesagt wird. Das sind alles Dinge, die unmittelbar zur Heilerei gehören. Aber alles Dinge auch, die schon an der Grenze des Schwebenden, Unnennbaren liegen.

Träume und andere Wirklichkeiten

GT: Woher kommen die Träume, fragen wir uns wieder und wieder. Weiß die Philosophie schon, woher die Träume kommen?

KK: Philosophie hat sich zwar immer schon mit Träumen beschäftigt,[79] mehr aber die Religion. Berühmt ist Josephs Traum von den fetten und den mageren sieben Jahren. Joseph war ja selbst Traumdeuter und hat die Träume des Pharao gedeutet.[80] Erst die Psychologie hat sich – als Wissenschaft verstanden – wieder mit den Träumen und mit der Traumdeutung beschäftigt, beginnend mit Sigmund Freud und C. G. Jung.

MK: Bereits der griechische Philosoph Plutarch hat gesagt, der Traum sei »das älteste Orakel der Seele«[81]. Bis zur Traumdeutung der Psychologie wurde zur Deutung das berühmte Traumbuch des Artemidor von Daldis benutzt.[82] Wahrscheinlich schreiben heute noch viele bei ihm ab.

KK: Sicher sind Träume eine Möglichkeit, diesen Weg nach innen zu öffnen, wenn man richtig damit umgeht. Zum Teil sind Träume, diese Erfahrung hat wohl jeder, einfach Reinigungsprozesse. Man kann danach vieles als erledigt behandeln, als beendet ansehen. Ich glaube auch, dass man aus

Träumen Erkenntnisse bekommen kann, das sind sicher individuelle Erfahrungen. Ich habe auch schon Lösungen von wissenschaftlichen Teilproblemen geträumt. Manchmal gibt es auch Träume, bei denen man nicht sicher ist, ob es Träume präkognitiver Art sind, wo man etwas vorausschaut und vorausahnt. Die Wissenschaft wird gleich einwenden: Das muss man verifizieren, das muss aufgeschrieben sein, es darf keine bloße Annahme oder Interpretation sein, das Geträumte müsste sich später auch ereignen. Zwischendurch muss man es vergessen haben, damit es keine *self-fulfilling prophecy* wird … All die methodischen Probleme eben, die auftauchen, wenn man Träume in das Korsett einer wissenschaftlichen Beweisbarkeit hineinzwingen will.

Ich finde dieses Gerede über Beweise schon deshalb ein bisschen lächerlich, weil wir ja noch nicht mal in der Lage sind, wissenschaftlich zu erklären, wie aus einem verstandenem Satz, den jemand gerade ausspricht und den ich höre, ein Gedanke in meinem Bewusstsein wird. Wir wissen nicht, wie das funktioniert. Wie sollen wir dann einen präkognitiven Traum erklären können oder warum und wie Telepathie möglich ist? Die Wissenschaft weiß etwas über *rapid eye movements,* ein bisschen etwas über Hirnströme. Das ist, wie wenn ich beim Auto sehe, dass mein Tacho von zwanzig auf vierzig Stundenkilometer klettert. Dann weiß ich, das Auto fährt. Wenn ich nur den Tacho sehe, dann weiß ich nicht, wohin es fährt, und schon gar nicht, warum es irgendwohin fährt, zu welchem Zweck. So erscheint mir unser Wissen über die Traumabbildungen in der Gehirnfunktion auch. Wir kennen bloß die Hirnströme, es ist nur der Tacho, den wir sehen.

MK: Wir wissen also nicht, woher die Träume kommen.

GT: Woher kommen die Träume? Bestimmt eine Folge von verschiedenen Wellen, von Dingen, die wir nicht sehen können, aber die wir irgendwie wahrnehmen. Wir träumen Nacht für Nacht. Eigentlich die ganze Nacht. Die meisten Träume gehen verloren. Aber das sind sehr kurze Zeitphasen, das weiß ich. Das sind lediglich zwei Sekunden, aber das sind verdichtete unirdische zwei Sekunden. Im Wachen spinnen wir so eine lange Geschichte daraus. Genauso wie diese kleinen Computerdingerchen – die Chips. Das sind ja so kleine winzige Dinge, aber wenn wir einem Nomaden erzählen, da drin liegen fünfzig Bücher gelagert, der würde das nie verstehen, auch nie verstehen wollen. So sind diese zwei Sekunden eines Traums.

Im Märchen übrigens, da gibt es diese magische Erfahrung der Zeit auch. Wenn ich mein Bewusstsein erweitere, wenn ich abhebe, auch da gibt es die Chronologie der Zeit nicht mehr. Alles ist Jetzt, und in diesem Jetzt können wir Dinge bewirken. Warum sollten wir Menschen mit unserer Erfahrung, unserer Leidenschaft, unserer gebündelten Kraft oder meinetwegen unserem erweiterten Bewusstsein nicht scheinbar unmögliche Dinge bewirken können? Es geschieht, das ist meine Erfahrung: Wir können etwas bewirken, erst auf geistiger Ebene, danach zeigt es sich in der materiellen Wirklichkeit. Auch Träume können materiell werden.

KK: Das zeigt aber doch auch, dass diese gelebte Zeit, die Zeit im inneren Kosmos eine andere ist als die Zeit im äußeren Kosmos. Und selbst im Äußeren ist das Wesen der Zeit noch keineswegs verstanden. So sagt Alfred North Whitehead: »Man kann unmöglich über die Zeit und das Geheimnis des schöpferischen Wandels der Natur meditieren, ohne zutiefst die Grenzen menschlicher Intelligenz zu empfinden.«[83]

Wenn ich zum Beispiel ein Buch lese, begebe ich mich mit meinem Bewusstsein in die Ablaufzeiten der Erzählung. Dann lebe ich diese Zeit, auch wenn es eine Geschichte ist, die sich über Jahre hinweg erstreckt. Ich lese und lebe das Buch, aber, physikalisch gesehen, sitze ich vielleicht nur drei oder vier Stunden. In meinem inneren Kosmos habe ich die Zeitspanne von fünfzig Jahren durchlebt. Lesezeit und Erzählzeit sind sehr unterschiedlich.

Bei einem Nahtoderlebnis läuft das Leben wie ein Film vor einem in rasender Geschwindigkeit ab, die aber, von außen betrachtet, doch keine rasende Geschwindigkeit ist. Träume, die einem sehr lange vorkommen, dauern, physiologisch gemessen, wenn es denn ein Korrelat gibt zu elektrophysiologischen Tätigkeiten, zwei Sekunden oder in der Größenordnung. Ich denke, Zeit ist ein Chamäleon. Wir haben uns angewöhnt zu denken, Zeit wäre etwas mit der Uhr Messbares, wir denken in dem Sinne eben »newtonsch«. Wir glauben, die Zeit verrinne gleichmäßig wie die Uhrzeit auch, sie laufe nicht mal schneller oder mal langsamer.[84]

Wenn man das genauer betrachtet, dann stellt man fest, wie unsinnig wir über Zeit reden, auch von der logischen Struktur her. Es gibt keine befriedigende Logik zeitlicher Aussagen. Wir kommen selbst in der Logik mit der Zeit nicht zurecht, geschweige denn, dass wir sie richtig verstanden hätten. Aber wir können die unterschiedliche Erfahrung der Zeit genießen, die Erzählzeit, die Heilzeit, die Zeit der Meditation – das kann man alles genießen. Ich habe kein Problem damit, wenn die unterschiedlichen Zeiterfahrungen nicht zusammenpassen. Da muss die Physik nachgeben, nicht ich.

GT: Es genügt, wenn wir in uns die Gedankenkultur haben, einfach mit den Träumen zu leben, und die innere Richtung wahrnehmen. Bei meinen Träumen weiß ich immer, woher der Wind weht, das genügt mir. Vorsicht, aufpassen – oder gut so, fortfahren. Meistens heißt es einfach: Weitergehen … Ich bekomme immer Rückenwind durch den Traum.

KK: Mal anders gefragt, sind dann Albträume eine Krankheit?

GT: Das sind Verkehrsschilder auf den Straßen des Lebens. Albträume sind eine Warnung.

MK: Manchmal sind sie auch eine falsche Gedankenkultur. Wenn man in Albträumen drinsteckt, hat man die eigenen Gedanken in einer nicht guten Weise kultiviert. Wenn du dich am Tag sehr in der Angst bewegst, ohne die Situation oder den Auslöser im Wachen zu einem guten Ende zu bringen, schleppst du sie als unbearbeiteten Rest in den Traum. Oder wer mit Menschen, mit Gegebenheiten in einer inneren Pattsituation feststeckt, erlebt das nächtens als Albtraum.

GT: Hauptsache, ich weiß ganz genau, was da zu machen ist. Bei Albträumen muss man aufstehen, bettwarm, wackelig, schläfrig, wankend aufs Klo gehen, sich hinhocken, Deckel auf und tief gebückt den Traum aussprechen und dreimal ausspucken und gründlich spülen. Damit ist die Sache erledigt. Das mache ich jetzt in dieser städtischen Welt. Wenn ich auf dem Land bin, dann gehe ich hinaus und suche mir ein Loch von Mäusen, von Zieseln, Murmeltieren, Füchsen, egal von wem, und bücke mich hinein und erzähle das. Dreimal ausgespuckt – dann ist es erledigt. Aber keinem erzählen vorher, die ganz guten Träume auch nicht. Die ganz guten und ganz bösen Träume, die behält man für sich. Die normalen Träume kann man erzählen, nicht weiter darauf achten, nur wissen, woher der Wind weht.

MK: Wenn jemand in einen ganz guten Traum hineinverwoben ist, auch mit demjenigen nicht teilen?

GT: Nein, nein, gar nicht, das ist ja der Zwang. Nur wissen und dieses Wissen wirken lassen.

MK: Bei uns erzählt man eher die guten Träume und glaubt, dass sich ihre Kraft dadurch verstärkt. Bei euch ist es gerade umgekehrt: Das Verstärken erreicht man, indem man die Träume für sich behält.

GT: In Spannung bleiben, sie nicht zerreißen, noch lösen.

KK: Ich glaube, viele Menschen haben gar kein Verhältnis zu Träumen. Sie finden sie eher lästig. Viele haben wohl Albträume, leiden auch darunter, können aber nicht darüber sprechen, aus Furcht, in eine psychiatrische Schublade gesteckt zu werden. Dann gibt es auch einige – das kenne ich aus meiner Beschäftigung mit der Parapsychologie –, die versuchen, ihren Umgang mit Träumen zu rationalisieren, indem sie beim Aufwachen sofort ihre Träume aufschreiben.[85]

GT: Das ist Unsinn. So verscheucht man die Träume. Nur wissen, leise in sich hineinlassen. Ich erzähle ja so gut wie keinem Menschen meine Träume, aber ich weiß sie in mir.

MK: Ich halte es *nicht* für eine Kontrolle des Unbewussten. Ich glaube, wir können beim Träumen eintauchen in ein »Meer des Wissens«, in die Zeitlosigkeit der Traumzeit und unsere Fragen stellen oder Wissen vermittelt bekommen. Oder eintauchen in eine universale Kraft. Ja, das meiste habe ich in und durch Träume gelernt, weil ich da einer, nennen wir es, tieferen Weisheit zugänglich war. Träumen ist für mich ein Geschenk des Universums.

KK: Manchmal kann ich auch einen Traum, wenn er ungeschickt läuft und wenn mir das nicht passt, abstellen und sagen: Schluss jetzt!

GT: Es kommt öfter vor, dass man im Traum, inmitten des Traumes träumt. Das kommt bei mir häufiger vor. Ich weiß, ich schlafe, aber dann träume ich mitten im Schlaf, ich weiß, dass ich träume. Das ist ja schon das Ergebnis einer gewissen Traumkultur. Einer ohne Erfahrung, der mit Träumen nicht umzugehen weiß, der würde das wahrscheinlich nicht können. Der würde das nicht auseinanderhalten.

Tagträume

GT: Aber jetzt, meine Lieben, kommt etwas Interessantes. Da sind die eingesessenen Städter wirklich Analphabeten. Jetzt müsste man den alten Einstein herbeiholen. Bei Einstein gibt es einen Satz, sinngemäß: Wenn so ein kleines Wesen wie eine Maus lange auf einen fernen Stern schauen würde, das Ergebnis wäre, dass sie den Verlauf des Alls beeinflusst hätte.[86]

Unsere Tagträume, in die wir einfach als Denkende hineingehen, sind genauso wichtig wie die Nachtträume, genauso wichtig wie unsere Sprache. Ich sage immer, die Zukunft ist eine Blase, ganz zart und unbeschädigt, und wenn wir jetzt reden oder denken, dann beeinflussen wir diese große Blase. Die hat ja so einen zarten Körper.

Wenn wir unvorsichtig reden, wenn wir in den Sätzen auf gut Deutsch immer negierende Wörter unterbringen, zum Beispiel »leider«, »schade«, oder wenn ich immer Gedanken negativen Inhalts denke, dann habe ich so kleine Rillen, Ritzen in den zarten Körper der Zukunft gezogen. Dagegen, wenn ich mit hellen Gedanken durch den Alltag gehe, zuversichtlich, fröhlich, heiter, auch in meiner Redeweise hell bin, alles bejahend, selbst unabänderliche Dinge möglichst bejahend, wenn ich so gehe, dann habe ich diesen zarten Körper des Kommenden nicht beschädigt. Ich kann mit meinen Tagträumen auch leise, lichte Fäden in die Zukunft spinnen, helle einladende Spuren dem Kommenden ausbreiten. Dann findet es diesen Weg irgendwann zu mir.

Das ist im Schamanischen sehr, sehr wichtig. Auch unter den Schamanen gibt es Unterschiede, gravierende Unterschiede. Manche sind schwarzzüngige, also schwarze Schamanen, die sind hässlich. Meine Meisterin, die große Mutter-Schamanin, sie war in ihren Gedanken und Träumen durch und durch hell. Wenn Menschen in Erwartung dasitzen, spatzenklein und ängstlich, nur darauf horchend, was wird da aus dem Munde dieses Heilers kommen, da kann man mit der eigenen Helligkeit dem Menschen sehr viel Halt geben – aber nicht nur ihnen, sich selbst auch.

KK: In einer Gemeinschaft oder Gruppe mache ich immer mal wieder die Erfahrung, dass jemand auftaucht und eine schlechte Stimmung verbreitet, oder er bringt einen negativen Geist herein und stört die Gemeinschaft. Wenn er wieder weg ist, sagt man: Gott sei Dank, jetzt steigt die Temperatur wieder an. Möglicherweise hat er gar nicht viel gesagt, war nur kurz da, und doch fühlt man sich befreit, wenn er wieder weg ist. All unsere Metaphern über *bad vibrations,* schlechte Energien, wollen ausdrücken, dass unsere innere Haltung auch etwas bewirkt in der Welt.

MK: Auf Galsans Tagtraum zurückkommend: Im Wachtraum können wir Dinge, Begebenheiten zu Ende bringen, emotionale Verwirrungen zu Ende »träumen«, auflösen, dann müssen wir sie nicht als unerledigte Reste in die Nacht schleppen und dort, nicht wissend, dass wir träumen, viele Male erleben, um sie zu einem guten Ende zu bringen. Manchmal ist es allerdings ganz nützlich, das im Traum zu tun. Vor bald dreißig Jahren, als mein erster Sohn als Säugling starb, war mein Träumen noch nicht so bewusst wie heute. Aber Nacht für Nacht, sechs Wochen lang, habe ich von ihm geträumt und mir all das erträumt, was ich gerne gemacht hätte mit ihm. Ich habe die Welt entdeckt mit ihm, gespielt, getöpfert, gebastelt, war draußen in Wald und Flur ... Im letzten Traum habe ich ihn verloren und lange gesucht, auch mit anderen. Endlich kam ich nach Hause, da stand er schon und sagte: »Weißt du denn nicht, dass ich von jetzt an immer nach Hause finde? Du brauchst keine Angst zu haben.« Ich habe so viel tröstliche Kraft aus diesen Träumen gewonnen.

GT: Die Kraft der Träume: der Traum, den ich in der letzten Nacht des Jahres 1997 geträumt habe in Norddeutschland, auf einem kleinen Bauerngut, bei einer alten Frau. Ich habe einen Traumfunken gehabt, bin wach geworden, Licht angemacht, da lag mein Stift, mein Papier. Habe mich aufgerichtet, zwei, drei Stichworte geschrieben, wieder ins Bett. Am nächsten Morgen beim Frühstück habe ich der alten Frau großschnauzig erzählt: »Ich werde eine der schönsten Liebesgeschichten der Weltliteratur schreiben und dir widmen.« Aber wie wusste ich das? Ich wusste es einfach. Der Traum, das war die verdichtete Idee, ich hatte die Idee gesehen, und nun hatte ich das Stichwort dazu. Wenige Monate später habe ich das Buch der Frau in die Hand gedrückt.[87]

Dieser Größenwahn – woher kommt der? Was war der Grund, dass ich so sicher war, so großspurig anfing zu reden? Ich habe erkannt, der Traum war eine Eingebung. Und mit dem großen Versprechen habe ich mich zum Gefangenen, zur Geisel gemacht. Wenn ich so ein großes Wort ausspreche, dann muss ich diese Erzählung unbedingt schreiben, und zwar gut schreiben. Es ist eine Verpflichtung daraus geworden. Ich habe genau einen Monat gewartet, den ganzen Januar verstreichen lassen. Tags daran gedacht, nachts davon geträumt. Nur unter diesem einen Gedanken gelebt und mit diesem Traum. Der Traum spannte sich immer weiter, immer weiter. Am 1. Februar habe ich angefangen zu schreiben, und nach genau vier Wochen war die Erzählung fertig.

Diese Einfälle, Träume, Gedanken muss man wirklich pflegen. Das ist ja ein Kind, gezeugt und entstanden, und da muss man tags daran denken, nachts davon träumen, und pflegen, pflegen, die verschiedensten Vitamine sammeln um das Kind herum. Das Kind jetzt befleischen, demütig und dankbar auch.

MK: Das gefällt mir, dass man das Traumkind pflegen muss, das heißt, man füttert seine Träume und lässt sie wachsen.

Du träumst deine Bücher ins Leben, und ich träume mein Leben und lebe meine Träume.

Wenn man für andere träumt, woher kommen dann die Bilder, das Wissen um deren Lebensgeschichte? Ich träume ja mitunter für Menschen, die mir völlig unbekannt sind. Menschen geben mir in schwierigen Lebenssituationen ihre dringlichste Frage, die ich beträumen soll. Woher kommt das Wissen der Träumer? Vielleicht doch ein gemeinsam zu nutzendes, zeitloses Meer des Wissens, das ich nicht gleichsetze mit diesem Reservoir widerhallender Gedankenformen, also mit dem Archetyp des Unbewussten, wie von C. G. Jung beschrieben?

KK: Natürlich können wir es nicht erklären, aber wir haben trotzdem Begriffe, die tröstlich sind. Du hast vielleicht eine Fähigkeit, in eine Art Resonanz zu treten, in die gleichen Schwingungen, in ein gleiches Bild, in ein gleiches Grundmuster oder wie auch immer, das beim anderen gerade präsent ist, und dann ergeben sich solche Träume.

Ich glaube, auch bei der Telepathie funktioniert es nicht nach dem Motto: »Ich sende dir jetzt ein Funksignal«, sondern das ist ein Resonanzphänomen, beide sind in der gleichen Stimmung, weil sie in der gleichen Schwingung sind, im gleichen System oder im gleichen Gefüge oder wie man das immer nennen mag. Dazu haben wir keine passenden Begriffe.

Ich habe eine Frage, die hat nun weniger mit Telepathie und Präkognition zu tun, sondern einfach mit Kreativität. Wenn dir eine Idee zu einer Geschichte kommt: Was passiert da? Kommt die Idee von außen in dich hinein, wird sie geschenkt, kommt sie vorbei und man muss sie nur am Schwanz packen, damit sie nicht verschwindet? Oder entsteht sie innen, im inneren Universum, und schiebt sich wie Gras durch den Asphalt nach draußen?

GT: Das ist sehr unterschiedlich. Ich träume ja viel und bin sehr geizig mit meinen Träumen, weil das meistens gute Träume sind. Ich erzähle sie nicht. Ich vergesse die Träume, aber sie kehren immer wieder zurück. Dann gibt es Dinge, die ich erlebt habe. Oder rundheraus: Ich habe die Geschichten einfach in mir. Ich bin kein großer Spinner von Ideen. Ich habe die Fantasie dazu nicht, ich bin eben mongoloid. Aber ich bin in einer sehr, sehr günstigen, glücklichen Lage, die kein anderer Kollege auf Erden sonst hat. Ich komme aus der Urgesellschaft. Ich habe innerhalb von sechzig Jahren einen Weg zurücklegen müssen, den die übrige Menschheit innerhalb von anderthalb Jahrtausenden zurücklegen konnte. Mein Leben ist so rasant, so schnell vorangestürmt, ich bin durch Zeiten geflogen und habe dabei alles Mögliche kennengelernt, ich erzählte davon bereits.

Ich schreibe nur über das, was ich gelebt, erlebt habe. Was ich damit sagen will, habe ich seltsamerweise in Spanisch ausgedrückt. Ich habe vor einigen Jahren in Medellín am Internationalen Festival der Poesie teilgenommen und erhielt die Ehre, der letzte Vortragende beim feierlichen Abschluss zu sein. Ich grübelte und hatte dann die Idee, mein bisschen armseliges Spanisch zu strapazieren, und irgendwie klappte es. Jeder durfte nur ein Gedicht lesen, weil da so viele Dichter versammelt waren. Fünfundachtzig Dichter waren vor mir. Sechs Stunden lang hat das gedauert. Ich war der sechsundachtzigste und durfte dieses Festival mit meinem Beitrag abschließen. Ich bedankte mich bei den Kolumbianern, bei der Bevölkerung von Medellín, und ich sang ein Wiegenlied auf Medellín, auf Spanisch:

»La vida que vivo está la literatura que escribo.« (Das Leben, das ich lebe, ist die Literatur, die ich schreibe.) … Die Kolumbianer trugen mich danach auf den Schultern durch die begeisterte Menge.

Das alles kann man so naturalistisch, so batzenweise nicht zum Besten geben. Aber immer, wenn ich ein kleines Kindheitserlebnis niederschreibe, entblättert es sich in jede Richtung. Da habe ich keine Angst, das zu behäuten, zu befleischen und zu begeisten. Das kommt fast von selbst zusammen. Ich mache mir eher Sorgen, dass es zu üppig gerät, in alle Richtungen auseinanderstrebt. Dann versuche ich, es so dicht wie möglich zusammenzustampfen. Die Erzählung *Dojnaa*[88] zum Beispiel, die habe ich nur, so sage ich, aus einem Aberglauben heraus geschrieben. Ich hatte den großen Roman *Der weiße Berg*[89] beendet. Eine schwere Arbeit, fast ein ganzes Jahr habe ich an diesem Roman geschrieben. Als ich ihn endlich fertig hatte, war in mir eine Leere. Ausgeruht, erholt, leer – nichts. Ich hatte mich ausgeschrieben. Plötzlich kam mir der Gedanke: Du hast jetzt dein Hauptgeschäft beendet, du könntest sterben. Das ist bei vielen Leuten geschehen, sie haben eine schwere Arbeit abgeschlossen, dann sind sie erloschen, innerlich zusammengebrochen, konnten nur noch schnell sterben. Um am Leben zu bleiben, habe ich auf ein Blatt Papier *Dojnaa* geschrieben, eine kurze Liebesgeschichte sollte es werden. Es ging um einen Wolf, der in die Falle ging. Die Wölfe haben die besondere, die grausam heroische Fähigkeit, wenn sie in der Falle sitzen, dann beißen sie sich selbst die Pfote ab – dort wo die Falle zugeschnappt ist, beißen sie ab und fliehen auf drei Beinen oder manchmal auch auf zweien. Das war die Idee – ich wollte so einen Wolf darstellen. Dann stolperte dieses Riesenweib, dieses Rasseweib, in die Falle – der Arbeitstitel der Erzählung lautete eben »Die Falle« – und damit in meine Geschichte, und daraus wurde eine große Liebeserzählung. Man muss wohl im richtigen Augenblick auch ein bisschen abergläubisch sein …

MK: Du träumst deine Geschichten ins Leben …

GT: Der Münchhausen durfte das ja. Warum ich nicht? Schau mal, wenn ich einen völlig unbekannten Menschen bei einer Heilsitzung zwischen die Beine klemme – der Mensch liegt bei mir auf dem Schoß. Ich sitze da, vorerst weiß ich nichts, für mich ist dieser Körper völlig fremd, nicht mal den Namen weiß ich. Manchmal habe ich gar nicht wahrgenommen, ist das ein Mann oder eine Frau, ich muss mich drüber bücken, und dann sehe ich, jung oder alt. Wenn ich den Körper an zwei Stellen eine Weile gehalten habe, damit ich angenommen werde von dem Menschen und damit ich den fremden Menschen auch annehme, damit zwei Körper in Resonanz oder in gleiche Schwingungen kommen, dann fange ich meine berühmte Spinnerei an. Das sind meistens erlebte Dinge oder gehörte Dinge oder mitunter Dinge die mir einfach so auf die Zunge kommen. So eine kleine, splitternackte, graue Maus, die mir aus dem Maul rausspringt und dann anfängt zu spinnen. Ich bin nur derjenige, der beobachtet, wohin dieses Mäuschen läuft. Es ergibt sich immer eine sehr amüsante Geschichte, deren innerer Gehalt oft sehr treffend das Problem des Menschen beschreibt, den meine Finger gerade kneten. Die Frau denkt, der Mann denkt, die Zuschauer denken: Ach, toller Kerl, auch das hat er erlebt. Doch damit ist die Sache nicht abgetan. Diese Geschichte wird Teil meines Lebens. Wenn ich sie das nächste Mal zum

Besten gebe, dann muss ich das nicht erfinden, natürlich habe ich das erlebt. In einem meiner vielen Leben. *(Lacht)*

MK: Die Geschichte verändert sich ja noch, je nachdem, wen du vor dir hast. Einige Geschichten habe ich mehrfach gehört, und sie sind sich gerade noch ähnlich. *(Gelächter)*

GT: Ja, das ist jedes Mal eine Variation; Musiker könnten mich wunderbar verstehen. Musiker machen doch auch Variationen zu einem Thema. Außerdem will ich mich nicht langweilen mit mir. Und das Wunderbare ist, man glaubt später selbst daran. In einer anderen Konstellation erzähle ich darüber als selbstverständlichen Teil meines Lebens. Ich habs erlebt.

MK: In gewisser Weise hast du es ja auch erlebt, weil es mit dem Patienten zusammen ein Lebensteil geworden ist.

GT: Genau. Das gehört mir, das gehört der Patientin, dem Patienten, die ich vor mir habe. Wir haben Zeugen, vierzig, fünfzig Leute haben zugehört. Wenn es einer nicht glauben will, soll er jeden von diesen Leuten fragen. Hat Herr Tschinag das erzählt oder nicht? Ja, er hat es erzählt, also er muss das erlebt haben. *(Gelächter)*

KK: Er hat zumindest erlebt, wie er es erzählt hat. Das Schöne dabei ist, dass sich hier der Wirklichkeitsbegriff, mit dem wir im Alltag umgehen und der daher ein technisch-wissenschaftlicher ist, dass sich dieser Wirklichkeitsbegriff bei einem solchen Umgang auflöst. Da gibt es keine objektivierbare Zeit, keine objektivierbare Geschichte. Mir geht es selbst auch so: Ich hab mich schon dabei ertappt, dass ich Geschichten erzählt habe in der Ich-Form, wusste aber genau, dass das jemand anders erlebt hat. Ich war das eigentlich gar nicht, ich erzählte es in der Ich-Form und baute die Story noch aus. Zuletzt bin ich selbst davon überzeugt: Ja, ich habe die Geschichte erlebt. Das verselbstständigt sich. Und es ist auch gar nicht schlimm, wenn es nicht gerade um ein kriminalistisches Verhör geht.

MK: Der »normale« Wirklichkeitsbegriff löst sich beim schamanischen Arbeiten immer auf, es kommt eine Art wache Aufmerksamkeit auf einer anderen Ebene, in der nicht alltäglichen Wirklichkeit dazu.

Der Resonanzgedanke gefällt mir gut. Bei den ersten Seminaren fragte ich noch: Was machen wir denn heute? Galsans Antwort: »Woher soll ich das wissen, bevor ich die Leute gesehen habe?« Das heißt, wir treten in Resonanz mit den Menschen, wir nehmen wahr, was da ist, was uns entgegengebracht wird, und daraus formt sich die Wirklichkeit dieses Tages oder Abends. Jeder einzelne Mensch bringt seine Wirklichkeit mit. Es ist hochspannend, das mitzuerleben und interaktiv Teil dieser Wirklichkeit zu sein. Auch wir selbst als Akteure bleiben uns neu und überraschend.

KK: Wissenschaft ist manchmal von der Art des Erzählens gar nicht so weit entfernt. Steven Weinberg, Nobelpreisträger für Physik, hat ein Buch geschrieben, das heißt *Die ersten drei Minuten*[90]. Auf zweihundertfünfzig Seiten wird beschrieben, was sich in den ersten drei Minuten nach dem Urknall physikalisch ereignete. Man kann sich ungefähr bis auf eine Hundertstelsekunde heranrechnen und weiß, dass eine Temperatur von 10^{11} Grad geherrscht haben muss. Da lässt sich ungefähr vorstellen, was sich ereignet hat, oder man kann es zurechtmodellieren. Ob man es weiß, ist eine andere Frage. In diesem Buch also erzählt er, was er glaubt, dass geschehen ist. Das ist eine Erzählung, ich kann sie ja nie direkt verifizieren.

Der entscheidene Unterschied aber ist: Die Wissenschaft behauptet, diese Erzählung sei wahr. Das sei keine »Erzählung«, sondern eine Beschreibung von Realität. Der Dichter sagt: »Das ist mir doch gleichgültig, ob das wirklich so war oder nicht. Ich erzähle dir eine Geschichte, freue dich daran und nimm dir Bilder daraus. Du kannst ja eine neue Geschichte daraus machen, die sich an deinem Leben orientiert. Aber ich muss anhand dieser Geschichte keine Maschine bauen.«

MK: Das nicht, aber Galsan würde sicher dazu sagen: »Natürlich ist die Geschichte wahr. Sie ist ein bisschen dichterisch umgebaut, aber die Geschichte ist wahr.«

GT: Das heißt: »Dichterisch überhöht« ... Wenn ich anstatt dieser bunten, schönen, quicklebendigen Geschichte über mein langweiliges graues Alltagsleben erzählen würde: Morgens um fünf Uhr angefangen zu arbeiten, den ganzen Tag gearbeitet, dies und jenes gemacht. Wen interessiert das? Dieses graue, vergangene Leben hat überhaupt keinen Sinn. Stattdessen habe ich jetzt eine bunte Geschichte aufgebaut und meinem Leben schöpferisch beigegeben.

MK: Das ist eine schöne Formulierung: »Ich habe die Geschichte meinem Leben beigegeben.« Ich würze mir mein Leben, gestalte mein Leben.

KK: Der Dichter kann das natürlich ganz besonders gut, und zwar so, dass andere auch noch teilhaben können. Aber sind wir nicht alle in dem Sinne auch Dichter, dass wir zu unserem Leben immer ein bisschen dazufügen, es ausschmücken, es ein bisschen spannender gestalten, als es in Wirklichkeit war? Das ist doch auch Lebensqualität. Nur wer moralisieren möchte, würde das Schwindeln nennen. Wie heißt es so schön bei Friedrich Hölderlin: »…doch dichterisch wohnet der Mensch auf der Erde.«[91] Dieses dichterische Wohnen macht den Menschen zum Menschen. Und so dichtet er eben etwas dazu …

GT: Der Hauptunterschied zwischen meinen Berufskollegen der modernen Welt und mir: Die sagen ja am Ende oder vorne in ihren Büchern, dass diese Erzählung frei erfunden sei, und wenn irgendjemand Ähnlichkeiten sähe, sei das zufällig. Aber ich möchte gerade, dass der Leser dies eins zu eins für mein Leben hält. Ich bin ganz stolz, dass mein Leben jetzt so geworden ist, dass das graue Alltagsleben so schöne und bunte Geschichten enthält, ein Reigen, ein Gebinde geworden ist.

Sterben – Hoffen – Wiederkehren

MK: In den letzten fünfzig Jahren ist in den westlichen Wohlstandsgesellschaften Tod und Sterben immer mehr aus dem alltäglichen Leben hinausgedrängt worden, an den Rand des Bewusstseins, an den Rand der Gesellschaft. Gestorben wird, wenn es denn absehbar ist, sauber und einsam in Krankenhäusern, mit mehr Zuwendung in Hospizen, aber kaum inmitten der gewohnten Lebensgemeinschaft, sei es die Familie oder Freunde. Wie geht eine Sippengesellschaft wie eure damit um?

GT: Ich weiß immer, dass ich endlich bin, dass dieser Körper eines Tages abgegeben werden muss. Mit jedem Lebenstag gehe ich dem Tod ein Stück weiter entgegen. Wir sehen doch jeden Tag, wie es um uns herum stirbt, Tiere, Pflanzen, Menschen. Aber wir wissen: Unsere Seele, unser Geist lebt weiter.

KK: Ohne Hoffnung lebts sich schlecht, heißt es bei uns im Westen. Aber die Frage ist, wenn wir uns dem stellen – worauf können wir hoffen, wenn der Arzt sagt: »Ja, hm …«? Kann ich auf etwas hoffen, was mich übersteigt, was danach kommt? Oder hoffe ich auf eine Lebensverlängerung? Hoffe ich auf eine gute Sterbestunde, dass mir die Kunst gelingt, gut zu sterben? Sind in dem heilenden

Verständnis eines Schamanen die Hoffnung und die Angst entgegengesetzt oder bedingen sie sich? Oder ist Hoffnung eine falsche Kategorie?

GT: Nein, nein, nein. Ohne Hoffnung lebt es sich nicht. Der Mensch muss bis zum letzten Atemzug hoffen. Worauf nun? Das ist bei uns die Wiederkehr. Das ist nicht nur Hoffnung, das ist Wissen. Wir können sterbend wenigstens darauf hoffen, wir sagen gehend, dass wir wiederkehren auf Gottes Erde. Wenn man das weiß, dann ist das viel mehr, als etwa zu wissen, ich werde noch zwanzig Jahre leben und dann sterben. Was sind zwanzig Jahre – das sind ja zwanzig Pulsschläge. Dann ist die Zeit um, dann muss man endgültig verschwinden ins Nichts, ins große Dunkel, in Finsternis und Kälte – für alle Ewigkeiten verloren sein. Aber wenn man bis zum letzten Herzschlag weiß, ich werde wiederkommen, dann ist das ein schönes Ende.

KK: Du sprichst von Wiederkehr. Ist das Seelenwanderung oder Wiedergeburt?

GT: *(Seufzt)* Wiedergeburt ist im Westen ja so gründlich missverstanden worden, also so primitiv missverstanden worden, dass ich auf dieses Wort bewusst verzichte und Wiederkehr sage. Wenn ich Wiederkehr sage, meine ich beides, also auch Seelenwanderung. Ich glaube an die Unzerstörbarkeit des Geistes und der Seele. Wenn ich jetzt durch Deutschland reise, dann glaube ich immer zu spüren, jeden Augenblick zu spüren, Tag und Nacht, dass solch große Geister wie Beethoven, wie Goethe, wie Luther, allgegenwärtig sind. Und alle anderen Geister auch. Wenn man diese Hoffnung in sich trägt, dann muss man einfach an die Wiederkehr glauben. Nichts kann ja spurlos zerstört werden. Das hat doch die Physik bewiesen? Die Materie ist unzerstörbar, sie wird nur umgewandelt. Vielleicht werde ich in Licht, in Hitze umgewandelt. Im Endzustand werde ich doch in etwas anderes verwandelt, trotzdem bin ich da.

Als gleicher Körper werden wir ganz bestimmt nicht wiedergeboren. Mein Körper, also diese alternde Haut, das schwache Fleisch, die mürben Knochen, die lösen sich auf. Das weiß ich. Aber als Seele und Geist, da bin ich unzerstörbar. Wenn ich auf meine Kinder schaue oder an meine Großeltern, an meine Eltern denke, an mich, meine Geschwister, wenn ich auf die Sippe blicke, dann denke ich immer an Gräser: Gräser sind ja todlos. Von oben immer verdorrend und von unten immer nachwachsend. Das sind wir Menschen auch. Also wenn das nicht die Wiederkehr ist …

KK: Das bedeutet, dass sich die Seele einen anderen Körper sucht?

GT: So würde ich es auch meinen.

KK: Und was geschieht mit dem Geist?

GT: Der Geist ist ewig, sage ich ja. Ohne diese Fähigkeit auf Ewigkeit, Vervielfältigung würden wir uns nicht entscheidend weiterentwickeln. Dieses Etwas in uns ist nicht zerstörbar. Das geht weiter.

KK: Ich versuche, das noch besser zu verstehen. Was ist der Unterschied zwischen Seele und Geist? Du verwendest das ja in zweifacher Weise. Wie kann man den Unterschied kennzeichnen? Interessant ist, die griechische Philosophie kannte nur die Seele und den Körper. Erst das Christentum hat die Unterscheidung zwischen Geist und Seele eingeführt.

GT: Ich verstehe das so: Geist ist wie Licht, wie Feuer, wie Flamme, etwas in die Höhe Züngelndes, Loderndes, in meinen Augen. Und die Seele ist etwas Schwebendes, das sich mehr horizontal bewegt, eine Wolke. Der zweite Unterschied ist, der Geist ist von meinem Vater, ist männlich. Der Geist meiner Kinder, das bin ich. Und die Seele meiner Kinder, das ist meine Frau. Das ist die Mutter. Also mütterlich–väterlich, horizontal–vertikal, flammend–schwebend.

KK: In gewisser Weise zwei Komponenten des unsterblichen Teils des Menschen.

GT: Ja, die gehören zusammen, sie machen den Menschen aus. Aber um verstanden zu werden, sage ich immer, der Mensch ist dreiteilig. Wir sind ein leuchtender Docht aus drei Strängen – Körper, Seele und Geist, alle gehören zusammen. Übrigens, wenn der Körper sich festigt, festigt sich auch seine Bewohnerin, die Seele. Ich bitte, das nicht so zu verstehen, dass das je ein Drittel sei. Aber dreiteilig, und ein Teil davon, der Körper, ist vergänglich. Seele und Geist sind ewig. Sind alle Geister ewig? Sind alle Seelen ewig, todlos? Da weiß ich, dass ich es weiß. Nur die, die daran glauben, dass ihre Seelen und Geister ewig sind, deren Geister und Seelen bleiben tatsächlich ewig fortbestehen. All diese Ungläubigen sterben mit ihren Seelen, mit ihren Geistern.

MK: Glaubst du nicht, dass das übergeordnet ist und unabhängig auch wiederum von unserem Glauben und Wissen?

GT: Nein, weil die ja selbst nicht glauben. Es gibt ja Menschen, die an nichts glauben, und denen ist nicht zu helfen.

MK: Dann hinge es von uns ab, ob wir weiterbestehen oder nicht? Wer nicht an ein Weiterbestehen glaubt und bis zum Schluss negiert, der wird auch seinen Lohn erhalten und wird vergehen nach deiner Meinung?

KK: Das ist das Nichts. Im Christentum spricht man von der Gottferne, von der Gottlosigkeit. Christus heilt ja mit den Worten: »Geh, dein Glaube hat dir geholfen.«[92] Es ist der Glaube, der bewegt. Nicht der Heiler, der Glaube heilt den Menschen. Auch der Glaube an die Wiederkehr ist durchaus anschlussfähig an unser Verständnis. Es gab zwar im Christentum einige Ansätze zur Lehre von der Wiedergeburt, die sind dann zum Teil umgedeutet worden. Die verbliebene Lehre sieht so aus: Es gibt eine unsterbliche Seele, sie wird mit der Zeugung des Menschen erschaffen (ist also nicht schon ewig da). Sie tritt nach dem Tod des Menschen vor ihren göttlichen Richter, und je nachdem, wie dieses Leben gelebt wurde, geht sie ein in das Paradies. Über das Paradies zu spekulieren, verbietet schon die Bibel: »… was kein Auge gesehen und kein Ohr gehört hat: das Große, das Gott denen bereitet hat, die ihn lieben.«[93] Da warten also Überraschungen auf uns. Das ist die Innenseite, das Drinnen.

Aber es gibt auch die Außenseite, ein Draußen, in dem Finsternis, Heulen und Zähneknirschen herrschen.[94] Dort ist Gottferne, das Nichts, die Verlassenheit, die Einsamkeit. Von einem Höllenfeuer spricht die Bibel eher symbolisch, der Rest ist spätere Ausschmückung der mittelalterlichen Theologie. Aber die Seele ist ab ihrer Entstehung in der Zeugung – deshalb auch die große Empfindlichkeit der christlichen Religion gegenüber der Abtreibung – nach dieser Lehre unsterblich, und sie bleibt es auch unabhängig davon, ob sie daran geglaubt hat oder nicht. Wenn sie nicht daran geglaubt hat, wird sie eben Gott nicht schauen. Das ist ein anderer Ausdruck dafür, dass sie ins Nichts geht, was immer darunter zu verstehen sein mag. Das kann auch Nichtexistenz, sein, und die ist eben auch ewig.

GT: Alle Menschen bei uns glauben felsenfest an die Wiederkehr. Das ist schon sehr viel. Wenn ich weiß, der Mensch wird gleich sterben in zwei Stunden oder in zwei Tagen: Was ich tun kann, ist, immer im Körperkontakt zu bleiben mit ihm, ihn an der Hand halten und eine Hand auf den Rücken legen. Ich versichere ihm: »Was auch kommen mag, du bist in meiner Hand. Wir werden Hand in Hand gehen. Ob es auch Nacht ist, wenn es auch Morgen ist, das werden wir sehen, aber ich werde dich nicht loslassen, ich werde dich begleiten, ich bleibe bei dir.« Das gibt dem Menschen sehr viel. Das ist ja das Schöne und Wichtige, dass man in den letzten Augenblicken, bevor man sein Erdenleben abschließt, nicht allein ist. Dass man einen Menschen nicht in einem Vakuum, hinter Glasmauern und in der Kälte sterben lässt, sondern dass ihm ein menschliches Wesen atmend, redend, zum Spüren danebensitzt und die erkaltende menschliche Haut bis zuletzt wärmt. Mal da, mal dort, mal da, die Haut braucht Wärme und die Seele auch.

Mit jedem sterbendem Wesen sterben wir ein bisschen mit. Wir erfühlen die Schmerzen, wir erfühlen die Unvermeidbarkeit. Deshalb versuchen wir, wenn es schon nötig ist, die Tiere so sanft wie nur möglich sterben zu lassen. Ich kann Hemingway nicht verstehen, der in Afrika Hyänen niedermäht und sich lustig macht über ihr Sterben, in *Die grünen Hügel Afrikas.* Ein Scheusal war er in dieser Hinsicht. Er schießt auf die verschiedenen Körperstellen von Hyänen und macht sich lustig, wie die Zerschossenen daraufhin sterben.

Wir sind alles andere als diese Art von Jägern. Wir versuchen immer, den Wesen möglichst auf den Kopf zu schießen, gleich mit dem ersten Schuss zu töten. Wenn wir Tiere schlachten, wenn wir unser altes, abgedientes Pferd schlachten, dann ist das immer eine sehr harte Sache. Kein Mann bleibt ohne Tränen, wenn er sein eigenes Pferd schlachten muss. Aber tröstlich, dass das Pferd sehr schnell stirbt. Von allen Wesen ist das empfindlichste das Pferd. Im Nacken ist eine Kuhle, da muss man mit dem Messer hineinstechen, innerhalb von einer halben Sekunde ist das Pferd in tiefer Bewusstlosigkeit.

Vor dem Schlachten geben wir dem Pferd ein ganzes Jahr Freizeit. Das Pferd wird nicht mehr gesattelt, es geht mit und in der großen Herde. Man behandelt es, wenn man es trifft, immer höflich: »Du, mein Lieber, du musst ja in diesem Winter gehen. Du hast noch zwei Monate Zeit, du hast nur noch wenig Zeit.« Wenn für das Pferd der letzte Morgen gekommen ist, dann wird es aus Höflichkeit, aus Ehrgefühl noch einmal gesattelt. Dann reitet man zehn bis zwanzig Schritte, kommt zurück, sattelt ab. Das wars. Jetzt führt man es zum Schlachtfelsen und legt es auf die Seite. Das Messer darf man nicht zeigen, das Messer bleibt versteckt. Das Pferd könnte es sehen, es versteht ja alles. Wenn das Pferd gefällt, an den Füßen gefesselt ist, dann schiebt man noch ein weiches Kissen unter den Kopf. Das macht man beim Beschlagen. Das Pferd soll denken, ich muss abermals beschlagen werden. Im Jahr beschlägt man ein Pferd vier- bis fünfmal. Dann bittet man das Pferd um Vergebung: »Verzeih, du hast mir treu gedient, es ist Zeit, dass du gehst. Ich werde dir so sanft wie möglich den Stich geben. Irgendwann werde ich dir auch folgen. Wir werden uns dort drüben noch mal treffen.« Ohne dass das Pferd das Messer sieht, ziehe ich es, auf dem Kopf des Pferdes sitzend, hervor und steche schnell zu – diese Art Töten meine ich.

Aber dennoch – der Tod ist immer eine gewaltig große Sache. Mit diesem Pferd bin ich mitgestorben. Zahllos oft bin ich auch vorher so gestorben. Jetzt kommt der eigene Tod, und wenn ein Mensch die Weisheit hatte, vorher zahllos oft mitsterben zu dürfen, dann ist der eigene Tod nur halb so schlimm. Die Schmerzen sind ja Stück für Stück rausgerutscht aus dem Leib, aus der Seele. Jetzt weiß ich, ich werde nicht anders sterben als mein altes Pferd. Als all die vielen Schafe, als all die vielen Murmeltiere und die Wölfe, die ich erlegt, erschossen habe. Das ist der Weg, den alle gehen. Jetzt gehe ich auch mit.

KK: Haben wir den Tod aus der westlichen Zivilisation deshalb verdrängt, weil uns die Hoffnung abhanden gekommen ist?

GT: Ich glaube, das liegt eher an der Überbewertung des schulischen Wissens. Die Menschen halten Information für Wissen. Das finde ich sehr schädlich. Was man aus dem Computer ziehen, vervielfältigen und verteilen kann, das halten die Leute für Wissen. Aber Wissen ist viel mehr, viel tiefer. Wissen ist mindestens Begreifen, aber noch mehr.

Wissen reicht bis zum Urgrund des Seins und schließt auch die Hoffnung ein. Weil die Menschen diese Informationslawinen, diese Hügel und Berge von Informationen für Wissen ansehen, deshalb halten sie sich für aufgeklärt.

Die normalen Schullehrer würden viele Dinge aus meiner Sippengesellschaft für überholt erklären. Ein Lehrer, der Information für Wissen hält, wird für alles, was ich ihm zu erzählen habe, wovon ich ihn zu überzeugen versuche, kein Ohr mehr haben, weil er von vornherein zu wissen glaubt, dass er alles besser weiß als ich. Er würde mich für einen Märchenerzähler, für einen Lügner, für einen Betrüger halten – er wäre für mich unerreichbar. Ich kann ihm nicht helfen. Und für solche Menschen ist natürlich die Hoffnung eine überholte Kategorie. Das ist wie Steinzeit. Hoffnung, ach, das ist alles Betrug, religiöses Blabla, eine süße, leere Predigt.

Die Angst nehmen

MK: Manchmal sagst du auch bei schwerwiegenden Krankheiten: »Die Krankheit kann ich dir nicht abnehmen, aber ich könnte dir die Angst nehmen.«

GT: Bei Krebskranken frage ich: »In welchem Stadium?« – »Letztes Stadium. Ich werde nächstes Jahr um diese Zeit nicht mehr leben, aber Herr Tschinag, ich habe so Angst zu sterben. Was mach ich? Können Sie mir helfen?« Hand in Hand, Brust an Brust sitze ich lange und lasse den Menschen, den todkranken Menschen spüren, er kann mir alles anvertrauen. Dann sage ich: »Heinz, mein Lieber, ich kann dir den Tod nicht nehmen, aber ich kann dir die Ängste nehmen, die Schmerzen abmindern. Und das ist immerhin etwas, denn ob ich in zwanzig Jahren sterbe oder in zwei Monaten sterbe, im Grunde ist das ja ziemlich das Gleiche. Aber schmerzarm, angstfrei sterben zu können, nicht peinvoll sterben zu müssen«, sage ich. »So kommen wir am Ende zu der Einstellung, sterben zu dürfen. Wir werden würdig sterben. Du gehst dem Tode entgegen. Damit hört ja nichts auf. Das ist lediglich Verwandlung. Es geht weiter.«

Wenn ich mit dem Menschen so eine Weile geredet habe, ist er beruhigt. Er versucht jetzt, diesen Weg zu gehen. Also nicht vor dem Tod flüchten – das ist Unsinn, wir können nirgendwohin flüchten. Alle Ecken sind abgesperrt. Dem Tod entgegengehen, dann hat man weniger Schmerzen. Aber dann, wenn es sein muss, schnell entgegengehen, nicht wie bei der Mutter einer meiner Patientinnen. Sie liegt seit über zwei Jahren krebskrank. Sie muss dreiundzwanzig verschiedene Medikamente nehmen jeden Tag. Sie hat so viel Angst, und sie hat so viele Schmerzen. Jetzt liegt sie das dritte Jahr. Wenn sie weise genug gewesen wäre, das Sterben hätte drei Tage oder höchstens drei Wochen gedauert. Jetzt stirbt sie schon drei Jahre lang, jede Minute, jede Stunde der über tausend Tage und Nächte, die Pein zieht sich hin. Sie wird nicht entkommen, sie muss sterben. Das müssen wir alle …

Ich denke immer an ein flüchtendes Pferd. Es gibt dumme Pferde, es gibt kluge Pferde, wie unter den Menschen. Dumme Pferde flüchten, sie wollen nicht eingefangen werden. Aber das Pferd müsste es wissen: Der Mensch, wenn er sich einmal in den Kopf gesetzt hat, es einzufangen und zu satteln, der Mensch schafft es so oder so, noch im Laufe des gleichen Tages. Die dummen Pferde müssen flüchten, bis sie keuchend hinfallen, zusammenbrechen. Der Mensch jagt hinterher, nach zwanzig Minuten oder dreißig Minuten nimmt er ein frisches Pferd. Auf diese Weise, nach dem vierten oder fünften Pferd, muss das arme dumme Pferd zusammenbrechen. Es bleibt liegen, keuchend, mit schäumendem Atem. Aber die klugen Pferde, die bleiben gleich stehen. Sie leisten keinen Widerstand, die haben sich die Schmerzen und die ganze Quälerei erspart. So ist es mit dem Tod auch.

KK: Dieses Fliehen vor dem Tod ... In der weitgehend säkularisierten westlichen Gesellschaft, denke ich, ist das auch Ausdruck der Überzeugung, dass nach dem Tod alles aus sei. Zumindest bei den Menschen, die sich wissenschaftlich orientieren. Die Aufklärung im 17. und 18. Jahrhundert hat viel beigetragen zur Enttheologisierung der Wissenschaft, zur Rücknahme der Religion: Die Religion ist Privatsache, Glaubensüberzeugungen sind Privatsache. Aber sie bleibt natürlich nicht Privatsache, weil die Überzeugung, nach dem Tod sei alles aus, dazu führt, dass das körperliche Wohlbefinden, das eigene Glück dominant wird – und dazu gehört das Verdrängen des Todes. Das prägt unsere Gesellschaft. Wir schieben unsere Sterbenden in Krankenhäuser und Heime ab, hinter dicken Mauern wird gestorben. Tod und Sterben werden tabuisiert. Auch der Arzt wird nicht für den guten Tod belohnt. Er wird für andere Dinge belohnt. Die alles dominierende Ausrichtung auf die eigene Gesundheit, das eigene Wohlergehen, die Überbetonung des Ego – all das lässt uns den Tod, die eigene Endlichkeit verdrängen. Die westliche Gesellschaft sieht kaum mehr den Tod als Wandlung. Sie hält ihn für das endgültige Aus, den endgültigen Schluss: »Und lass dir das nicht einreden, dass es nachher weitergeht, glaub an ein Leben vor dem Tod.«

GT: Spielen ist, glaube ich, eine Kunst, die man hierzuwelten auch beherrschen müsste. Ich meine, mit dem Himmel spielen, mit der Hölle spielen, mit den Geistern spielen, aber auf eine herzliche Art. Auch mit der eigenen Krankheit spielen und folglich auch mit dem Tod spielen. Wenn die Stunde gekommen ist, spielerisch sich ergeben und sagen: »Na ja, ich habe eigentlich gewusst, dass du kommst – nun, Halunke, komm schon. Wenn du willst, nimm diesen kranken, ausgemergelten Körper, aber ich weiß, du wirst mich gut behandeln, ich ergebe mich, also komm.« Dann am Tod vorbeiwitschen. So hätte man ihn hinter sich. Dafür bereit zu sein und das zu beherrschen, dafür muss man einen langen, langen Weg gehen. Man muss früh anfangen, mit dem Tod ein Verhältnis aufzubauen.

Von unserem *Zaering*, einem Weisen unseres Volkes, ist belegt, dass er mit dem, was man in der hiesigen christlichen Welt den Todesengel nennen würde, bis zuletzt seinen Scherz getrieben hat. Er hat ihn seinen »armen Reiseführer mit den nackten, wund getretenen Fußsohlen« genannt und ihn ganze drei Tage und Nächte warten, ihn, wie er sagte, einem Waisenlamm gleich, auf ein pralles Euter glotzen und stöhnen lassen. Denn er hat sich am neunundzwanzigsten, in der letzten mondlosen Nacht des letzten Herbstmonats, mitten im Schamanen mit einem für andere unsichtbaren Wesen gezankt und es dabei ausgeschimpft, weil es um ganze drei Tage und Nächte früher erschienen sei als verabredet. Dann hat er angefangen, die Trommel zu rühren, die er sonst nur benutzte, bevor er anfing zu schamanen. Darauf hat er den Leuten in der Jurte erklärt: Solange seine Trommel dröhne, wage keiner, sich ihm zu nähern. Er werde das armselige, unzuverlässige Ding da warten lassen, bis der Mond wieder käme, denn er brauche das Mondlicht, um gehen zu können. Der Mond? Der Neumond aber erschien erst in drei Tagen. Wie würde der alte Mensch es so lange ohne Schlaf aushalten? Als einer ihm das sagte, antwortete er: »Dann werdet ihr mir eben beistehen müssen.« Und die Menschen standen ihm tatsächlich bei. Als sie bald darauf merkten, dass seine dumpfen, eintönigen Trommelschläge da und dort aussetzten, taten sie es zuerst durch Zurufe, später durch Anrühren, Antippen, noch später durch Anstoßen und ganz zum Schluss durch Zwicken und Schlagen – alles auf seine Bitte hin. Als nach drei Tagen, gleich nach dem Sonnenuntergang, die Mondsichel am Himmel brannte, berichtete man es ihm, worauf er die Trommel und den Schlägel aus den Händen legte und schlaftrunken flüsterte: »Nun soll es kommen, und ich darf gehen.« Gleich darauf fiel er in einen Schlaf, aus dem er nicht wieder erwachte.

KK: Gläubige Menschen, welche Religion oder welche Überzeugung sie auch haben, sind fast alle durch eine Gemeinsamkeit gekennzeichnet: Sie glauben, Tod ist ein Übergang. Zu was dieser Tod ein Übergang ist, ob in die ewige Glückseligkeit oder wie im Islam ins Paradies mit Jungfrauen[95] oder in die Wiederkehr, das ist sekundär. Man flieht vor dem Tod, wenn man nicht zu sehen vermag, was nach dem Tod ist. Man lebt anders, wenn man sich mit dem Tod auseinandergesetzt hat. Das haben auch die Stoiker immer gesagt: »Setz dich mit dem auseinander, was du meinst, es sei das Schlimmste für dich.« Auch in der Antike glaubten die meisten Leute, das Schlimmste sei das Sterben. Dazu erklärt die stoische Philosophie sinngemäß: »Warum eigentlich? Wenn du dich vor ihm fürchtest, hast du das ganze Leben versaut. Er kommt so oder so. Wenn du ihn hinter dir hast, dann brauchst du dich nicht mehr zu fürchten.«[96]

MK: Man könnte auch sagen, man hat das Leben vor sich, wenn man den Tod hinter sich hat.

GT: Man muss glauben, man muss an die Güte der Natur, der Dinge, des Himmels glauben. Und immer hoffen. Man muss zum All, zum Universum gut sein. An das Gute glauben und zu allem, was es auch sei, Ja sagen. Nicht zagen. Ja sagen immer, wenn das auch der Tod ist.

> Ich sage Ja zu dem, was ist und wird
> Sage Ja zum Tag, der kommt
> Mich mit seinem Feuer wärmt
> Und meinen Weg
> Mit seinem Licht beleuchtet
> Sage Ja zur Nacht, die
> Dieses lichte Feuer auslöscht
> Und andere
> Mildere Feuer anzündet
> Sage Ja zum Leben wie zum Tod
> Ich sage Ja zu dem, was ist und wird
> Wenn es auch Schmerz und Verlust
> Ja – ich bin voller Bejahung
> Aber ich sage auch Nein
> Und dies dort, wo Verneinung dessen
> Sich meldet, zu dem ich Ja sage. [97]

MK: Galsan, ich denke gerade an dein Kämpfen gegen den Tod vor zwei Jahren, als du dich gewehrt hast: »Nicht so, zu jeder Zeit und anders, aber so will ich nicht sterben.« In einem Gedicht schreibst du: »Obwohl ich glaube, wenn ich wieder in dieser Lage bin, der Tod ist das Einzige, was man immer wieder hinausschieben darf.« Also ist beides in dir, das Annehmen des Endlichen und auch das spielerische Ausweichen: Jetzt schau ich doch mal, ob ich ihn überlisten kann …

GT: Ich würde ja immer versuchen, den Tod zu überlisten, aber dann irgendwann wird Schluss sein, das weiß ich.

Nahtoderfahrung

GT: Der westliche Mensch hat ja seine christliche Religion über sich, die sagt, der Mensch sei die Krone der Schöpfung, das wichtigste Wesen im ganzen Universum. Das behaupten wir nicht. Wir sind nur eines von den vielerlei Lebewesen. Nur eines unter vielen anderen, unter den Schafen, unter den Gräsern, unter den Bäumen, auch unter den Bergen. Zwischen Himmel und Erde gibt es so viele Wesen, wir Menschen sind nur eines davon. Darum kommen wir uns nicht so wichtig vor. Egoisierung gibt es bei uns in dem Sinne nicht. Aber wir glauben an die Wiederkehr, an die Unsterblichkeit der Seele und des Geistes. In welcher Form auch immer – wir werden zurückkommen, werden da sein.

Bei mir gibt es eine kleine Besonderheit wie bei einigen anderen Menschen auch. Ich habe ein Nahtoderlebnis gehabt. Im August 1995 bin ich für zwei Stunden und fünfundvierzig Minuten im Jenseits gewesen, und das ist wunderbar gewesen. Das bekannte Tunnelerlebnis mit dem sehr hellen Licht, schöner Musik und lieben Menschen. Gar nicht ähnlich der christlichen Hölle, viel ähnlicher dem Paradies. Seit ich dieses Erlebnis hatte, bin ich in meiner seelischen Einstellung noch fester geworden. Natürlich möchte ich länger leben, um dies und jenes zu Ende zu führen, um meinen Kindern und meinen Enkelkindern und meiner Frau und meinem Stamm beizustehen. Da gibt es keine Frage. Ich könnte auch neunzig werden. Aber wenn die Stunde da ist, muss ich mich demütig-freudig dem hingeben, was man den Tod nennt, aber das ist eigentlich nur ein Übergang. Der Tod ist für uns ganz bestimmt nicht ein Mann in Schwarz und mit einer Sense in der Hand. Der wird mich nicht zerstechen und zerstückeln. Ich werde nur einschlafen und hinüberschlafen. Oder hinüberleben, das ist noch besser.

MK: Ich habe nach Beschreibungen von Nahtoderlebnissen in anderen Ländern und Kulturen gesucht und festgestellt, das Erlebnis wird überall ähnlich beschrieben. Also unerheblich, ob das nun jemand im Osten oder im Westen erlebt hat, im Süden oder im Norden; auch wenn man Jahrhunderte zurückgeht, diese Beschreibung ist im Wesentlichen immer gleich. Das müsste doch vielen Menschen die Angst nehmen. Man weiß, es hat zu allen Zeiten Menschen gegeben, die einmal kurz hinübergegangen sind.

KK: Die Wissenschaft ist dabei, die heilsame Wirkung solcher Berichte dem Menschen wieder wegzunehmen, indem sie psychophysiologische Erklärungen liefert. Sie sagt, in solchen Zuständen würden Endorphine ausgeschüttet, und das verursache die veränderten Bewusstseinszustände. Diese Berichte werden klassifiziert, um vielleicht kulturspezifische Muster zu finden. Es wird also wieder reduziert und objektiviert auf eine physiologische Grundlage, als handle es sich um Selbstsuggestion.[98] Das ist der Blickwinkel der Wissenschaft.

Ich glaube, das ursprüngliche Christentum ist auch davon ausgegangen, dass der Tod ein Übergang ist. Erst später kam diese Interpretation, die so nicht in der Bibel steht, sondern die erst bei den Kirchenvätern auftaucht: dass der Tod die Strafe für die Erbsünde sei.[99]

Bei einer Theateraufführung hier im Ort wurde ein mittelalterlicher Totentanz aufgeführt. Im Laufe dieses Stücks schreit ein Priester in seiner höchsten Not: »O Adam, Adam, Vater mein, hast du mich geführt in diese Pein.« Die Pein ist, dass jeder sterben muss, vom Kind bis zum Papst, vom Ritter bis zum Kaiser, und sie alle sagen dann ihr Sprüchlein auf. Die Wissenschaft hat ab 1600 in gewisser Weise diese Vorstellung übernommen, der Tod sei etwas, das man möglichst lange mit allen Mitteln vermeiden muss. Natürlich setzt der Tod diesem irdischen Leben ein Ende mit all dem, was wir Glück, Lebensfreude, Begabung, Schönheit und die Freude an der Schöpfung nennen. Aber das Leben wird dadurch erst Leben, dass ich um seine Endlichkeit weiß und sie mir bewusst mache. Heidegger sagt, dass all unser Dasein durch ein Vorlaufen zum Tode gekennzeichnet sei.[100]

Also lebe ich falsch, wenn ich den Tod, das Ende, auf das alles angelegt ist, wie der Pfeil, der abgeschossen wird auf uns als sein Ziel, wenn ich ihn einfach ausblende und abschneide. Und genau das macht die westliche Kultur.

Aus dem Leben gehen

GT: Wir dagegen sind bestrebt, jeden Tag über den Tod zu reden. Keinen Augenblick in einem Lebenstag vergessen, wir sind sterbliche Wesen. Wir tragen unseren eigenen Tod in uns. Das Nomadenvolk sieht überall sterbende, kommende, gehende Wesen. Lämmer kommen, Lämmer gehen, Kälber kommen, Kälber gehen. Alte Pferde werden geschlachtet. Alte Menschen sterben. Junge Menschen, junge Pferde zwischendurch auch.

Etwas anderes möchte ich hier auch noch erzählt haben: In den Überlieferungen finde ich immer wieder Reste von einer Sitte, dass ältere Menschen freiwillig gingen, wenn Hunger oder Knappheit von Lebensmitteln geherrscht hat. Zuerst Siebzigjährige, dann Sechzigjährige. Wenn es dann ganz knapp wurde, auch Fünfzigjährige. Wie auch bei Aitmatow in der Erzählung *Der Junge und das Meer*[101].

KK: Was heißt das? Sind die von der Gemeinschaft getötet worden?

GT: Sie wurden getötet, aber feierlich, in einer feierlichen Handlung. Davon ist bis jetzt im Sprachgebrauch ein Rest geblieben. Zum Lieblingsenkel sagt man bis heute: Das ist mein Enkel, der mich eines Tages erlösen wird. Gemeint ist, dieser Enkel wird mir eines Tages den Tod geben. Es wurde ein Schienbein vom Schaf genommen – es ist nach unten lang und spitz. Der alte Mensch wurde gefüttert, wurde gut gefüttert auch zu Hungerszeiten, feierlich, festlich, die ganze Sippe kam zusammen. Am Ende des Festes schnitt man ein großes Fettstück oder eine Hammelschwanzfettscheibe ab, und das Lieblingsenkelkind kommt, schiebt diese auf die Zunge und sticht mit dem schmalen Ende des Knochens in die Kehle hinein, sodass der alte Mensch erstickt.

So schaffen wir bis heute Hunde aus dem Leben. Wir haben es im letzten Sommer mit einem alten Hund mit Namen Arsylang (Löwe) getan. Er war vierzehn Jahre alt. Das ist für einen Hund Greisenalter. Er war körperlich sehr groß und hatte Abnutzungserscheinungen im Knochengerüst, er konnte nicht mehr laufen. Wir haben ihn gefüttert, jede Jurte hat ihm Essen gegeben. Das ist eine feierliche Handlung, von Jurte zur Jurte hieß es: »Was gebt ihr dem Arsylang als Letztes mit?« Alles wird zusammengetragen, und der Hund hat sich wahrscheinlich sehr gefreut, ahnungslos, was ihm bevorstand. Er wurde kugelrund gefüttert und dann weggeführt, die Schlinge um den Hals, und über einen Felsen runtergestoßen, das ist eine Sache von zwei bis drei Sekunden. Das Genick bricht, schon durch das Gewicht. So wird der alte Hund aus dem Leben geschafft. Er bekommt ein Grab. Der Schwanz wird ihm abgeschnitten. Dann nimmt man eine Fettscheibe, Hammelschwanzfett, Fett ist ja für uns der Oberbegriff für Delikatesse. Hammelschwanzfett schmeckt eher wie Speck. Die Scheibe wird um den Schwanz gewickelt und das Ganze dem Hund ins Maul gesteckt. Ein Hund wird wie ein Mensch begraben, und das Letzte, was man zu dem Hund sagt, ist: »Nächstes Mal kommst du als Mensch zu uns.« Denn wir glauben, dass der Mensch zur Wiederkehr verschiedene Stadien durchläuft und das vorletzte Stadium ist, als Hund zu erscheinen.

MK: Und einmal zum Menschen geworden, kommt er als Mensch wieder?

GT: Ja, er kommt als Mensch wieder.

KK: Man kann nicht wieder absteigen, wie das in der hinduistischen Vorstellung der Fall ist?

GT: Kannst du – ja, da sind wir schicksalsgläubig, wieder einmal. Wenn du gute Taten verrichtet hast, dann kannst du etliche Male als Mensch wiederkehren, aber immer höher steigend.

KK: Die Entscheidung, seine Alten in der Not zu opfern, taucht auch in Geschichten aus japanischen Dörfern auf. Die Einwohner dort haben ihre Eltern, wenn sie über sechzig oder fünfundsechzig Jahre alt waren, auf den Berg hochgetragen und dort erfrieren lassen.[102]

Das hört sich für westliche Ohren sehr, sehr grausam an. Aber dennoch, bevor man da moralisch den Stab bricht – wenn der Westen dazu das Recht hätte –, muss man sehen, dass Verhaltensweisen in Gemeinschaften schon immer durch äußere Bedingungen geformt wurden.

GT: Wenn man in den Altenhäusern des Westens bettlägrige Menschen sieht, die künstlich am Leben gehalten werden, und Krebskranke und sonstige Kranke, die künstlich ernährt werden oder im Koma liegen – das wäre nach unserem Begriff vollkommen inakzeptabel, unmenschlich. Das wäre für uns Menschenquälerei. Wenn unsere Leute hören, sie haben unheilbar Krebs, dann hören sie von selbst auf zu essen und zu trinken. Das ist eine Sache von sieben bis zehn Tagen. Manchmal geht es noch schneller, je nachdem. Sie sagen zu ihren Kindern: »Ich habe mein Leben gelebt, meine sechzig Jahre schon hinter mir, es ist ein gutes Leben gewesen, jetzt gehe ich.« Damit ist die Sache entschieden, die Kinder sehen das ein. Viel mehr kann man da nicht tun. Meist versammeln sie noch einmal die ganze Sippe um sich. Es wird ein Tag lang ein Fest gefeiert, gegessen, getrunken, der Gehende kann sich von allen heiter verabschieden.

MK: Den Ritus des gemeinsamen Festes gibt es bei uns auch, aber erst nach dem Tod. Verwandte und Freunde treffen sich zur Zeremonie der Beerdigung. Anschließend beim Totenschmaus wird über den Toten erzählt, aber auch schon wieder gelacht und sich dem Leben zugewandt.

GT: Wenn man sich als Sterbender von allen feierlich-heiter verabschieden kann, dem Fest zuschauen oder mitmachen kann, scheint mir das würdevoller.

KK: Es gibt in Deutschland und auch in Europa eine große Debatte um Sterbehilfe, wobei wir in Deutschland allerdings noch einen anderen Denkansatz haben. Hier ist es nicht so, dass jemand sagen kann: »Ich will jetzt nicht mehr weiterleben«, sondern er muss in einer Situation sein, die medizinisch ausweglos ist, und das muss von einem Mediziner genau diagnostiziert werden. Dann erst, und wenn der Patient bei klarem Verstand und völlig freiem Willen zugestimmt hat, dann erst dürfen die lebenserhaltenden Apparate abgestellt werden. Das ist die passive Sterbehilfe. In Holland ist unter bestimmten Bedingungen auch die aktive Sterbehilfe erlaubt: Man darf dem Patienten mit seiner Zustimmung helfen, vom Diesseits in das Jenseits zu gelangen. Dabei gibt es natürlich immer Missbrauchsmöglichkeiten.

Das wird in Deutschland ganz intensiv und emotional diskutiert, weil wir nach den Erfahrungen des Faschismus mit diesem Thema sehr, sehr vorsichtig umgehen. Der Begriff der Euthanasie[103] wurde zur Zeit des Nationalsozialismus zur verschleiernden Bezeichnung für die »Tötung lebensunwerten Lebens« missbraucht. Um alle Anklänge daran zu bannen, wurde festgesetzt: Der Wert des Lebens ist nicht verhandelbar – man kann nicht bestimmen, was ein wertvolles und was ein nicht wertvolles Leben ist, was noch lebenswert und was nicht lebenswert ist. Das lässt unsere Ethik nicht zu. Das kann höchstens der Betroffene entscheiden, indem er zum Beispiel im Rahmen einer Patientenverfügung bestimmt: Ich will nicht im Koma gehalten werden, oder ich will nicht künstlich ernährt werden, lasst mich in Ruhe sterben. Aber wir sind im Westen noch weit entfernt von einer gelassenen Lebenseinstellung, die sagen könnte: Ich habe genug gelebt, es ist gut, ich werde mich auf den Weg machen.

GT: In einer Sippengemeinschaft gibt es eine gewisse Fähigkeit, bei der man das Leben selbst von innen heraus einstellen kann. Das wird ja sehr früh geübt. Jedes Kind weiß, dass es eines Tages sterben wird. Vom Tod redet man wie von anderen Dingen, ganz gewöhnlich, ohne jegliche Umschweife. Die Nomaden sehen um sich herum jeden Tag Geburten wie Tode. Schafe sterben, Lämmer kommen. Pferde sterben, Fohlen kommen, alte Leute sterben, Kinder kommen. Das ist eine ganz normale Sache, jeder weiß es, jeder beteiligt sich an dem Empfang wie auch an der Verabschiedung. Und als Heiler weiß ich es sowieso, muss die Menschen begleiten, manchmal rüberholen, manchmal hinüberbegleiten, das ist so gang und gäbe. Wenn man so erzogen, so erwachsen und alt geworden ist, und außerdem mit der Hoffnung, ja mit der Überzeugung, dass man wiederkehrt, dass man nicht das allerletzte Mal da ist, dann kann man sich ziemlich heiter von der Gemeinschaft verabschieden und ein Fest daraus machen: Heute ist mein letzter Tag, und da möchte ich auch würdevoll dastehen.

Das war so bei meinem Vater, so auch bei meiner Mutter

und bei der Schamanenmutter ebenso. Alle drei sind an dem von ihnen festgesetzten Tag selbst aus dem Leben gegangen. Bei meiner Mutter ging es besonders schnell. Eine Sache von zwei Minuten. Bei meinem Vater hat es vielleicht zwei Stunden gedauert, er ist eingeschlafen. Er hat gesagt: »Jetzt ist mir jeder Wunsch auf Erden erfüllt, und ich möchte jetzt nur noch schlafen, deckt mich gut zu.« Ins Bett gelegt und zugedeckt, und nach wenigen Minuten hat er angefangen zu schnarchen. Dann wurde es stiller, stiller, stiller. Irgendwann stellt man fest, der Körper fängt an, von den Enden her kühler zu werden.

Hinter dieser Fähigkeit steht natürlich eine große Lebensphilosophie. Ich glaube, das ist genau der Punkt, wo die moderne Menschheit bei den armen Nomaden am Nordhang des Lebensberges lernen könnte und auch müsste. Es ist eigentlich zu schade, dass nur wir diese Fähigkeit haben und sie den anderen Menschen vorenthalten müssen. Das wäre unser »Patent«. Wir könnten diese Fähigkeit gerne hundertfach, tausendfach, millionenfach weitergeben. Wer möchte jetzt loslassen? Bitte …

KK: Im Westen würde man einwenden: Gut, wenn das die Überzeugung der Leute ist, das können wir akzeptieren, damit kann man ein besseres Verhältnis zum Sterben finden. Aber – es wird auch Leute geben, die dann die alten Menschen anraunzen: »Willst du nicht endlich gehen? Meinst du nicht, dass es jetzt Zeit ist? Warum lebst du eigentlich noch?«

In einer Gesellschaft, in der materielle Güter im diesseitigen Leben das Primäre sind, würden solche Fragen automatisch kommen. Ohne die Überzeugung von der ewigen Seele käme es zum Missbrauch. Ihr denkt da anders, deshalb würde eine solche Frage wahrscheinlich gar nicht auftreten. Es gibt ja in dieser Sippengesellschaft nicht irgendeinen Text, an den man sich hält, sondern das ist eine Überzeugung, die alle tragen und die alle leben, ein ungeschriebenes Gesetz.

GT: Ich habe bereits von der Lebensphilosophie gesprochen. Jetzt kommt sie zum Tragen. Wir sehen in jedem alten Menschen einen wertvollen, da ausgereiften Menschen, einen Menschenberg, einen Gletschergipfel in Gestalt eines Menschen. Selbst die einfältigsten Alten haben ihre Lebensweisheit, die anzuhören es sich immer lohnt. Wenn man diese Ehrfurcht vor dem Alter hat, gleichzeitig auf der andern Seite die Liebe zur Jugend, zu dem jungen wachsenden grünen Gras auf der Menschheitswiese, dann kann man eines der Hauptprobleme des menschlichen Lebens schmerzarm bis schmerzlos lösen.

MK: Gibt es bestimmte Rituale zur Beerdigung bei den Tuwa?

GT: Als Erstes bringen wir den toten Menschen wieder in die Embryoform zurück. Dann nähen wir ihn in ein weißes Tuch ein. Legen ihn auf ein Stück warmen, weichen, weißen Filz, denn Filz ist das Kostbarste in einer Jurte. Man reitet immer mit ungerader Zahl zum Beerdigungsplatz. Dort angekommen, wird die Erdmutter gebeten: »Mutter Erde, wie Ihr seht, kommen wir mit einer Bitte zu Euch. Wir müssen Euch abermals verletzen.« Dann wird etwas Milch verspritzt und ein Loch, so klein wie möglich, gegraben. Der Mensch wird auf Filz gelegt und mit Filz bedeckt: »Mutter Erde, nehmt Euer Kind wieder zu Euch.« Dann wird die Erde darüber gehäufelt. Danach geht man im Uhrzeigersinn dreimal betend um das Grab. Zurück reitet man in gerader Zahl. Vor der Jurte werden Milch zum Kosten und Wasser zum Händewaschen gereicht. Dann schüttelt man die Kleidung aus und geht zum Leichenschmaus in die Jurte.

Glück

GT: Wenn zwei Menschen anfangen, über das Glück ihrer Zweisamkeit zu reden, fragen sie den anderen: »Liebst du mich?« – Wenn die Frage so gestellt ist, ist es natürlich, dass man mit Ja antwortet. Damit ist man zu einer Lüge gezwungen. Na gut, fragen wir also: »Bist du glücklich?« Ich überlege nicht lange und sage: »Ja«. Aber wenn ich jetzt anfange nachzudenken: Bin ich glücklich? … In dem Augenblick ist diese zarte Blase von dem, was ich für Glück halte, angekratzt, ist schon gefährdet. Meine Frage kratzt kleine, hässliche Spuren in die Glücksblase, ich bin nicht mehr glücklich. Wir Menschen machen immer Dinge kaputt, wenn wir versuchen, sie zu benennen und zu bestimmen. So ist es ja auch mit Gott oder mit dem höchsten Wesen.

MK: Was ist nun Glück? Ist es das Einssein mit der Natur oder mit sich selbst?

GT: Im Westen wird ja alles dualisiert: Licht und Schatten, Leben und Tod, Glück und Unglück. Trennungen finden überall statt, die Tochter trennt sich von der Mutter, der Mann von der Frau, aber die Menschen trennen sich innerlich auch, sie sind zerrissen, trennen Seele und Geist. Wenn man sich von der eigenen Seele trennt, wird man traurig, wird man krank.

Glück ist für mich, eingebettet zu sein in den großen Kreislauf als leuchtender Docht, gedreht aus drei Strängen: Körper, Seele und Geist. Glück bedeutet nicht, dass man ständig recht haben muss. Glück ist auch zu wissen, dass man unrecht hat. Wenn ich Teilstück, Splitter des Universums bin, ist alles, was ich im Großen, Runden finde, auch in mir. Mein kleines Selbst ist im Bewusstsein des Universalen aufgehoben, findet in mir und im Ganzen seinen Ausdruck. Ich bin widersprüchlich, allein in diesem Gespräch habe ich einander widersprechende Dinge behauptet. Wenn ich mich aber im Runden, im Kreis befinde, so wird auch einander Widersprechendes ausgeglichen, umschlossen vom Rund. Es ist unwichtig, wo ich stehe im Kreis, ich werde umschlossen vom All-Ganzen.

So ist mir jeder Tag neu, ich kann ihn mit neugieriger Freude begrüßen. Es ist so aufregend, jeder Patient ist ein neues Universum, bei zwanzig Patienten bin ich zwanzig mal jungknäbisch. Das ist der Grund, weshalb ich hellwach bleibe bis zuletzt, bei einem Heilseminar, bis alle Kräfte aus mir raus sind. Auch das ist eine Form von Glück. Das ist der Grund auch, dass jeder Lebenstag anders sein kann. Wenn ich so dreißigtausend Tage auf Erden zu leben habe: Dreißigtausendmal immer einen neuen Lebenstag erleben zu dürfen, das ist meine Hoffnung und meine Freude auch. Also, wenn zwei Tage einander völlig glichen, das wäre doch ziemlich langweilig, nicht?

KK: Und trotzdem wiederholt sich etwas. Du sagtest heute Morgen: Eigentlich reichen vierundzwanzig Stunden. Wenn man einen Lebenstag ordentlich gelebt habe, habe man alle erfahren.

GT: Beides ist richtig. Ja, aber dennoch gibt es etwas, was den Tag 1 vom Tag 99 und diesen vom Tag 1850 unterscheidet. Das Kleine, Unwesentliche, das aber am Ende sehr wesentlich ist. Ein Lebenstag, den wir als Kind erlebt haben, ist ja völlig anders als so ein Tag, den wir jetzt als Erwachsene erleben. Und später als verdienter Greis, verdienter menschlicher Gletscherberg, werde ich wohl die Lebenstage ganz anders wahrnehmen, erleben, hoffe ich doch.

Dennoch sage ich, gibt es als Kern dieser Lebenstage etwas, das gleich bleibt. Und ich, ob nun Kind Galsan, Student Galsan, Schriftsteller Galsan oder Greis Galsan – habe in mir etwas Gleichbleibendes, das ist wohl das Kind, das ewige Kind. Das ist mein Kern als Person, als Wesen, das mich von allen anderen unterscheidet. Und solange dieser Kern wach bleibt, neugierig, auch auf seine Art ein bisschen frech, aber irgendwie erträglich, gütig frech – solange denke ich, darf ich das Glück in all seinen Möglichkeiten auskosten und auf Gottes Erde bleiben.

Zum Glück gehört auch Demut, die Balance zwischen Mut und Angst. Zum Glück gehören viele Dinge, gehört das halbe Universum und eine Hälfte seiner Möglichkeiten.

In Europa will man Glück sehr präzise verstehen und es daher von seinem Gegenteil scharf getrennt haben: Jeder Lebenstag soll glücklich verlaufen, soll sonnig sein. Der Mensch muss immer satt sein, gut angezogen, ein schönes Auto haben und natürlich lachen, immer lachen. Ist nur dann Leben, wenn man lächelt? Kann man nicht glücklich sein, ohne zu lächeln? Oder wenn man sich wirklich anstrengen muss, etwas zu erreichen, ist das nicht auch Glück? Wenn man nachsinnt, wenn man weint, ist das kein lebenswertes Leben? Unser Lebensverständnis ist so, dass alles, was ist, Leben ist. Bin ich heute hungrig, freue ich mich morgen umso mehr über ein Stück Brot. Zum Leben gehören auch Leid, Hunger, Frieren, Durst. Wenn ich ein Kind gezeugt habe, möchte ich ihm auf keinen Fall das Recht auf Hunger und Durst, auf Tränen und Schmerz abnehmen. Ein gleichbleibend sonniges, wohltemperiertes Leben würde doch ermüden, langweilen.

Ich habe auch die Erfahrung gemacht, dass die Hölle irgendwo mitten im Paradies liegt, und das Paradies findet man auf dem Gelände der Hölle. Die sind ja so ineinander verwoben, und wenn ich jetzt nach dem Paradies suche, dann muss ich erst mal meine innere Navigation fragen, wo liegt denn hier die Hölle? Wenn ich mitten in der Hölle stehe, da bin ich jetzt nach meinen neuesten Erkenntnissen sicher, werde ich dort auch das Paradies finden.

Glück ist der Friede der Seele, das Einssein mit sich selbst und dem Universum.

KK: Ich glaube, dass Glücksgefühle oder das, was wir so gefühltes Glück nennen, und Demut sich nicht unbedingt ausschließen. Vielleicht ist das, was wir manchmal als Glücksgefühl bezeichnen, einfach nur eine ganz tief empfundene Freude, und die schließt Demut nicht aus. Glück ist ja ein relativ moderner Begriff, obwohl schon Aristoteles darüber spricht. Der glückliche Mensch, wenn man nach dem Wortstamm geht, ist in der *eudaimonia; »eu«* ist die Vorsilbe für »gut« im Griechischen, und *»daimon«* ist der Geist. Also im guten Geist sein, das ist Glück.

MK: Im guten Geist sein … Vielleicht braucht dieser Geist auch Zeit, in mir anzukommen? Eine gute Nachricht bekommen heißt nicht, dass ich mir sofort meines Glückes bewusst bin. Das kann meine Innenwelt auch Stunden später erst erreichen.

KK: Das kann ich nur bestätigen. Ich wollte gerade aus dem Büro nach Hause fahren, da kam der Anruf, dass ich einen Forschungspreis bekommen hätte. Das Erste, was ich dachte, war: Es ist kurz vor sechs, ich muss noch unbedingt Blumen holen. Ich dachte weder an den Preis, noch hatte ich ein Gefühl von Freude. Das kam erst nach zwei Stunden …

GT: Das ist sehr menschlich.

KK: Es ist auch ähnlich, wenn man eine schlechte Nachricht bekommt. Auch da dauert es oft eine gewisse Zeit, bis man sie realisiert hat.

GT: Meine Mutter war siebenundachtzig Jahre alt. Das ist in der Mongolei ein sehr hohes Alter. Da weiß man jeden Tag, die Mutter muss bald gehen. Eines Abends kommt der Anruf, es ist so weit, die Mutter gibt es nicht mehr. Ich habe aufgelegt und auf andere Sachen geachtet. Am nächsten Morgen, als ich um vier Uhr aufstand, mich wusch und an dem kleinen Raum vorbeiging, wo Mutter sonst immer geschlafen hatte, wenn sie in der Stadt war, dann erst, ganze sechs Stunden später, hat diese Tatsache mich plötzlich erfasst. Ich habe wie wahnsinnig geheult, sechs Stunden später. Ich glaube, wir vernehmen eine Sache zwar mit den Ohren, aber bis sie den Kern unseres Bewusstseins oder unserer Seele erreicht, ist es ein langer Weg. Irgendwann ist es so weit, und wir erfassen sie auch, endlich. Dann kommt die Freude, die Trauer, also die Reaktion.

KK: Zuerst nimmt man akustisch wahr, dann kommt der Verstand, dann die Vernunft, dann erst nimmt die Seele wahr, dann erst kann sie reagieren.

GT: Die Raketen, die von der Erde ins Weltall geschossen werden, die brauchen trotz der hohen Geschwindigkeit immer eine gewisse Zeit, bis sie das Ziel erreichen. Manchmal Tage und Wochen, zumindest Stunden. Und so ist es auch in den Innenlandschaften, dem inneren Kosmos. Diese Nachricht hat uns getroffen am Ohr und fliegt weiter – da liegen vielleicht Lichtjahre dazwischen. Sie fliegt mit der gleichen Geschwindigkeit weiter, sechs Stunden später hat sie erst die Seele erreicht, und sofort hat sie geantwortet, und zwar mit Tränen und Geschrei.

KK: In den Texten und Gebeten des Neuen Testaments kommt das Wort »Glück« nie im Sinne einer Forderung vor. Im Neuen Testament wirst du überhaupt kein Wort finden, das man allgemein mit Glück übersetzen könnte, obwohl die *eudaimonia* im hellenistischen Kulturkreis ein wichtiger Begriff war. Nirgends gibt es die Bitte: »Herr, gib mir Glück.« Nirgends ist dort etwas von den Erwartung der Physiokraten und Ökologen des 19. Jahrhunderts zu finden, wonach der Mensch ein Recht habe, glücklich zu sein. Denn dieses angebliche Menschenrecht, glücklich zu sein, führt direkt zur Frage: »Was habe ich falsch gemacht, ich wollte doch nur glücklich sein?« Der Begriff des Glücks ist eher die Beschreibung eines Zustands. Selbst in der zeitgenössischen Ethik ist Glück im Katalog der Werte nicht zu finden, Glück ist eher eine abstrakte, leitende Vorstellung, der man sich nähern kann, wenn andere Werte wie Pflichterfüllung, Sinnhaftigkeit des eigenen Tuns oder der eigenen Zufriedenheit erfüllt sind. Die Generation unserer Großeltern war noch der Überzeugung, dass Glück ein Nebenprodukt sei.

MK: Das ist weise. Vielleicht haben sie gemeint: Nebenprodukt eines recht gelebten Lebens?

KK: Glücklich im Sinne von geglückt.

GT: Oder Glück ist etwas, das keine Bezeichnung braucht, wie Gott. Wie unser eigener Berg. Unser heiliger Berg heißt Haarakan, das bedeutet »Unbenennbarer«. Wir belassen es dabei. Wenn wir Ehrfurcht empfinden vor diesem großen, schönen Berg, dann müssen wir ihn nicht notwendigerweise benennen.

KK: Der jüdische Gott Jahwe bezeichnet sich selbst so: »Ich bin, der ich bin, Jahwe … Du sollst dir kein Bild von einem Gott machen. Du sollst ihm auch keinen Namen geben.« Er hat keinen Namen, er äußert sich selbst als Namenloser. Er hat keine Bezeichnung.[104]

Es gehört wohl zum westlichen Denken, dass das bewusste Leben sehr hoch geschätzt wird. Also nicht nur leben, sondern sich in jedem Augenblick seines Lebens bewusst sein – wie man lebt, dass man lebt, wohin man möchte in seinem Leben und wie alles zu dem geworden ist, was es ist, also beständig in einem Geschichts- und Zukunftsbewusstsein leben. Martin Heidegger kritisiert, wenn man das nicht habe, sei das die Verfallenheit an das Man, die Seinsvergessenheit, die Zeitvergessenheit.[105] Der Mensch vergisst also Zeit und Raum, er vergisst seine Sorgen für die Zukunft, er vergisst seine eigene Geschichte, er vergisst seine Bindung an die Gemeinschaft und lebt einfach bloß drauflos. Genau das gilt nach der westlichen Philosophie als nicht erstrebenswert. Mir geht es um diesen Unterschied.

GT: Ja, ich verstehe. Der zivilisierte Mensch lebt von Wissen, von Kultur und von Bestimmungen. Und wir in unserer Bergsteppe leben von Fleisch, Milch, Luft und Wasser.

Wissen und Weisheit

MK: Klaus, du hast gesagt, Naturwissenschaftler haben ihre großen Erfolge, wenn sie jung sind, Philosophen bringen wesentliche Aussagen, wenn sie älter sind. Ob das mit dem Unterschied zwischen Wissen und Weisheit zu tun hat?

GT: Moment mal. Was ist Weisheit?

KK: Zur Weisheit gehört vor allem, dass man nicht versucht, sie zu definieren. *(Gelächter)*

Es gibt Unterschiede. Der Weisheit geht es nicht um das Neue um jeden Preis. In der Wissenschaft kann nur promovieren, habilitieren, reüssieren, wer eine neue Erkenntnis, ein neues Wissen vorstellt, das noch niemand dargestellt hat. Wir sind ja neugierig, gierig auf dieses Neue. Das hängt auch wieder mit unseren westlichen Belohnungssystemen zusammen. Weisheit wird ja nicht belohnt, muss auch gar nicht belohnt werden. Sie ist aus dem Belohnungssystem ausgekoppelt. Und Weisheit muss nicht neu sein, sie entwickelt sich aus langer Erfahrung. Sie erwächst aus Bestätigung und vielen Niederlagen. Man kann sie aussprechen, aber wenn ein anderer diese Weisheit hört, heißt das noch nicht, dass er sie verstanden hat, dass er sie nachvollziehen und aus ihr leben könnte. Es gibt unzählige Kalendersprüche mit Weisheiten. Über jeden dieser Sprüche könnte man ein ganzes Leben lang nachdenken. Aber sie prallen alle an uns ab, das Mitteilen von Weisheit bedeutet also nicht, sie zu übertragen.

Beim Wissen ist es anders. Wenn ich eine Information verstehe, entsteht Wissen in meinem Kopf, mit dem ich arbeiten, mit dem ich entsprechend agieren und das ich wieder weitergeben kann. Weisheit ist nicht einfach durch Vorträge oder Lektüre übertragbar. Jeder muss sich seine eigenen Weisheiten erarbeiten, sie erfahren, erleben.

MK: Wenn ich einem weisen Menschen zuhöre, habe ich mir seine Weisheit noch nicht angeeignet, aber ich kann mich inspirieren lassen, meinen eigenen Weg zu finden.

KK: *(Zu Galsan gewandt)* Du hast vorher so schön zelebriert, dass der Nomade, wenn er Zeit hat, denkt. Denken als eine Art Existenzform, weil er Zeit hat, seinen Gedanken nachzuhängen. Ich drücke es mal westlich aus: Er kann Gedankenketten bilden. Hat dieses Denken auch ein mitteilbares Ergebnis, oder muss es das gar nicht haben?

GT: Es muss nicht.

KK: Bei uns heißt es immer: »Fürs Denken wirst du nur dann bezahlt, wenn da auch ein Ergebnis zu sehen ist.«

GT: Wir werden dafür nicht bezahlt, aber wir werden dafür geachtet. Wer gut denkt, der ist der Weise. Zu einem Weisen zu werden, bedeutet für uns mehr, als zu einem Kanzler zu werden. Der Weise, das ist der große Volkslehrer, Volksführer. Und jeden Mannes geheimer Wunsch ist es, eines Tages als Weiser seines Volkes dazustehen.

KK: Wir haben die Weisen eigentlich aus unserer Kultur verbannt. Wir haben die Weisen lächerlich gemacht. Wir nehmen Weisheit nicht mehr ernst.

MK: Mit dem Ermorden, Verbrennen der weisen Frauen haben wir uns abgeschnitten von einem reichen Erfahrungsschatz. Das ist der Weisheit in unserer Kultur nicht gut bekommen.

GT: Weisheit braucht ja nicht, will ja nicht bezahlt werden, Weisheit will geachtet sein. Das ist der ganze Unterschied. Der Weise aus dem Volk, der ist wie der Sänger bei Goethe. Der kommt und singt und lehnt dann die goldene Kette ab und sagt: König, dafür schenkt Ihr mir bitte ein Glas Wein. Ist der Wein ausgetrunken, ist er selig: Das ist ihm Lohn genug, und er zieht weiter. [106]

Altes Wissen, neue Technik

Wissen bildet sich wahrscheinlich, kristallisiert sich aus einem Meer von Informationen. Wo kommt die Weisheit her? Die Weisheit ist wahrscheinlich die Ablagerung, der Bodensatz vielen Wissens. Aber so genau weiß ich es nicht. Weisheit ist eine sehr kleine Menge, ein Teich. Wissen kann einen See bilden. Aber Information – das ist ein Ozean.

KK: Unsere technischen Möglichkeiten haben lediglich die Aufbereitung der Information und den Zugriff zur Information verbessert. Das Wissen wurde damit nicht erhöht und die Weisheit schon gar nicht. Bei Platon gibt es die *episteme episteme,* das Wissen des Wissens. Es fragt danach, welches Wissen gewiss ist, was eine wahre gerechtfertigte Meinung ist, was Wahrheit ist, also nach den Kriterien, mit denen Wissen noch mal beurteilt werden kann, gewissermaßen das höherstufige Wissen. Vielleicht auch das Bewusstsein darüber, welches Wissen man braucht und welches man getrost weglassen kann. Auch auf die Information, die zu unnötigem Wissen führt, kann man verzichten. Die Weisheit wird im Westen verlacht, weil sie nicht unmittelbar zu Effizienz, zum Gewinnstreben, zum Vorteil im Konkurrenzkampf führt, sondern bloß für den Menschen, für ihn selbst, für seine Seele da ist. Das wird nicht sehr geschätzt oder noch nicht. Ich könnte mir aber vorstellen, dass sich das ändert.

GT: Ich sehe zwei extreme Haltungen. Die einen sind betont modern. Was neu ist, das ist das zukunftsträchtige Wissen, also der neueste Stand der wissenschaftlich-technischen Errungenschaften. Die anderen negieren wiederum alles Neue und bestehen auf dem alten Wissen. Nur der ist gerettet, der weiß, beide in Freundschaft an beiden Händen zu führen. Eine kleine Essenz vom modernen Wissen und eine kleine Essenz vom alten Wissen, in den Händen eines gut denkenden Menschen könnten die beiden Wissensklassen ergänzen und zusammenführen.

KK: Ich denke, dass wir schon deshalb das alte Wissen brauchen, um zu sehen, wie unsere Begriffe und Haltungen sich im Laufe der Geschichte entwickelt haben. Auch um nachzuvollziehen, wie sehr unsere westliche Zivilisation und unsere heutige Denkweise aus dieser Geistesgeschichte heraus bestimmt worden sind.

Von dem großen Humanisten Thomas Morus berichtet man den Ausspruch, Tradition heiße, die Glut weiterzugeben, nicht die Asche zu bewahren.[107] Es gilt, die Glut des Denkens in diesem alten Wissen zu bewahren. Man braucht viele Einzelheiten nicht, aber klug genug zu sein, sich das zu bewahren, was für das Verständnis unserer neuen Entwicklung wichtig ist – das wäre mein Anliegen.

Wenn ich allerdings die tiefgreifenden, politisch *gewollten* Änderungen sehe, die Globalisierung aller Gesellschaften, die durch den Computer oder das World Wide Web zwar nicht ausgelöst worden sind, aber doch rasant beschleunigt, dann sind die Philosophen noch weit davon entfernt, ein Verständnis dafür entwickelt zu haben. »Die Eule«, wie es Hegel so schön formulierte, »die Eule der Minerva beginnt immer erst in der einbrechenden Dämmerung ihren Flug.«[108] Da ist der Tag schon vorbei, die Philosophen hinken immer etwas hinterher.

GT: Ich meine, der Mensch, der das alte und das neue Wissen an beiden Händen führt wie einen alten Greis, wie ein kleines Kind, der muss gütig sein. Jeder Mensch, der etwas für die Menschheit neu erschaffen will, muss menschliche Größe, menschliche Helligkeit, menschlichen Verstand und menschliche Güte aufweisen. Ohne das geht es nicht. Nur wer gütig genug und verständnisvoll ist, nur der kann die Glut bewahren. So ein Mensch braucht nur die schlafenden Flammen in der Glut zu verspüren, und dann wüsste er auch, was altes Wissen hergeben könnte. Und beim Kind, dem neuen Wissen, würde er die sanfte Güte des Alten gut unterbringen.

MK: Wie können wir denn das Verstehen lernen? Nur ein Verstehen ermöglicht den Schritt zur Weisheit.

GT: Da ist, glaube ich, die nomadische Langsamkeit angebracht. Die heutige Welt ist einfach zu schnell. So schnell kann man die Welt nicht mit allen Sinnen wahrnehmen, in sich aufnehmen. Viele Menschen sind unfähig zur Aufnahme geworden. Das sehe ich immer wieder. Die sitzen da und wollen alle mithalten, zumindest mir gegenüber. Alle haben etwas zu sagen, wollen ihren ganzen Ballast bei Herrn GT abladen. Wenn ich etwas erwidere, sind sie so ungeduldig, können nicht zuhören, und dann muss ich eine Sache dreimal erklären.

Das Unverständnis liegt an der hohen Geschwindigkeit. Die moderne Welt ist so beschleunigt, dass alle Sinne auseinandergeschleudert werden, das ist ja wie in der Schleudertrommel einer Waschmaschine. Deshalb muss man, um zu verstehen, einfach aus der Trommel aussteigen und eine Weile in Ruhe sitzen bleiben. Klappe zu, Augen auf, Ohren auf, alle Kanäle erst mal öffnen. Dann noch mal in sich hineinhorchen: Was habe ich gehört? Ah, das ist es. Verstehen heißt ja, dass das Ding, das man gehört hat, einzieht in die inneren Poren. Wenn das eingedrungen ist in dich, dann hast du vielleicht verstanden. Möglicherweise immer noch nicht, dann muss einfach Zeit vergehen.

Diese kleinen Flüssigkeiten, die kleinen Hormone, die Säfte, die von außen in dich kommen, sind manchmal Gift, manchmal Vitamine für dich. All diese verpackten Worte, die müssen liegen in dir, in deinen Zellen und wirken. Vielleicht verstehst du sie erst nach fünf Jahren oder schon nach fünf Tagen. Oder vielleicht erst am Ende des Lebens. Die einfachsten Sachen, die versteht man am schwersten. Man glaubt, verstanden zu haben, aber man betrügt sich damit selbst, weil man geringschätzig denkt: Ach, das ist ja einfach. Die allergenialsten Sachen sind einfach, und die einfachsten Sachen sind am schwersten zu verstehen. Es ist nötig, Tür und Tor aufzumachen, aufnehmen und eine Weile warten, sich die Zeit zum Verstehen nehmen.

KK: Die westliche Zivilisation meint, sich nicht leisten zu können, Zeit zu nehmen. Die Technik hat die Lebensabläufe ungeheuer beschleunigt. Aber wir haben, im Gegensatz zur Hoffnung von Karl Marx, die Natur des Menschen damit nicht verändert. Die Natur des Menschen ist gleich geblieben, wie auch seine Informationsverarbeitung – technisch gesprochen –, also seine Fähigkeit des Verstehens. Jeder Verstehensprozess braucht Zeit. Die Psychologen sagen, es dauert ungefähr drei Sekunden, bis man einen Satz so weit verstanden hat, dass man ihn wiederholen kann. Es sind verschiedene Stufen vom Hören über das einfache Verstehen, sodass man den Satz wiederholen kann, bis zum Verständnis seiner Bedeutung und bis dahin, dass man ihn mit dem Herzen verstanden hat. Bis man ihn mit dem Herzen verstanden hat, kann es sehr lange, ja, jahrelang dauern. Wir lassen durch unsere beschleunigte Informationsverarbeitung, unsere beschleunigende Informationstechnologie den Menschen nicht mal mehr die drei Sekunden Zeit, den Satz oberflächlich zu verstehen. Aber wir können das Verstehen nicht beschleunigen, wir können die Natur des Menschen nicht verändern. Daraus ergibt sich das, was von Paul Virilio in einem Buch mit dem treffenden Titel »Der rasende Stillstand« bezeichnet worden ist.[109] Oder, um in deinem Bild zu bleiben: Die Waschtrommel dreht sich schneller und schneller um den gleichen Mittelpunkt, kommt aber dabei nicht von der Stelle. Wir brauchen eine lange Zeit, um zu verstehen, und diese Zeit müssten wir uns nehmen. Aber durch diese Konkurrenzgesellschaft, durch unsere beschleunigte Informationsgesellschaft, wie immer man das soziologisch bezeichnen möchte, meinen wir, uns diese Zeit nicht nehmen zu dürfen.

Es gibt sogar eine »Gesellschaft für Entschleunigung«. Sie sagt uns, die Lebensvollzüge müssten wieder der menschlichen Natur angepasst werden. Der Mensch ist kein schnelles Wesen. Seine Orientierungsfähigkeit erlaubt ihm, mit höchstens fünfundzwanzig bis siebenundzwanzig Kilometern pro Stunde durch einen Wald zu laufen. Mehr kann er nicht ausregeln. Wenn er sich also mit einem Fahrzeug oder gar Flugzeug schneller bewegt, ist er auf technische Hilfen angewiesen. Mit dem Verstehen von Sätzen, mit dem Gewinnen von Wissen, mit dem Lernen, mit Lernprozessen ist es nicht anders. All die Versuche, die Lernprozesse durch Informationstechnologie, computerunterstützten Unterricht und was sonst noch alles seit den Fünfzigerjahren ausprobiert wurde, sind letzten Endes alle gescheitert. Lernen ist ein sozialer Prozess und braucht Zeit. Denn jeder Verstehensprozess ist letzten Endes ein Lernprozess.

Wirkwelt und Merkwelt

KK: So kommt es, dass wir durch diese technisch unterstützte Beschleunigung Dinge tun können, die wir nicht mehr verstehen und nachvollziehen können. Wir sind in unserer Technik wirkmächtiger geworden als das unserem langsamen Denken, unserem menschlichen Naturell entspricht. Werkzeuge führen zur Unterstützung und Verstärkung menschlicher Fähigkeiten. Um diese verstärkten Fähigkeiten zu beherrschen, bedarf es wiederum weiterer Werkzeuge. So erzeugt Technik Technik, bis auch diese an die Grenzen der Beherrschbarkeit gelangt ist.

Karl Otto Apel hat das mal so gekennzeichnet: Das Signum der modernen Technologie der Industriegesellschaft ist das Auseinanderfallen von Merkwelt und Wirkwelt.[110] Merkwelt ist das, was wir wahrnehmen, was wir verstehen, was wir sehen können. Die Wirkwelt ist das, was wir mit unseren Fähigkeiten und unserer Technik anstellen können.

Es gab diese Kritik schon in der Antike: Jetzt haben sie Eisenschwerter, diese Kerle. Früher kämpfte Mann gegen Mann mit Bronzeschwertern. Die sind noch zerbrochen, da zeigte sich, wer wirklich geschickt und stark ist. Die Eisenschwerter, die brechen ja gar nicht mehr. Wo bleibt denn da der Mannesmut? Man hält sich ja mit dem Eisenschwert den Gegner vom Leib, man sieht gar nicht mehr in das Weiße seines Auges. Man merkt gar nicht mehr, was man tut.[111]

Solches Auseinanderfallen von Merkwelt und Wirkwelt erleben wir heute zum Beispiel im wirtschaftlichen Bereich: Broker sitzen an ihren Computern, sie zocken hin und her, die Kurse beginnen zu wanken, und sie merken gar nicht, wie sie das ganze System, das so komplex ist, dass sie es selbst nicht mehr durchschauen, zum Zusammenbruch bringen. Und Milliarden von Menschen werden ärmer und ärmer. Eine Weltwirtschaftskrise wie die von 1928/29 hätte um Zehnerpotenzen verheerendere Folgen, auch wegen dieser engen komplexen Verflechtung der Wirtschaft weltweit. Wir haben unsere Systeme so komplex gebaut, dass wir sie nicht mehr übersehen können. Aber mit diesen komplexen Systemen erzeugen wir fast blind ungeheure Wirkungen.

MK: Friedrich Cramer schreibt: »Bis vor zehn Jahren war wahrscheinlich der menschliche Organismus, das komplexeste und am höchsten rückgekoppelte System, das wir kannten. Mit Einführung des Internets dürfte sich das geändert haben. Alles ist mit allem verbunden und kann katastrophal kollabieren.« [112]

KK: Die technischen Fehler bei Katastrophen sind meistens kleine Fehler, die sich aber zu ganz großer Wirkung aufschaukeln, weil die Systeme so vernetzt und so komplex sind, dass sie in ihrer Gesamtheit nicht mehr durchschaubar sind. Katastrophenforscher haben deshalb vorgeschlagen:[113] Baut kleine Systeme, baut sie unabhängig, entkoppelt sie voneinander. Dann haben kleinere Fehler auch nicht diese große Wirkung. Aber nein, wir bauen ganz große Systeme, und die können auch von großer katastrophaler Wirkung sein. All unsere Systeme sind viel komplexer, viel vernetzter und damit viel unsicherer geworden. Wir können mehr bewirken als das, was wir eigentlich wahrnehmen, überblicken und damit letzten Endes verantworten können. Verantworten kann man ja nur, was man überblickt. Das ist das Dilemma des modernen Menschen.

Verstand und Vernunft

MK: Ein Nomade kann seinen Lebensbereich noch einigermaßen überblicken, wir nicht mehr.

GT: Das ist es ja, was ich immer wiederhole: Wir brauchen eine sanfte Lebensphilosophie. Wenn der Kern sanft ist, dann kann er groß sein und trotzdem sanft bleiben, nicht nach Vernichtungsobjekten gierend, sondern nach Zielen ausschauend, die ich gewinnen könnte zu Freunden. Also nicht diese westliche Denkweise, alles zersetzen, zersäbeln oder durchspießen, sondern umarmen, herwinken, herbeibeschwören. Wenn die Philosophie, die Lebensphilosophie sanft ist, dann ist die Möglichkeit geringer, dass es zu Katastrophen kommt. Zu Naturkatastrophen kann es immer kommen, das liegt nicht in unseren Kräften. Es sei denn, wir haben sie durch einen falschen Umgang mit der Natur herausgefordert. Warum werden die Menschen nicht vernünftig? Die Staatsmänner haben doch genügend gesehen. Sicher, es gibt Kriegsgewinnler, aber, im Ganzen gesehen, hat doch noch niemand am Krieg gewonnen.

MK: Ich habe eine provokative Frage an dich, Galsan: Du hast im Laufe des Gesprächs gesagt, du seist für die Logik, und fragst jetzt, warum wir nicht vernünftig werden? Aber wir im Westen haben gerade die Vernunft auf den Sockel gehoben, als Halbgott. Ist es nicht vielmehr so, dass wir nicht, oder nicht nur, die Vernunft brauchen, um unsere Probleme zu lösen, sondern vor allem Weisheit?

GT: Ich möchte das Alte und das Neue zusammenbinden, möchte herausfinden, was uns vielleicht retten könnte. Dazu muss ich beide Sichtweisen kennenlernen, also auch den Pfad der Logik beschreiten.

KK: Die westliche Philosophie unterscheidet zwischen Verstand und Vernunft. Am besten kann man das mit dem Satz von Max Born sagen: »Die Atombombe, das ist ein Triumph des menschlichen Verstandes, aber eine Niederlage seiner Vernunft.«[114]

GT: Sehr gut.

KK: Das zeigt schlagwortartig, aber dafür sehr deutlich: Wenn der Verstand sich verselbstständigt und nicht von der Vernunft und weiter diese nicht von Weisheit kontrolliert wird, dann bekommen gerade moderne Technik und die modernen Naturwissenschaften – hinter die wir nicht mehr zurückkönnen – etwas Mörderisches. Wenn wir unsere Studenten nur darin ausbilden, wie sie möglichst gut Maschinen bauen und diese auch gut verkaufen können, dann wird unsere Technik mörderisch. Sie wird immer ökonomisierter und dadurch immer weniger beherrschbar. Sie geht in diesen rasenden Stillstand. Ich habe am Schluss eines Vortrags vor Studierenden des Maschinenbaus in München gesagt: »Technik ist letztens Endes Charaktersache.« Das war direkt an die Ingenieure gerichtet. Zu diesem Satz stehe ich, auch wenn ich dafür geprügelt werde. Technik ist Charaktersache, nur eine innere Haltung und eine persönliche Beantwortung der Frage über den Sinn des eigenen Tuns kann uns davor bewahren, dass dieser Verstand sich verselbstständigt und eine mörderische Technik gebiert. Erst dann können wir dieses Auseinanderfallen von Merkwelt und Wirkwelt wieder aufheben. Dazu müssen wir auch, und das hört keiner gerne, verzichten lernen. Wir müssten darauf verzichten lernen, alle technischen Möglichkeiten, die sich bieten, auch einzusetzen, auf den Markt zu bringen, zu verkaufen, durchzusetzen und verbreiten zu wollen. Man muss nicht alles tun, was man kann. Man kann sich auch auf das Sinnvolle beschränken. Das hört sich nach Technikkritik an. Es wird wohl höchste Zeit, dass wir wieder in diesem Sinne Kritik an der Technik üben.

GT: Ich kann wenigstens die Dinge tun, die in meinen Kräften stehen. Wenn wir versuchen, so nach unseren Möglichkeiten zu handeln, dass wir immer das Wohl aller im Blick haben, dann verändert sich etwas zum Guten. Das scheint sehr wenig, ich weiß. Ich erinnere nochmal an das Mäuschen bei Einstein, das allein durch das Beobachten eines fernen Sterns den Lauf des Universums beeinflusst hat. Wenn wir die Bereitschaft haben, das alte und das moderne Wissen auf eine sanfte Weise zu verbinden, verändern wir den Lauf des Universums. Ich habe das moderne Wissen ein kleines Kind genannt, das alte Wissen einen Greis am Stock. Jeder von uns sollte nun in die Zukunft gehen, das Kind und den Greis an beiden Händen haltend. Was wir daraus machen, das hängt von der Güte des einzelnen Menschen ab.

Du hast von Charakter gesprochen, sehr gut. Wir meinen dasselbe. Ob das nun ein Ingenieur ist, der diese beiden zusammenführt, oder ein Forscher, ein großer Wissenschaftler, ein Schriftsteller oder ein Schamane, das hat nichts zu sagen. Wir könnten ja diese zwei auch gegeneinander ausspielen, also das Kind gegen den Greis: »Du bleibst zurück, das Kind muss vor, das ist die Zukunft.« Oder: »Du lausköpfiger Angeber, Rotznäschen, du bleibst zurück, das Alter geht vor.« Nein, das machen wir nicht. Beide gleichberechtigt mitnehmen und versuchen, daraus das Beste zu erreichen. Das wäre nach meinem Verstand die Weisheit des Lebens. Also die Güte, die höchste menschliche Güte wäre, wenn jeder das machen könnte, oder zumindest willens wäre, so zu verfahren.

KK: Dieses Verständnis wünsche ich mir auch für die Macher dieser Welt, die Ingenieure, die Wirtschaftsleute, die Politiker. Er bietet mir ja nicht die Technik an, weil er mich beschenken oder mir etwas Gutes tun möchte, sondern er hat Interessen, er will mir etwas verkaufen, womöglich etwas, das ich gar nicht möchte. Er will – begreiflicherweise – auch Gewinn machen. Auch deshalb entsteht Technik. Die Technik, die heute entsteht, ist überwiegend eine Strategie der Kapitalverwertung durch Innovation und daher auch Ausdruck der Ökonomisierung. Ich würde mir emphatische Ingenieure wünschen, die auch etwas schenken und nicht nur nehmen wollen.

Dieser Fluch ist wirksam: Wer zur Waffe greift, der wird durch die Waffe umkommen. Die Amerikaner haben die Atombombe gebaut, was haben sie provoziert? Dass die anderen sie jetzt auch haben. So kam ein neues Unheil in die Welt. Und die Ingenieure und Physiker hatten durchaus ein Gefühl dafür, in welche Richtung sie drifteten: »... dass wir winzige Wesen in blasphemischer Weise wagten, an die Kräfte zu rühren, die bis dahin dem Allmächtigen vorbehalten waren.«[115] Und als sie die Fotos von Hiroshima und Nagasaki sahen, kam die Frage: »Mein Gott, was haben wir getan?« Oppenheimer äußerte dazu, die Naturwissenschaft, die Physik, habe die Sünde kennengelernt.[116] Er hatte wohl recht damit.

Ich denke, diese Überlegungen kann man weiter ausdehnen in die Gentechnik und in viele andere Bereiche.

MK: Den alten Greis und das Kind zusammenführen, das kann ja auch die Verbindung von Vergangenheit und Gegenwart bedeuten. Dazu kommt mir ein Gedicht von Rumi in den Sinn:

> Achte gut auf diesen Tag, denn er ist das Leben –
> das Leben allen Lebens.
> In seinem kurzen Ablauf liegt alle Wirklichkeit
> und Wahrheit des Daseins,

die Wonne des Wachsens, die Größe der Tat
    und die Herrlichkeit der Kraft.
Denn das Gestern ist nichts als ein Traum
und das Morgen nur eine Vision.
Das Heute jedoch – recht gelebt –
macht jedes Gestern zu einem Traum voller Glück
und jeden Morgen zu einer Vision voller Hoffnung.
Darum achte gut auf diesen Tag.[117]

So kann man »Kind und Greis« zusammenbringen. Das Gedicht ist achthundert Jahre alt, aber die Sehnsucht hat sich nicht geändert.

GT: Ich bin ja in der glücklichen Lage, in einem Körper beide Welten darzustellen. Hierzulande bin ich das Alte, und wenn ich zu Hause in meiner Sippe ankomme, bin ich die Moderne. Deshalb muss ich mit mir sehr vorsichtig, weise umgehen. So, dass ich das Alte nicht überbetone und der Moderne nicht im Wege stehe, aber auch, dass ich im Glanzlicht der Moderne nicht den Weg verliere und verblendet und verblödet dastehe und meine eigene Welt, meine Wurzeln verachte.

MK: Du stehst mit einem Bein in der Urgesellschaft und mit dem anderen in der Moderne und musst aufpassen, das Alte nicht zu verherrlichen und dich von der Moderne nicht blenden zu lassen, sondern eigentlich das Beste aus beiden zu ziehen.

GT: Das ist ja der Grund, weshalb ich immer wieder sage, das Schamanische oder das Nomadische ist kein Gegensatz zum Fortschritt. Man kann beides gleichzeitig pflegen.

Brücken bauen

KK: Wenn man den Verstand verabsolutiert, wird er mörderisch, wenn wir das Schamanentum verabsolutieren würden, kämen wir in einen Mystizismus oder in eine Irrationalität, die uns in unserer technischen Welt handlungsunfähig machen würde.

MK: Einstein soll gesagt haben, wir können Probleme nicht auf der gleichen Ebene lösen, auf der sie entstehen. Unser Bild von Kind und Greis bedeutet ja auch, dass wir einen größeren Handlungsspielraum hätten, die Ebenen wechseln könnten, um eine Problemlösung zu finden.

KK: Wir können viel voneinander lernen. Wir sagten eingangs, dass wir eine gemeinsame Brücke bauen wollen. Brücken sind keine Einbahnstraßen, sie sind in beide Richtungen begehbar.

GT: Eine Brücke zwischen Ost und West, zwischen gestern und heute, zwischen Europa und Asien. Das kann man weiterspinnen. Deutschtum und Tuwatum, oder wie wir das bezeichnen wollen, von beidem ist etwas da, und jeder kann auf dieser Brücke wandern und schauen, wohin er will, mal nach Osten, mal nach Westen. Aber mein schamanisches Grundprinzip ist ja, dass ich gleichzeitig in beide Richtungen schaue. Makro und Mikro, einerseits kann ich so etwas wie das Universum vergrößern, hinter alle Galaxien schauen, das ist mein Bestreben. Andererseits kann ich in mich hineinblicken bis in die kleinsten Teile, meinetwegen in die roten Blutkörperchen hineinschauen. Wenn man diese Fähigkeit hat, dann ist man in Balance.

Dann ist man mutig und demütig. Wir können voneinander sehr viel lernen. Auch unsere Völker, die blondmähnigen Germanen wie die blauärschigen Nomaden. *(Lacht)*

MK: Wir haben mit unseren Gesprächen eine Brücke gebaut, man kann sie begehen, wie tragfähig ist sie? Mag sein, es ist zunächst eine einfache Brücke. Aber mit jedem Tag, den wir weiterleben, bauen wir ein Stückchen weiter, damit sie fester wird. Und zwar jeder in seinem Bereich, mit seinem Leben und mit seiner Art, sich auszudrücken in der Welt. Wir können diese Brücke beständig weiterbauen und im Übrigen noch andere Leute dafür begeistern. Je mehr Menschen sich für diesen schöpferischen Akt begeistern lassen, umso besser.

GT: Also wir zwei *(GT und MK)* haben ja schon angefangen. Maria hat viele Schmuckstücke angefertigt zu meinen Gedichten. Meine Gedichte sind auf diese Weise zu Gestalten geworden. In Edelstein, bitte, in Gold, wenn nicht in Gold, dann mindestens in Silber. Das war für mich auch sehr aufregend. Ich konnte meine Gedichte als Halsketten, als Fingerringe, als Ohrringe, als Schutzamulette sehen. Und für Maria ist das auch wichtig gewesen, ihren Schmuck als Verse zu sehen.

Wir haben angefangen, und jetzt sind wir in einem Dreierbund. Jetzt haben wir einen Philosophen hineingezogen. Und zu unserem Glück ist das nicht nur ein Physiker, nicht nur ein Philosoph, sondern auch ein Künstler, ein Mensch, der singt und Klavier spielt. Ein Mensch mit einem lieben, weichen, warmen Kern. Wenn viele Menschen so wären – aber viele Menschen sind eigentlich so –, wenn viele Menschen die Einsicht und den Mut hätten, sich zu ihrem Kern zu bekennen, unabhängig von der Zeitmode, dann hätten wir viele Freunde auf dieser Brücke.

KK: Wir sollten im Westen dafür werben, dass sich die Menschen begegnen, nicht nur als Beispiel zwischen Mongolei und Deutschland, nicht nur als Faszinosum, sondern mit ganz großem Respekt. Mit dem Respekt vor der Kultur des anderen, vor seiner Biografie, vor seinem Begriffsgerüst, seiner Art und Weise, an die Welt heranzugehen, sich mit der Welt auseinanderzusetzen oder auch in der Welt zu sein.

Ich hatte das Gefühl, dass diese Gespräche gegenseitig von sehr hohem Respekt getragen waren. Ich habe am Anfang des Gesprächs Gadamer zitiert, der in seiner verschmitzten Art gesagt hat, Philosophie bestehe auch darin, ernsthaft in Betracht zu ziehen, dass der andere vielleicht recht haben könnte. Insofern war es kein typisches Gespräch im Rahmen der westlichen Philosophie: Es ging gar nicht darum, zuzubilligen, dass der andere recht haben könnte, es ging nämlich gar nicht um Recht oder Unrecht oder um falsch oder logisch richtig, sondern es ging um das Zuhören, es ging um das Lernen, es ging auch um einen Anfang von Verstehen – weit davon entfernt, alles verstanden zu haben.

Ich denke, es ging aber auch darum, den Blick zu schärfen und sehen zu lernen, wo der andere jeweils herkommt und was er tut, was seine Beweggründe sind und warum er so denkt, wie er denkt und warum er sich so der Welt bemächtigt, wie er das tut. Sicher ist vieles nicht direkt übertragbar. Wenn du in einem Seminar einem Manager etwas davon erzählst, wie ein Nomade denkt, wie er fühlt, wie sein Tagesablauf ist, dann kann sich der Manager zwar davon anregen lassen, aber er muss dann selbst einen Weg finden, wie er so etwas umsetzt. Das ist nicht alles eins zu eins übertragbar, aber ausgesprochen anregend, ein Anschub, sich auf eine Reise zu machen – die Reise beginnt mit dem ersten Schritt.

MK: Man braucht nicht die Übertragbarkeit eins zu eins, sondern bekommt wieder eine Ahnung und fragt: Wo sind denn meine eigenen Wurzeln? Unsere Mythen, unsere Rituale, die unserer Kultur eigen sind, haben wir ja im Westen weitgehend vergessen. Wir werden mit dem Blick auf das Fremde wieder erinnert an die eigenen Wurzeln. Wir können die eigenen inneren Quellen wieder entdecken, eine Verbindung herstellen, auch zur eigenen privaten Mythologie, zu den Wurzeln unserer Vorfahren. Das erlaubt uns mit Dankbarkeit, in manchen Fällen vielleicht auch mit Gelassenheit, unsere Alten und Vorfahren zu ehren, auch wenn das in unserer Kultur zurzeit kein hohes Ansehen genießt.

GT: Ich betone immer wieder, Deutschland ist ein wunderbares Land, nicht sehr groß, aber es hat alles, was der Mensch braucht. Ihr müsst nicht uns kopieren. Nicht jeder Mensch braucht ein Schamane zu werden, aber ihr habt auch eure Wurzeln. Die alten Germanen waren tolle Kerle, mindestens so toll wie wir. Wir haben ein sehr schönes Sprichwort: »Ehe du bei dem Nachbarn betteln gehst, suche in deiner eigenen Truhe.« Wir haben alle vieles.

KK: Die Truhe in Deutschland ist auch sehr voll. Aber viele haben in ihrer Schusseligkeit die Truhe verstellt.

GT: Sie ist unübersichtlich, vollgestopft und tot, museal geworden.

MK: Du hast ja das Sprichwort erweitert. Du greifst ja nicht nur in die eigene Truhe, sondern du nimmst auch das, was du beim Nachbarn alles bekommen hast, und verteilst es neu. Damit kommt Bewegung in die Sache.

GT: Das ist meine Lebensaufgabe. Manchmal bin ich müde deswegen. Gleichzeitig aber bin ich immer so glücklich darüber, etwas nehmen und wieder geben zu dürfen. Ich bin in der glücklichen Lage, rechts nehmen, links geben, links nehmen, rechts geben zu können. Das ist auch wörtlich gemeint: All die Geschenke kann ich sowieso nicht mitschleppen. Neulich im Seminar habe ich so viele Geschenke bekommen, ich habe mich sehr gefreut über jedes einzelne. Und die Geber haben sich gefreut, Geben ist ja mindestens so schön wie Nehmen. Aber dann hat sich die ganze Gruppe gefreut: Ich habe einfach umverteilt, da war ich endlich und wieder einmal der Geber.

Mit dem Wissen ist es genau so, wie ich immer wieder betone: Meine Hände sind zwar gut, sogar wunderbar, denn die können heilen – aber die deinigen genauso. Nur, erinnere dich bitte daran, versuche, sie gleich einzusetzen – denn dein Patient ist nebenan, das ist die Ehefrau, das ist der Ehemann. Da ist die alte Tante, die ewig unter Verspannungen leidet. Fange an, sofort, in diesem Augenblick. Und mache damit diesen Tag, diese Stunde, diesen Augenblick zum Geburtstag, zur Geburtsstunde, zum Geburtsaugenblick eines Heilers. Und du darfst dabei wissen: Heiler sind Wohltäter!

MK: Versuchen wir also, die Kultur des Gebens und des Nehmens in ein wohlausgewogenes Gleichgewicht zu bringen.

GT: Dann können wir dem Dalai-Lama noch einmal recht geben, und Jesus Christus ein weiteres Mal bestätigen: Liebe, das ist das Große, Universale, die selbstlose Hingabe. Das ist die Liebe, die geschlechtslos, rassenfrei, und unabhängig ist. Nicht nur gegenüber Menschen; sie gilt auch den Schafen, den Pferden, den Gräsern, den Bäumen. Auch den vermeintlich toten Felsen, der Erde, dem Himmel, dem Universum, der ganzen Schöpfung. Wir sind alle verpflichtet der Schöpfung, wenn du willst, Gott gegenüber. Wie wir dieses ES nennen, das ist zweitrangig. Aber Hauptsache, wir spüren, es gibt über uns, außer uns und um uns herum ein gewaltiges Etwas. Wir sind davon umfangen, wir sind in einer großen Umarmung. Wir können auch dafür sorgen, dass wir unsere kleinen, unsere kurzen schwachen Arme ausstrecken, und versuchen, uns zu umarmen. Seid also umschlungen, ihr Lieben, samt den lichten Geistern von Schiller, von Beethoven und von den Millionen – seien sie alle mitumschlungen. *(Alle lachen)*

MK: Klaus hat im Laufe des Gesprächs geäußert: Wenn wir eine Frage gelöst haben, das ist wie ein geistiger Orgasmus, aber danach schauen wir schon unruhig nach der nächsten Frage, damit der Sinn unseres Daseins weiterbestehe. Man muss etwas Neues finden, wofür man kämpfen kann. Galsan sagt: »Ich lebe von Vision zu Vision, das schließt auch viele Niederlagen ein, aber letztlich siege ich immer.« Wir brauchen eine Vision, um weiterzugehen. Sie verbindet uns mit der universalen Lebenskraft. Würdet ihr dem zustimmen?

KK: Es kommt darauf an, ob man der Meinung ist, dass man Visionen selbst erzeugt, also abhängig vom eigenen

Willen, oder ob einem Visionen vorgegeben werden. Vielfach wird ja das Schicksal bemüht: »Das ist mein Schicksal, mein Karma, dieser Vision zu folgen.« Galsan sagt, man ist Schamane von Geburt an, gleichzeitig ist er ein Gewordener, er hat das Schicksal angenommen und sich formen lassen. Die gläubigen Menschen sagen: Das ist der Platz, an den mich Gott gestellt hat, und diese Aufgabe muss ich erfüllen. – Andere sehen es pragmatischer: Das ist eine interessante Gelegenheit, das machen wir mal …

Ich bekomme, sagen wir es so: etwas wie Eingebungen. Man kann das auch Visionen nennen, aber ob das eine interessante Fragestellung wird, darum muss ich mich selbst kümmern, in welche Richtung ich gehen muss oder will. Oft ist es so, dass ich solche Eingebungen dann als meine Aufgabe empfinde. Dadurch verschieben sich Prioritäten. Auf welche Wirklichkeit beziehen sich solche Erfahrungen, auf was verweisen sie? Das, was wir Eingebung nennen, ist vielleicht etwas noch zutiefst Unverstandenes, aber es gibt uns ein Einfallstor, ein ganz kleines Loch wie in einer kleinen *camera obscura,* mit der man in einen anderen Raum sehen kann, ohne ihn zu betreten.

GT: Vision ist ein großes Wort. Ich sage es so: Ich habe Aufgaben im Schicksalsbeutel mitbekommen. Es geht darum, die Wahrnehmung zu schärfen. Als wissenschaftlicher Schamane müsste ich ja spätestens jetzt sagen: Es geht um die Antennen. Diese Antennen, unsere Verbindung zur anderen Wirklichkeit, müssen vom Weltenwind immer gewetzt werden, vom Regen gewaschen, von der Sonne erhitzt. Damit sie immer weiter gereinigt, geläutert und geschärft werden. Die Antenne muss immer mehr Außenschichten verlieren. Viele unsichtbare Schichten müssen immer weiter weggespült, abgerieben werden, damit man auf den Kern, also auf diesen dünnen, dünnen Faden kommt. Das ist möglicherweise die Seele des ganzen Fühlers. Eines Tages werde ich auf den innersten Kern kommen, ich muss mich noch weiter schärfen.

Dank

Ich danke aus ganzem Herzen meinen Gesprächspartnern Galsan Tschinag und Klaus Kornwachs, dass sie sich tiefgehend einlassen konnten auf diese Begegnung und eine Woche ihrer kostbaren Zeit geschenkt haben, um in humor-und respektvoller Weise die unterschiedlichen Weltsichten auszuloten.

Mein besonderer Dank gilt Irma und Klaus Kornwachs, die ihr gastliches Haus für diese Gespräche zur Verfügung gestellt haben. Auch Leonhard Kornwachs sei bedankt, der die Aufnahme und das Protokoll der ersten Gesprächssitzung verfertigt hat.

Meiner Freundin Vera danke ich für ihre Ermutigung und Begleitung.

Ein Dank an Margarete Müller, die die umfängliche Transkription der Aufnahmen übernommen hat.

Danken möchte ich auch meiner Familie für ihre Geduld, insbesondere meinem Mann Thomas Kaluza. Er hat mir durch viele Gespräche geholfen, aus der Fülle des Materials das Wesentliche herauszuschälen.

Maria Kaluza

Anmerkungen

1 Tschinag, An den Himmel. In: Ders., Sonnenrote Orakelsteine, 1999.
2 Gemeint ist die schamanische Lehrmeisterin Pürwü, Tschinags Tante, die Frau des jüngeren Bruders seines Vaters. Vgl. auch Schenk, Tschinag 1999, S. 50 ff.
3 Tschinag, unveröffentlicht.
4 Vgl. Brandenburg 2001.
5 Stephen Hawking, britischer Astrophysiker, geboren 1942, berühmt durch seine Arbeiten zur Kosmologie, zur Physik der schwarzen Löcher und zur Zeit; erkrankte 1963 an amyothropher Lateralsklerose (ALS).
6 Bericht über dieses Geschehen in Tschinag, Der Blaue Himmel, 1997.
7 Epheserbrief 4, 24: »Zieht den neuen Menschen an, der nach dem Bild Gottes geschaffen ist in wahrer Gerechtigkeit und Heiligkeit.« Ähnliche Stelle im Kolosserbrief 3, 10.
8 Vgl. Weizsäcker 1977, S. 159–161.
9 Japanischer Ministerpräsident im Oktober 2006.
10 Eine Einsicht von Niels Bohr: »Das Gegenteil einer richtigen Behauptung ist eine falsche Behauptung. Aber das Gegenteil einer tiefen Wahrheit kann wieder eine tiefe Wahrheit sein.« In: Heisenberg 1969, S. 143.
11 Vgl. Scheidweiler 2005, S. 159, Honsell 2006, § 65, S. 189.
12 Zwar verlangt schon das Neue Testament, dass jeder, der arbeitet, auch seinen Lohn erhalten solle (Matthäus 10, 10 oder 1. Brief an Timotheus 5, 18; die Forderung nach Eigentum durch Arbeit wird erst im 17. Jahrhundert durch John Locke (1632–1704) laut. Vgl. Locke 1976, § 27, S. 216 f.
13 Vgl. VDI 2002.
14 Vgl. DFG 1998.
15 »Bevölkert die Erde, unterwerft sie euch«; vgl. Genesis 1, 28.
16 Exodus 20, 3–4
17 »Technik ist reales Sein aus Ideen/Durch finale Gestaltung und Bearbeitung/Aus naturgegebenen Beständen.« Vgl. Dessauer 1956, S. 234.
18 Vgl. Weizsäcker 1988, S. 451.
19 Gemeint sind Treppen, wie sie der Maler M. C. Escher gemalt hat, die in einem fiktiven Treppenhaus in sich selbst übergehen.
20 Nach Hans Georg Gadamer in einem *Spiegel*-Interview (Der Spiegel, Nr. 8, 21.2.2000, S. 305).
21 Eine populäre Darstellung findet sich in Hofstädter 1979.

22 Einstein, Geometrie und Erfahrung. Vortrag vor der Preußischen Akademie der Wissenschaften. In: Ders. 1983, S. 119 ff.

23 Die berühmte anthropologische Frage, die sich erst in Kants *Logik* (A25), vgl. Kant, Werkausgabe (1968, 1996), S. 448, einer 1800 von G. B. Jäsche herausgegebenen, auf Vorlesungen basierenden Spätschrift, findet.

24 Z. B. in Aufsätzen wie Heidegger 1994, 1978, S. 35. Die vollständige Zeile lautet: »Voll Verdienst, doch dichterisch wohnet der Mensch auf der Erde.« Sie stammt aus einem Gedichtfragment »In lieblicher Bläue …«, vgl. Hölderlin 2004.

25 Die ersten drei Beleidigungen des Selbstverständnisses des Menschen wurden in dieser Form zum ersten Mal von Sigmund Freud 1917 so benannt. Vgl. Freud 2005, S. 294 f.

26 Der Originalaufsatz hierzu erschien 1950, vgl. Turing 1959.

27 In einem Vortrag auf einer Projektsitzung zur Technikfolgenabschätzung im Bundesministerium für Forschung und Technologie, Bonn 1986.

28 So der Biologe und Nobelpreisträger Monod 1970, S. 7.

29 Vgl. Johannes Paul II. 1992. Dem folgte eine Annäherung in Fragen der Evolutionstheorie, vgl. Johannes Paul II. 1996.

30 In Anlehnung an Augustinus (354–439 n. Chr.): »Rom hat gesprochen, die Sache ist entschieden.« Wörtlich heißt es jedoch in der 131. Predigt: »*Causa finita est, utinam aliqunado error finatur.*« (Der Fall ist dann zu Ende, wenn der Irrtum beendigt wird.) Vgl. Sermo 131, 10, in: Augustinus 1679 ff., Bd. 5, Sp. 645.

31 Gilbert, W., zitiert nach Berr 1990, S. 111 (4), Hinweis in Röscheisen-Hellkamp 2003, S. 38.

32 Vgl. Marx: Das Kapital 1, in: MEW 23, S. 192.

33 Hephaistos, der Schmied, in der griechischen Mythologie, Vulcanus in der römischen, erzürnt die Götter, wird vom Olymp geworfen und muss seine Behinderung durch kunstvolle Prothesen ausgleichen.

34 Vermutlich zuerst durch den römischen Dichter Plautus (254–184 v. Chr.) in *Asinaria* (Eseleien) (495) formuliert, ist er als Satz von Thomas Hobbes »*Homo homini lupus est.*« in seinem *Leviathan* bekannt geworden.

35 Z. B. Platon, Menon 77c–78a.

36 Sittliche Einsicht *(phronesis)* als Fähigkeit, »Mittel und Wege zum guten und glücklichen Leben zu finden«. Vgl. Aristoteles, Nikomachische Ethik Buch 6, Kap. 5, 1140a 25 ff.

37 Ausgangspunkt der *Kritik der Praktischen Vernunft,* 1. Buch, A35–A72 (Kant 1996).

38 Johannes 1, 1.

39 Nimmt Bezug auf die Apologie des Sokrates 29d–e und 36c. Die Stelle lautet: »… und schämst Dich nicht, Dich darum zu kümmern, wie Du zu möglichst viel Geld und wie Du zu Ehre und Ansehen kommst, doch um die Vernunft und die Wahrheit, und darum, dass Du eine möglichst gute Seele hast, kümmerst Du Dich nicht?« Bei Alkibiades I, 124b und 131c wird die Notwendigkeit betont, das Selbst zu erkennen und damit sich selbst. Vgl. Platon 1990.

40 Diese These über die antike Philosophie als Lebensform und weniger als Versuch einer Protowissenschaft hat Pierre Hadot überzeugend dargelegt. Vgl. Hadot 1991. Siehe auch Kornwachs 2003.

41 *»Pourqoi il y a plustôt quelque chose que rien?«* Das Zitat stammt von Leibniz, 1982, S. 12 f., Abschnitt 7. Es wird von Heidegger die Grundfrage der Metaphysik genannt, vgl. Heidegger 1992, S. 22.

42 In: Tschinag, Liebesgedichte, 2007.

43 Nach Harner 1981.

44 In: Golemann 2000.

45 In: Kant, Kritik der Reinen Vernunft, 1965, A 51.

46 Vgl. Goethe, Zur Naturwissenschaft, 1966, S. 488.

47 Vgl. Paracelsus, Das Buch Paragranum, Bd. 2, 1965, Abschnitte 566–585.

48 Vgl. Thomas von Aquin, Summa Theologia, 1995, I a, quaestio 16, art. 1 resp.

49 Taucht in der Literatur erstmals in Ovids *Metamorphosen* (lib IX, Iphis 711) auf.

50 Vgl. Hippokratischer Eid, Abschnitt 3. In: Diller 1994.

51 Samuel Hahnemann (1755–1843) gilt als Begründer der Homöopathie, die er in seiner 1810 erschienenen Schrift *Organon der rationellen Heilkunde* zusammenfassend darstellte.

52 *Homos* heißt griechisch »das Gleiche«. *»Simila similibus curentur«* (Ähnliches möge mit Ähnlichem geheilt werden).

53 *Dilitus* (abgekürzt: *dil*) bedeutet eine Verdünnung bzw. flüssige Zubereitung durch Potenzieren, *Dn* eine n-malige Verdünnung jeweils im Verhältnis 1:10, *Cn* n-malige Verdünnung jeweils im Verhältnis 1:100. D6 bedeutet also eine sechsmalige Verdünnung 1:10, also $1:10^6$. Will man in einem Kubikzentimeter Flüssigkeitsvolumen nur noch ein Molekül Wirkungsstoff haben, müsste man bei einer durchschnittlichen Zahl von Molekülen von 10^{27} Molekülen pro Kubikzentimeter die Verdünnung C13 wählen.

54 *Rapid eye movement* (REM); Phase im Schlaf, die unter anderem durch schnelle Augenbewegung gekennzeichnet ist.

55 Siehe auch den Gesundheitsbegriff der *World Health Organization* (WHO) von 1946: »Ein Zustand des umfassenden körperlichen, geistigen und sozialen Wohlbefindens und nicht lediglich das Freisein von Krankheit und Schwäche.«

56 Paracelsus bindet die Medizin an die Alchemie, es geht um das richtige Verhältnis untereinander, nicht um die *humores* (Körpersäfte) selbst als Ursache der Krankheit: »… das nichts anderes ist, als wenn die vier corpora von den Arkanen genommen werden, und das was dann übrig ist, ist das eigentliche arcanum. Dieses arcanum ist ein chaos, und es ist dem Gestirn möglich, es zu führen, wie eine Feder vom Wind. So soll nun die Bereitung der Arznei sein, daß die vier corpora von den Arkanen genommen werden, und darnach soll das Wissen da sein, was in diesem arcanum das astrum sei, und danach was das astrum dieser Krankheit sei, was das astrum in der Arznei wider diese Krankheit sei. Da geht nun das Dirigieren an.« Vgl. Paracelsus, Das Buch Paragranum, 1965, Bd. 1, Abschnitt 548. An anderer Stelle allerdings kommen Krankheit, Erkenntnis und Arznei aus der Natur: »Nun liegt die Erkenntnis nit im Arzt, sondern in der Natur, und darum in der Natur: sie kann die Natur in sich selbst wissen, der Arzt nit. Drum, weil allein die Natur die selbige weiß, so muß sie auch die selbige sein, die das Rezept komponiert. Denn aus der Natur kommt die Krankheit, aus der Natur kommt die Arznei und aus dem Arzt nit. Weil nun die Krankheit aus der Natur, nit vom Arzt, und die Arznei aus der Natur, auch nit vom Arzt kommt, so muß der Arzt der sein, der aus den beiden lernen muß, und was sie ihn lehren, das muß er tun. Und lehren sie ihn nichts, so kann er nichts und weiß nichts, denn bei der Natur ist die Arznei und die Krankheit und ihr selbst eigner Arzt.« Vgl. ebenda, Abschnitt 504.

57 Ein Bezug bei Paracelsus: »Wenn er aber spricht: die Kranken bedürfen eines Arztes, und der Arzt ist aus Gott, wie kann dann der Arzt den selbigen nicht als seinen Lehrmeister, aus dem er ja ist, erkennen? Der Arzt ist der, der in den leiblichen Krankheiten Gott vertritt und verwest, drum muß er dasjenige, das er kann, aus Gott haben. Denn gleicherweise, wie die Arznei nicht vom Arzt, sondern aus Gott ist, so ist auch die Kunst des Arztes nicht vom Arzt, sondern aus Gott.« Vgl. Paracelsus, Septem Defensiones, 1965, Bd. 2, S. 503.

58 Der bekannte Zauberspruch bezieht sich auf eine Pferdeheilung: Das Fohlen Balders verrenkt sich beim Ausritt zusammen mit Phol und Wodan einen Fuß, und Frija und Volla und andere besprechen das Pferd: »*... sose benrenki, sose bluotrenki, sose lidirenki: ben zi bena, bluot zi bluoda, lid zi geliden, sose gelimida sin.*« (Sei es Knochenrenke, sei es Blutrenke, sei es Gliedrenke: Knochen zu Knochen, Blut zu Blut, Glied zu Gliedern, als ob geleimt sie seien.) Vgl. Jacob Grimm (1842), Antrittsvortrag vor der Königl. Preußischen Akademie der Wissenschaften am 3.2.1842.

59 Vgl. Apologie des Sokrates 29d-e und 36c, Platon 1990, Bd. 1.

60 In: Edda Hávamál, Das alte Sittengedicht (I. Geðspeki, Hav 1–79), Vers 21: »*Hjarðir það vitu / nær þær heim skulu / og ganga þá af grasi. / En ósvinnur maður / kann æva-gi / síns um mál maga.*«

61 Vgl. Johannes 3, 3–8.

62 In: Tschinag, Sonnenrote Orakelsteine, 1999.

63 Aus dem Gedicht »Stufen« von Hermann Hesse; vgl. Hesse 1961.

64 Vgl. Adorno 2000, 1/18, S. 19.

65 Vgl. La Mettrie 1748.

66 Die ausführliche Geschichte dieser Heilung findet sich in Tschinag, Der blaue Himmel, 1997.

67 »Es gibt im Menschen auch ein Dienenwollendes; daher die *chevalerie* der Franzosen eine *servage.*« Vgl. Goethe, Maximen und Reflexionen, Nr. 306. In: Ders., Werkausgabe, Bd. 42, S. 150, Zeile 6.

68 Ein Fluss, der ganz in der Nähe von Eglofs durch das Tal fließt.

69 Das Zitat soll von Joseph Maria Bocheński stammen, einem schweizerischen Logiker.

70 An vielen Stellen, zum Beispiel Genesis 2, 24; Matthäus 19, 5; Markus 10, 8.

71 Zumindest, wenn man sich die Statistik anschaut. In späteren Versuchen wurden die fallenden Würfel durch perfekte Zufallsprozesse ersetzt, nämlich durch quantentheoretisch beschreibbare Zerfälle bei radioaktiven Atomkernen. Die Versuche sind ausführlich beschrieben in Lucadou, 1986. Zur Theorie siehe Ansätze bei Lucadou, Kornwachs 1975, 1977, 1983. Eine Metastudie, die weltweit solche Versuche ausgewertet und verglichen hat, kommt zum Ergebnis, dass es sich um einen durchschnittlich sehr schwachen, aber trotzdem erstaunlich stabilen Effekt handelt. Zum Effekt selbst siehe auch Radin, Nelson 1989, Metastudien von Radin, Nelson 2002 sowie in kritischer Position Ehm 2005.

72 Abgekürzt meist EPR-Paradoxon genannt. Zuerst veröffentlicht bei Einstein, Rosen, Podolsky 1935. Heute spricht man von Quantenverschränkung. Vgl. z. B. Zeilinger 2005a.

73 Vgl. z. B. Fink 2004, Zeilinger 2005a und 2005b.

74 Berichtet in Jung S. 497.

75 Vgl. Pauli 1952.

76 Vgl. Polanyi 1985.

77 Swami Rama 2005

78 Der Sänger Orpheus weint um den Verlust seiner Gattin so sehr, dass die Götter, gerührt vom Gesang, ihm erlauben, Eurydike aus dem Hades zurück ins Leben zu führen. Während des Gangs aus dem Hades darf er sich nicht nach ihr umschauen und sie nicht ansehen. Er tut es dennoch, und Eurydike muss in den Hades zurück.

79 Vgl. Aristoteles, De devinatione per somnium, 463 b12, 1994, wo er sich rational gegen die Ansicht Homers wendet, Träume würden den Menschen von den Göttern gesendet (Homer, Odyssee, 4. Gesang, 795 ff.)

80 Genesis 41, 1–36.

81 Vgl. Plutarch (45–125 n. Chr.), Moralia, Vol. 4, *de defectu* 434d.

82 Artemidor von Daldis (96–180 n. Chr.), Oneirocriticon 1979.

83 Alfred North Whitehead. Zit. nach Goudsmith et al. 1967, S. 175.

84 »Die absolute, wahre und mathematische Zeit fließt in sich und gemäß ihrer Natur und ohne Bezug auf jede äußere Erscheinung gleichmäßig *(... in se aquabiliter fluit),* und mit einem anderen Namen wird sie als Dauer bezeichnet: Die relative, in Erscheinung tretende und gewöhnliche [Zeit] ist ein wahrnehmbares und nur äußerliches Maß der Dauer vermittelst der Bewegung (entweder ein genaues oder ein ungleichförmiges, das man gemeinhin anstatt der wahren Zeit gebraucht; wie Stunde, Tag, Monat, Jahr).« Vgl. Newton 1963, S. 25.

85 So zum Beispiel das Traumjournal der Schauspielerin Christine Mylius 1974.

86 Bezug: »Wenn ein Lebewesen, wie eine Maus das Universum beobachtet, so verändert es den Zustand des Universums«. Einstein, zitiert in: Ders., Interview. New York Times vom 25.5.1946.

87 Tschinag, Der Wolf und die Hündin, 2002.

88 Ders., Dojnaa, 2001.

89 Ders., Der weiße Berg, 2002.

90 Vgl. Weinberg 1977.

91 Vgl. Hölderlin, »In lieblicher Bläue«. In: Hölderlin 2004.

92 »Jesus blieb stehen und sagte: Ruft ihn her. Sie riefen den Blinden und sagten zu ihm: Hab nur Mut, steh auf, er ruft dich. Da warf er seinen Mantel weg, sprang auf und lief auf Jesus zu. Und Jesus fragte ihn: Was soll ich dir tun? Der Blinde antwortete: Rabbuni, ich möchte wieder sehen können. Da sagte Jesus zu ihm: Geh, dein Glaube hat dir geholfen. Im gleichen Augenblick konnte er wieder sehen, und er folgte Jesus auf seinem Weg.« (Markus 10, 49–52)

93 1. Korintherbrief 2, 9.

94 Matthäus 8, 12 oder 25, 30.

95 Vgl. zum Beispiel: Koran, Sure 52 (Der Berg) 17–28, Sure 55 (Der Barmherzige) 54 ff.

96 Genauer: »… dass es das Sterben nichts anderes ist als ein natürlicher Vorgang. Wenn aber jemand einen natürlichen Vorgang fürchtet, ist er ein Kind. Das Sterben ist freilich nicht nur ein natürlicher Vorgang, sondern auch nützlich für die Natur.« In: Aurelius 1998, S. 35. Vgl. auch Platons Dialog *Phaidon,* in dem die Philosophie als Vorbereitung auf das Sterben dargestellt wird; Phaidon 64a9.

97 Tschinag, unveröffentlicht.

98 Vgl. Roll 1980. Einen Überblick geben Knoblauch, Schmied, Schnettler 2001. Eine Diskussion über Reduktionismus bei der Interpretation solcher Berichte diskutiert Parker 2001.

99 Zunächst steht in Genesis 2, 17 nur: »… doch vom Baum der Erkenntnis von Gut und Böse darfst du nicht essen; denn sobald du davon isst, wirst du sterben.« Im Römerbrief entwickelt Paulus dann erste Ansätze; erst Augustinus interpretiert diese Stelle – im Römerbrief 5, 12: »Durch einen einzigen Menschen kam die Sünde in die Welt und durch die Sünde der Tod, und auf diese Weise gelangte der Tod zu allen Menschen, weil alle sündigten.« *(in pro omnes peccaverunt)* – durch einen Übersetzungsfehler als: »in dem in Adam alle sündigten«. Damit entwickelte er die endgültige Lehre von der Erbsünde. Vgl. Augustinus, *De diversis quaestionibus ad Simplicianum* (396 n. Chr.). In: Augustinus, 1679 ff., Bd. 1,2, Sp. 502.

100 Heidegger 1967, § 61, S. 302.

101 Vgl. Aitmatow 1977, 1989. Viele Belege dafür auch in den Erzählungen des russischen Schriftstellers Rytchëu (1930–2008) über die Tschuktschen, vgl. z. B. Rytchëu 2004, und bei dem dänischen Dichter Riel über Grönland, vgl. Riel 2008.

102 Das in Japan bekannte *obesuteyama*-Motiv. Vgl. Formanek 1994, Kap. 4.

103 Aus dem Griechischen: *eu*=gut, *thanatos*=der Tod.

104 Vgl. Exodus 3, 14 (*Jahwe*=Ich-bin-da).

105 Vgl. die Frage nach dem »Man« in Heidegger § 27, S. 126–130, oder die Frage nach der Seinsvergessenheit in Heideggers *Zur Sache des Denkens,* 2007, S. 31.

106 Bezug ist die Ballade »Der Sänger« (1793). In: Goethe 1818, Bd. 2, S. 102.

107 Thomas Morus (1477–1535). Der Spruch wird in vielen Varianten unter anderen Benjamin Franklin, Jean Jaurès, Gustav Mahler oder Johannes XXIII. zugeschrieben.

108 In: Hegel 1820/1999, Vorrede, S. 17 (XXIV).

109 Titel des Buchs von Virilio 1992.

110 Vgl. Apel 1976, zit. bei Schulz 1981.

111 Eine Argumentation, die an eine Stelle in der Historia von Polybius (200–120 v. Chr.) erinnert, der berichtet, dass durch die Fragilität und Biegsamkeit von Bronzeschwertern der zweite Schlag bereits ineffektiv war. Durch die Stabilität der Eisenschwerter würde der sonst geförderte Kampf Mann gegen Mann mit Muskelkraft nun durch Waffen ersetzt. Vgl. Polybius, Historia, Buch 2, 33, § 3–5. Den Hinweis verdanken wir Herrn Dr. Albrecht Locher, Tübingen.

112 Cramer 1998, S. 93.

113 Vgl. Perrow 1992.

114 Vgl. Born 1963, Nr. 4, S. 338.

115 So wird General Farrells Aussage beim Beobachten des ersten Atombombentest in der Wüste von Neu-Mexiko am 16. Juli 1945 wiedergegeben. In: Jungk 1956, S. 186.

116 *In der Sache J. Robert Oppenheimer.* Schauspiel von Heinar Kipphardt, 1987.

117 Dshalal ed-Din Rumi (1207–1273), persischer Mystiker und Dichter.

Literatur

Adorno, Theodor W.: Minima Moralia – Reflexionen aus einem beschädigten Leben. In: Ders.: Gesammelte Schriften, Bd. 4. Suhrkamp, Frankfurt a. M. 2000.

Aitmatow, Tschingis: Der Junge und das Meer (1977). Goldmann, München 1989.

Aristoteles: Über Träume und Traumdeutung *(De insommniis)*, Von der Traumdeutung *(De devinatione per somnum)*, übers. von Ph. J. van der Eijk. In: Ders.: Werke in deutscher Übersetzung (begr. von E. Grumrach und hrsg. von H. Flashar), Bd. 14, Parva naturalia, Teil 3, Akademie Verlag, Berlin 1994.

Artemidor von Daldis: Das Traumbuch *(Oneirocriticon)*, übers., erw. und mit einem Nachwort von Karl Brackertz. Artemis, Zürich 1979.

Augustinus, Aurelius: Opera omnia (Maurinus-Ausgabe), Bd. 1–10. Paris 1679 ff.

Aurelius, Marcus: Wege zu sich selbst, hrsg. und übers. von R. Nickel. Studienausgabe Artemis & Winkler, München, Zürich 1992.

Berr, Marie-Anne: Technik und Körper. D. Reiner, Berlin 1990.

Born, Max: Mit der Bombe leben. In: Universitas 4 (1963), S. 338.

Brandenburg, Sieghard (Hrsg.): Ludwig van Beethoven, Der Brief an die unsterbliche Geliebte. Beethoven-Haus, Bonn 2001.

Cramer, Friedrich: Symphonie des Lebendigen. Versuch einer allgemeinen Resonanztheorie. Insel, Frankfurt a. M., Leipzig 1996.

Dessauer, Friedrich: Der Streit um die Technik – das Problem der Realisierung. Knecht, Frankfurt a. M. 1956

Deutsche Forschungsgemeinschaft (DFG): Grundsätze zur Sicherung guter wissenschaftlicher Praxis. Bonn Januar 1998 (www.dfg.de).

Diller, Hans: Hippokrates. Ausgewählte Schriften. Reclam, Stuttgart 1994.

Ehm, Werner: Meta-Analysis of Mind – Matter – Experiments: A Statistical Modelling Perspective. In: Mind & Matter 3 (2005/1), S. 85–132.

Einstein, Albert: Geometrie und Erfahrung. In: Ders.: Mein Weltbild. Ullstein, Frankfurt a. M. 1983 (Erstdruck Amsterdam 1934), S. 119 ff.

Ders.; Podolsky, Boris; Rosen, Nathan: Can quantum-mechanical description of physical reality be considered complete? In: Physical Review 47 (1935), S. 777–780.

Fink, Helmut: Interpretation verschränkter Zustände: Die Quantenwelt – unbestimmt und nichtlokal? In: Physik in unserer Zeit 35 (2004), Nr. 4, S. 168–173.

Formanek, Susanne: Denn dem Alter kann keiner entfliehen. Altern und Alter in Japan der Nara- und Heian-Zeit. Verlag der Österr. Akademie der Wissenschaften, Wien 1994.

Freud, Sigmund: Vorlesungen zur Einführung in die Psychoanalyse (1917). In: Ders.: Gesammelte Werke (aus den Jahren 1917–1920, Bd. 11.). Fischer, Frankfurt a. M. 2005, Kap. 18, S. 294–295.

Goethe, Johann Wolfgang von: Maximen und Reflexionen. In: Ders.: Werkausgabe (Weimarer Ausgabe 1887–1919), 1. Abtl., Bd. 42, Neuaufl. dtv, München 1987, S. 109–252.

Ders.: Zur Naturwissenschaft. Urphänomen. In: Ders.: Werke, Bd. 6: Vermischte Schriften, ausgewählt von E. Staiger. Insel, Frankfurt a. M. 1966, S. 448 ff.

Ders.: Werke. Volksausgabe, hrsg. von E. Engel, Bd. 2. Hesse und Becker, Leipzig 1818.

Ders.: Werke. Hamburger Ausgabe in 14 Bänden, textkritisch durchgesehen und mit Anmerkungen von Erich Trunz, C. H. Beck Hamburg 1952, München 1966.

Goleman, Daniel (Hrsg.): Die heilende Kraft der Gefühle. Gespräche mit dem Dalai Lama. dtv, München 2000.

Goudsmith, Samuel A.; Claiborne, Robert et al.: Die Zeit. Time Life, Amsterdam 1967.

Grimm, Jacob: Schon mehr über Phol. In: Zeitschrift für Deutsches Altertum 2 (1842), S. 252–257.

Hadot, Pierre: Philosophie als Lebensform. Geistige Übungen der Antike. Gatza, Berlin 1991.

Harner, Michael: Der Weg des Schamanen. Ariston, Genf 1981.

Hegel, Gottfried Wilhelm: Grundlinien der Philosophie des Rechts. In: Ders.: Hauptwerke, Bd. 5. Meiner, Hamburg 1999.

Heidegger, Martin: Sein und Zeit. Max Niemeyer, Tübingen 1967.

Ders.: Die Technik und die Kehre. Opuscula 1, Neske, Pfullingen 1978, 4. Aufl.

Ders.: Was ist Metaphysik? Vittorio Klostermann, Frankfurt a. M. 1992, 5. Aufl.

Ders.: Dichterisch wohnet der Mensch. In: Ders.: Vorträge und Aufsätze. Klett-Cotta, Stuttgart 1994, 7. Aufl.

Ders.: Zur Sache des Denkens (1962–1964), hrsg. von F.-W. von Herrmann. In: Ders.: Gesamtausgabe, Bd. 14. Klostermann, Hamburg 2007.

Heisenberg, Werner: Der Teil und das Ganze. Piper, München 1969.

Hesse, Hermann: Stufen. Alte und neue Gedichte in Auswahl. Suhrkamp, Frankfurt a. M. 1961.

Hofstädter, Douglas R.: Gödel, Escher Bach – An Eternal Golden Braid. Basic Books, New York 1979.

Hölderlin, Friedrich: Fragmente von Hyperion III. Hölderlin 1809–1843. In: Sämtliche Werke, hrsg. von D. E. Sattler, Bd. 12. Luchterhand/Wiss. Buchgesellschaft, Darmstadt 2004.

Honsell, Heinrich: Römisches Recht. Springer, Berlin, Heidelberg, New York 2006, 6. Aufl.

Johannes Paul II.: Der Fall Galilei. Ansprache an die Päpstliche Akademie der Wissenschaften am 31. Oktober 1992. In: Deutscher L'Osservatore Romano vom 13.11.1992, Jahrgang 22, Nr. 46, Beilage XXXVIII, S. 9 f.

Ders.: Christliches Menschenbild und Evolutionstheorie. Botschaft an die Mitglieder der Päpstlichen Akademie der Wissenschaften, Vollversammlung 22. Oktober 1996. In: Deutscher L'Osservatore Romano vom 1.11.1996, Jahrgang 26, Nr. 44, S. 1 f.

Jung, Carl Gustav: Synchronizität als ein Prinzip akausaler Zusammenhänge. In: Ders.: Gesammelte Werke, Bd. 8, Walter, Olten (CH), 1971, S. 475 ff. (§ 816 ff.).

Jungk, Robert: Heller als tausend Sonnen. Das Schicksal der Atomforscher. Rowohlt, Reinbek 1966.

Kant, Imanuel: Kritik der Reinen Vernunft (1781). Meiner, Hamburg 1956, 1965.

Ders.: Kritik der Praktischen Vernunft (1788). In: Ders.: Werkausgabe, hrsg. von W. Weischedel, Bd. 7, Suhrkamp, Frankfurt a. M. 1996.

Ders.: Logik. In: Ebenda, Bd. 6.

Kipphardt, Heinar: In der Sache J. Robert Oppenheimer: Ein Stück und seine Geschichte. Rowohlt, Reinbek 1987.

Knoblauch, Hubert; Schmied, Ina; Schnettler, Bernt: Different Kinds of Near-Death Experiences: A Report on a Survey of Near-Death Experiences in Germany. In: Journal of Near-Death Experiences 20 (2001/1), S. 15–29.

La Mettrie, Julien Offray de: L'homme machine. Owen, London 1748. Dt.: Die Maschine Mensch, übers. von Ch. Becker. Meiner, Hamburg 1990.

Leibniz, Gottfried Wilhelm: Vernunftprinzipen der Natur und der Gnade. Meiner, Hamburg 1982.

Locke, John: Zwei Abhandlungen über die Regierung, übers. und hrsg. Von W. Euchner. Frankfurt a. M. 1967.

Lucadou, Walter von: Experimentelle Untersuchungen zur Beeinflussbarkeit von stochastischen quantenphysikalischen Systemen durch den Beobachter. Herchen, Frankfurt a. M. 1986.

Lucadou, Walter von; Kornwachs, Klaus: Grundzüge zu einer Theorie paranormaler Phänomene. In: Zeitschrift für Parapsychologie und Grenzgebiete der Psychologie 17 (1975), S. 73–87.

Dies.: Beitrag zur systemtheoretischen Untersuchung paranormaler Phänomene. In: Zeitschrift für Parapsychologie und Grenzgebiete der Psychologie 19 (1977), S. 169–194.

Dies.: Psi und seine Grenzen. In: Zeitschrift für Parapsychologie und Grenzgebiete der Psychologie 24 (1983), S. 217–237.

Marx, Karl: Das Kapital, Bd. 1. In: Marx-Engel Werke (MEW), Bd. 23. Dietz, Berlin 1967.

Monod, Jacques: Zufall oder Notwendigkeit. dtv, München 1970.

Mylius, Christine: Traumjournal. Experiment mit der Zukunft, hrsg. von Hans Bender. Deutsche Verlags-Anstalt, Stuttgart 1974.

Newton, Isaac: Philosophia Naturalis Principia Mathematica (Mathematische Prinzipien der Naturlehre, 1687, Scholium 1), übers. von J. Ph. Wolfers. Wiss. Buchgesellschaft, Darmstadt 1963.

Paracelsus, Theophrastus Bombastus von: Das Buch Paragranum. In: Ders.: Werke, Bd. 1, Wiss. Buchgesellschaft, Darmstadt 1965, S. 499 ff.

Ders.: Septem Defensiones. In: Ebenda, Bd. 2, S. 497 ff.

Parker, Adrian: What can Cognitive Psychology and Parapsychology tell us about Near-Dead Experiences? In: Journal of the Society for Psychical Research 64 (2001/4), S. 225–240.

Pauli, Wolfgang; Jung, Carl Gustav: Naturerklärung und Psyche. Rascher, Zürich 1952.

Perrow, Charles: Normale Katastrophen. Campus, Frankfurt a. M. 1992, 2. Aufl.

Platon: Werke in acht Bänden, übers. von F. Schleiermacher. Wiss. Buchgesellschaft, Darmstadt 1990.

Plutarch: Why Oracles cease to give Answers. De defectu oraculorum, 434d. In: Plutarchs Morals IV. Transl. from the Greek by several hands. Corr. and rev. by W. W. Goodwin, 5 Volumes. Vol. 4. Little Brown, Boston 1878.

Polanyi, Michael: Implizites Wissen. Frankfurt a. M., Suhrkamp 1985.

Radin Dean I.; Nelson Roger D.: Evidence for Consciousness-Related Anomalies in Random Physical Systems. In: Foundations of Physics 19 (1989), S. 1499–1514.

Dies.: A Meta-Analysis of Mind-Matter Interaction Experiments from 1959 to 2000. In: Healing, Intention and Energy Medicine, hrsg. von W. B. Jonas and C. C. Crawford. Churchill Livingstone, Edinburgh 2002, S. 40–48. Ebenso in: http://www.boundaryinstitute.org/articles/mgma.pdf

Riel, Jørn: Gesang des Lebens. Die Grönland-Saga. Unionsverlag, Zürich 2008.

Ders.: Das Haus meiner Väter. Unionsverlag, Zürich 1999.

Roll, William G.: Das Problem des Weiterlebens nach dem Tod in neuer Sicht. In: Beloff, John (Hrsg.): Neue Wege der Parapsychologie, übers. von K. Kornwachs. Walter, Olten 1980, S. 200–224.

Röscheisen-Hellkamp, Bärbel: Die Verborgenheit des Unzerstörbaren – Ein anthropologischer Versuch über Krankheit und Gesundheit. Lit, Münster, London 2003.

Rytchëu, Juri Sergejewitsch: Der letzte Schamane. Die Tschuktschen-Saga. Unionsverlag, Zürich 2004.

Scheidweiler, Yvonne: Die Entwicklung des Sorgerechts unter besonderer Betrachtung von Rechtsprechung und Literatur zur Personensorge in ALR und BGB. Rechtsgeschichtliche Studien, Bd. 10, Verlag Dr. Kovač, Hamburg 2005.

Schulz, Walter: Funkkolleg Ethik/Praktische Philosophie. Einführung–Kollegstunde 1. Deutsches Institut für Fernstudien DIFF, Tübingen 1981.

Swami Rama: Unter Meistern des Himalaya. Autobiographie. Schirner, Darmstadt 2005.

Thomas von Aquin: Summe der Theologie (Summa theologiae), 3 Bde. Kröner, Stuttgart 1954.

Turing, Alan: Kann eine Maschine denken? In: Mind 59 (1959), S. 433–460. Dt. in: Zimmerli, Walther; Wolf, Stefan (Hrsg.): Künstliche Intelligenz – Philosophische Probleme. Reclam, Stuttgart 1994, S. 39–78.

Verein Deutscher Ingenieure (VDI): Ethische Grundsätze des Ingenieurberufs (März 2002). In: http://www.vdi.de/fileadmin/media/content/hg16.pdf

Virilio, Paul: Rasender Stillstand. Edition Akzente, Hanser, München 1992.

Weinberg, Steven: Die ersten drei Minuten. Piper, München 1977.

Weizsäcker, Carl Friedrich von: Garten des Menschlichen. Hanser, München 1977.

Ders.: Bewusstseinswandel. Hanser, München 1988.

WHO: Verfassung der Weltgesundheitsorganisation, Unterzeichnet in New York am 22. Juli 1946. In: http://www.who.int/governance/eb/who_constitution_en.pdf
Zeilinger, Anton: Einsteins Schleier – Die neue Welt der Quantenphysik. C. H. Beck, München 2005a.
Ders.: Einsteins Spuk – Teleportation und weitere Mysterien der Quantenphysik. Bertelsmann, Pantheon München 2005b.

Literatur von Galsan Tschinag

1981 Eine tuwinische Geschichte und andere Erzählungen. Erzählungen. Volk & Welt, Berlin.
1992 Der siebzehnte Tag. Erzählungen. A1, München.
1993 Das Ende des Liedes. Erzählungen. A1, München.
1994 Der blaue Himmel. Roman. Suhrkamp, München.
1995 Eine tuwinische Geschichte und neue Erzählungen. Erzählungen. A1, München.
1995 Zwanzig und ein Tag. Roman. Suhrkamp, Frankfurt a. M.
1995 Alle Pfade um deine Jurte. Gedichte. Waldgut, Frauenfeld.
1996 Nimmer werde ich dich zähmen können. Gedichte. Waldgut, Frauenfeld.
1996 Jenseits des Schweigens. Gedichte. Waldgut, Frauenfeld.
1997 Die Karawane. Erzählungen. A1, München.
1997 Der blaue Himmel. Suhrkamp, Frankfurt a. M.
1997 Im Land der zornigen Winde. Zusammen mit Amélie Schenk. Waldgut, Frauenfeld.
1998 Wolkenhunde. Gedichte. Waldgut, Frauenfeld.
1999 Die graue Erde. Roman. Suhrkamp, Frankfurt a. M.
1999 Der Wolf und die Hündin. Waldgut, Frauenfeld.
1999 Sonnenrote Orakelsteine. Schamanengesänge. Waldgut, Frauenfeld.
2000 Der weiße Berg. Roman. Suhrkamp, Frankfurt a. M.
2001 Dojnaa. Erzählung. A1, München.
2002 Tau und Gras. Erzählungen. Unionsverlag, Zürich.
2002 Der Steinmensch von Ak-Hem. Gedichte. Waldgut, Frauenfeld.
2003 Die Verteidigung des Steins gegenüber dem Beton. Zwei Reden. Waldgut, Frauenfeld.
2004 Das geraubte Kind. Roman. Suhrkamp, Frankfurt a. M.

2005 Mein Altai. Erzählungen. A1, München.

2006 Das zaubermächtige Goldplättchen und andere Märchen aus der Gegenwart. Waldgut, Frauenfeld.

2006 Unveröffentlichte Gedichte. In: Druckbogen zur Ausstellung von Maria Kaluza, Osterwald 2006.

2006 Jenseits des Schweigens. Gedichte. Waldgut, Frauenfeld.

2007 Liebesgedichte. Gedichte. Insel, Frankfurt a. M. und Leipzig.

2007 Die neun Träume des Dschingis Kahn. Roman. Insel, Frankfurt a. M. und Leipzig.

2007 Auf der großen blauen Straße. Erzählungen. Unionsverlag, Zürich.

2008 Das Menschenwild. Erzählung. Insel, Frankfurt a. M. und Leipzig.

2008 Die Rückkehr. Roman. Insel, Frankfurt a. M. und Leipzig.

Publikationen von Klaus Kornwachs (Auswahl)

Kommunikation und Information – Zur menschengerechten Gestaltung von Technik. SEL Edition, Springer, Berlin 1993.

Das Prinzip der Bedingungserhaltung – eine ethische Studie. Lit, Münster 2000.

Logik der Zeit – Zeit der Logik. Lit, Münster 2001.

Software-Entwicklung – Erfahrung und Innovation. Ein Blick auf demographische Veränderungen. Springer, Berlin, Heidelberg 2002 (mit S. Berndes, U. Lünstroth).

Philosophie als Heilung. In: Friesen, Hans; Berr, Karsten (Hrsg.): Praktizierende Philosophie, Angewandte Ethik. Frieske, Emden 2001, S. 15–38. Ebenfalls in: Dies.: Dimensionen Praktizierender Philosophie. Die Blaue Eule, Essen 2003, S. 15–38.

Zur Struktur technologischen Wissens. Erscheint 2009.

Herausgeberschaften:

Offenheit – Zeitlichkeit – Komplexität. Zur Theorie der Offenen Systeme. Campus, Frankfurt, New York 1984.

Technikfolgenabschätzung – Reichweite und Potential. Ein Symposium im Amerika Haus Stuttgart 1988. Poeschel, Stuttgart 1991.

Information – New Questions to a Multidisciplinary Concept. Akademie Verlag, Berlin 1996 (mit K. Jacoby).

Technik – System – Verantwortung. 2. Cottbuser Konferenz zur Technikphilosophie. Lit, Münster, London 2004.

Bedingungen und Triebkräfte technologischer Innovationen. Beiträge aus Wissenschaft und Wirtschaft. Reihe: acatech diskutiert. Acatech, Berlin, München, Fraunhofer Verlag, Stuttgart 2007. Auch: Stiftung Brandenburger Tor, Berlin 2007.

Biografien

Galsan Tschinag

kommt Anfang der Vierzigerjahre im Altaigebirge bei den Tuwanomaden der Westmongolei zur Welt. Seine Geburts- und Wohnstätte ist eine Jurte und seine erste Lehrerin eine Schamanin. Es sind die Gesänge und Epen seines Volkes und die Natur der Bergsteppe, die ihn prägen. Nach Abschluss der Zehnklassenschule schlägt er das Angebot, in Moskau zu studieren, aus und geht 1962 nach Leipzig, wo er Deutsch lernt und Germanistik studiert. Hier beginnt er auch mit seiner schriftstellerischen Tätigkeit. 1968 kehrt er in die Mongolei zurück und lehrt an der Universität in Ulaanbaatar Deutsch, bis er 1976 wegen »politischer Unzuverlässigkeit« mit einem Berufsverbot belegt wird. In den folgenden Jahren lebt er als Übersetzer und Journalist. 1981 erscheint in Ost-Berlin sein Erstlingswerk *Eine tuwinische Geschichte und andere Erzählungen* in deutscher Sprache. Es entstehen in dichter Folge Erzählungen, Romane und Lyrikbände, vor allem in deutscher Sprache. 1992 erhält er den Adelbert-von-Chamisso-Preis, 1995 den Puchheimer Leserpreis, 2001 den Heimito-von Doderer-Preis. 2002 wird ihm das Bundesverdienstkreuz verliehen. 2008 erhält er den Literaturpreis der deutschen Wirtschaft. Seine Werke werden in über ein Dutzend Sprachen übersetzt.

Klaus Kornwachs (Prof. Dr.)

geboren 1947, studiert Physik, Mathematik und Philosophie in Tübingen, Freiburg, Kaiserslautern und Amherst (USA). 1976 promoviert er über analytische Sprachphilosophie. Von 1979 an jahrelange industrienahe Tätigkeiten als Systemtheoretiker in der Fraunhofer-Gesellschaft, u. a. in Technikfolgenabschätzung, dazu parallel Lehraufträge an den Universitäten Freiburg und Stuttgart. 1987 Habilitation, seit 1990 Honorarprofessor der Universität Ulm, seit 1992 Professor für Technikphilosophie an der Universität Cottbus. Daneben lehrt er als Gastprofessor in Wien und Budapest. Kornwachs ist Mitglied der Deutschen Akademie der Technikwissenschaften (Acatech) und Träger des Forschungspreises für Technische Kommunikation der Alcatel-SEL-Stiftung (1991). Seine Forschungsinteressen liegen in der wissenschaftstheoretischen Analyse der Technik sowie im Verhältnis von Kultur und Technik.

Maria Kaluza

geboren 1954 im Allgäu, absolviert eine Buchhändlerlehre in Berlin und arbeitet bis 1980 im Buchhandel, bevor sie sich der Kunst zuwendet. Von 1980 bis 1983 führt sie eine Galerie in Coburg und seit 1989 eine eigene Galerie für Schmuck- und Objektdesign in Osterwald. Ihre Schmuckarbeiten werden weltweit ausgestellt. Ab Mitte der Achtzigerjahre Weiterbildungen in den Bereichen Gruppen- und Verhaltenstherapie mit dem Schwerpunkt auf Entspannungsverfahren und musikinduzierter Trance. Von Saryglar Bobak-Ool, einem Stammesangehörigen der Tuwa, wird sie in die schamanische Heil- und Ritualarbeit eingeführt, durch Tuti Hinekahukura Aranui, Neuseeland, in spirituelles Heilen. Seit 2003 pflegt sie eine enge Zusammenarbeit mit Galsan Tschinag, 2005 übernimmt sie seine Generalvertretung in Europa. Neben der Organisation von Großveranstaltungen zum Dialog der Kulturen und zu interreligiösen Diskursen leitet Maria Kaluza seit 2006 eine Forschungsgruppe schamanisch arbeitender Frauen in Deutschland.

Dojnaa

Schon in der Hochzeitsnacht wird den beiden klar, dass diese Ehe ein Missverständnis ist: Die starke Dojnaa und der schmächtige Waise Doormak passen nicht zusammen. Dojnaa muss auf neuen Wegen Liebe und Glück finden.

Gold und Staub

In diesem funkelnden, ebenso heiteren wie nachdenklichen Roman führt Galsan Tschinag uns in den innersten Kreis seines Lebens in der mongolischen Steppe. Ein Jahrhundertgedanke hat sich in seinem Hirn festgesetzt: Mit einer Million Bäume will er die Steppe begrünen. Doch dabei tun sich zahlreiche Hindernisse auf.

Auf der großen blauen Straße

Als der Junge aus der mongolischen Steppensiedlung in Deutschland ankommt, gibt es viel zu staunen und zu lernen – und da ist eine neue Sprache mit wundersamen Wörtern: Topinambur!

Die Karawane

Galsan Tschinag erfüllte sich 1995 einen Traum: Über zweitausend Kilometer führt er einen Teil seines zwangsumgesiedelten Volkes zurück zu den Weideflächen und Jagdgebieten des Hohen Altai.

Der Mann, die Frau, das Schaf, das Kind

Ein Mann, eine Frau, ein Schaf – eine Begegnung, nicht auf dem Land, sondern im Hausflur eines großstädtischen Hochhauses. Die junge, gut aussehende Frau hat in einem Fernsehquiz ein Schaf gewonnen, doch was soll sie in ihrem schäbigen Wohnblock damit anfangen?

Tau und Gras

Tschinag erzählt hier die Geschichten, die der Stoff seiner Kindheit sind und die sich in seine Erinnerung eingegraben haben. Geträumte Wirklichkeit und als Realität erlebte Märchen verbinden sich und münden in einen Gesang an den Altai.

Eric de Rosny *Heilkunst in Afrika. Mythos, Handwerk und Wissenschaft*

Einer der besten Kenner der traditionellen Heilmethoden Westafrikas tastet sich an die Sprache der Heilerinnen und Heiler heran, beschreibt ihre Arbeit detailliert und stellt sie in einen kulturellen und spirituellen Kontext.
»Eine herausragende und Zeile für Zeile fesselnde Auseinandersetzung mit der traditionellen afrikanischen Heilkunst.« *Pharma und Wir*

Juri Rytchëu *Der letzte Schamane. Die Tschuktschen-Saga*

Bis zurück zum ersten Menschen, der der Verbindung der Urmutter mit dem Wal entsprang, kann Juri Rytchëu seine Ahnenlinie zurückverfolgen. Seine Familiengeschichte ist zugleich die Saga des tschuktschischen Volkes.
»Der Autor macht uns auf grandiose Weise mit Mythos und Realität, Aufstieg und Untergang einer Kultur bekannt, an deren Anfang der Wal und in deren Zentrum der Respekt vor der Natur stand.« *Karl-Markus Gauss, Süddeutsche Zeitung*

Jørn Riel *Gesang des Lebens. Die Grönland-Saga*

Eine Reise ins Herz der Arktis: Die große Roman-Saga über die Geschichte Grönlands von der ersten Besiedelung bis zur jüngsten Vergangenheit.
»Jørn Riel präsentiert ein originales Bild der alten Inuitkultur. Obwohl er selbst Däne ist, bekennt er sich ausdrücklich zu dieser besonderen Lebensform. Wer etwas über die alte Kultur der Inuit wissen will, ist mit diesem Roman hervorragend bedient.« *SWR*

Knud Rasmussen *Unter Jägern und Schamanen. Tagebuch der Thule-Fahrt*

1921: Knud Rasmussen will zusammen mit einer Gruppe von Wissenschaftlern die unerforschten Regionen Nordkanadas kartografieren und Flora und Fauna studieren – vor allem aber will er den Menschen begegnen und ihre Mythen aufzeichnen. Über ein Jahr lang besucht er Inuit-Gemeinschaften und macht die Bekanntschaft mit dem großen Schamanen Awwa.
»Ein sehr lebendiger Expeditionsbericht über eine Kultur im Wandel.« *Buchkultur*